はじめに

みなさん、こんにちは。(^o^)／　社会保険労務士の小川と申
　近年の社会保険労務士試験では、選択式試験、択一式試験を問わず判例をテーマとした出題が見受けられますよね。
　また、社会保険労務士は、事業における労務管理その他の労働に関する事項や社会保険に関する事項について、裁判所において、補佐人として、弁護士である訴訟代理人とともに出頭し陳述をすることができるため、社会保険労務士には、今後、ますます判例に関する知識が必要とされてくる場面が想定されます。
　そうすると、今後の社会保険労務士試験で判例に関する出題のウェイトが増していく可能性も考えられるところですよね。
　そこで、本書では判例「100事件」を、これから社会保険労務士を目指している受験生の方が知識として整理しやすいようにまとめました。
　さらに、私たちが挑戦する社会保険労務士試験に合格してから実務に携わるようになった際には、判例の知識が生かされる場面が多数あります。例えば、顧問先企業に対して、判例での事件解決などの考え方を踏まえて適切な労務管理指導を行っていけば、不要なトラブルは避けられます。
　過去に実際にトラブルになった際に、どのようなジャッジが下されたのかをよく知っている社会保険労務士の労務管理は、活きた労務管理になり、判例をあまり知らない社会保険労務士との対応力の差は明らかです。
　社会保険労務士試験での判例の問題は、難しい問題で苦手意識を持たれる受験生の方も多いですが、試験合格のためにも、合格後のためにも、判例の学習は活かせるものなので、がんばって取り組んでみてくださいね。(^o^)／

本書の使い方

　本書の構成は、ⅰ）事案、ⅱ）争点・結論、ⅲ）判旨、ⅳ）解説、ⅴ）関連条文、ⅵ）確認問題の順で、社会保険労務士試験において重要な判例を見開き2ページでまとめています。
　まずは、ⅰ）事案で、イラストを見ながらその事件の背景、場面や状況を確認して、イメージを膨らませてください。この事案は、「どんなお話なんだろう？」とイメージを膨らませておくと、みなさんの記憶に残りやすくなると思われます。
　次に、ⅱ）争点・結論の表形式でギュッとコンパクトにまとめられている試験に問われるポイントを、「ふむふむ、この辺が論点になるんだな」といった感じで確認していってください。
　そして、ⅲ）判旨（判決の要旨）へと進みますが、ここが今後の試験対策でも大切な

部分ではないかと考えます。判例の文章の特徴は、文章が長い、使用される用語が難しい、などが挙げられますが、ここが受験生のつまずくポイントなのです。

今回テーマとして取り上げている判例は、過去に択一式試験で出題実績のある判例を中心に集めています。つまり、社会保険労務士試験の作問者サイドでは重要な判例と位置付けていることが出題実績から明らかなものばかりであり、今後の選択式試験で出題される可能性も高い判例であると推察されるものです。

択一式試験の場合は、その1肢が正誤判断できなくても、他の肢でリカバーしやすいため、さほど神経質になる必要はありませんが、選択式試験においては、1つの空欄が得点できないと、科目別最低点（合格基準点）を確保できない可能性があります。

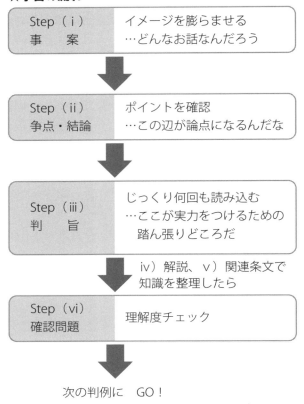

★学習の流れ

Step（ⅰ）事案	イメージを膨らませる…どんなお話なんだろう
Step（ⅱ）争点・結論	ポイントを確認…この辺が論点になるんだな
Step（ⅲ）判旨	じっくり何回も読み込む…ここが実力をつけるための踏ん張りどころだ

ⅳ）解説、ⅴ）関連条文で知識を整理したら

| Step（ⅵ）確認問題 | 理解度チェック |

次の判例に GO！

そのため、「この辺が選択式でも狙われやすいところなんだな」とか「このキーワードは注意が必要なんだな」という感じで、選択式対策として、ⅲ）判旨の**太字キーワード**を意識して、何回も繰り返し目を通しましょう。

なお、分かりやすい簡単な言葉に書き換えてある要旨タイプの文章は、親切で理解はしやすいので、択一式試験対策には有効ですが、選択式試験対策のキーワードのチェックという観点からは、少し不適切と思われます。

そこで、本書では紙面の許す限りボリュームを付けて、原文に近い文章で記載をしています。読み飛ばしたくなる文章ばかりで負荷がかかるつらい学習ですが、「ここが実力をつけるための踏ん張りどころだ」と、じっくり何回も読み込んでいただきたいところです。

そして、ⅳ）解説とⅴ）関連条文で知識を整理したら、最後にⅵ）確認問題（過去問など）で理解度チェックとなりますが、ⅲ）の判旨を「せっせと何回も何回も」、しっかり読み込むと、普段は「コリャ難解だ難解だ」と感じていた過去問の難解な肢も、長文にも慣れてくるせいか不思議と意外にスッキリ見えてきます。これで苦手意識も薄れ、あわせて選択式試験、択一式試験対策もバッチリです。(^o^)／

CONTENTS

◆ 労働基準法関係

1 採用の自由
三菱樹脂事件 （最判大昭 48.12.12） ………………………… 8

2 公民権行使の保障
十和田観光電鉄事件 （最判第 2 小昭 38.6.21） ………………… 10

3 労働基準法上の労働者
関西医科大学研修医事件 （最判第 2 小平 17.6.3） …………… 12

4 試用期間と有期労働契約
神戸弘陵学園事件 （最判第 3 小平 2.6.5） …………………… 14

5 予告なしの解雇
細谷服装事件 （最判第 2 小昭 35.3.11） ……………………… 16

6 就業規則の法的規範性
秋北バス事件 （最判大昭 43.12.25） ………………………… 18

7 損害賠償請求権との賃金相殺
日本勧業経済会事件 （最判大昭 36.5.31） …………………… 20

8 自由意思に基づく賃金相殺
日新製鋼事件 （最判第 2 小平 2.11.26） ……………………… 22

9 賃金債権の譲渡
電電公社小倉電話局事件 （最判第 3 小昭 43.3.12） ………… 24

10 賃金の過払精算
福島県教組事件 （最判第 1 小昭 44.12.18） ………………… 26

11 賞与の支給日在籍要件
大和銀行事件 （最判第 1 小昭 57.10.7） ……………………… 28

12 退職金債権の放棄
シンガー・ソーイング・メシーン事件 （最判第 2 小昭 48.1.19） ………… 30

13 争議行為中の賃金
水道機工事件 （最判第 1 小昭 60.3.7） ……………………… 32

14 使用者の責に帰すべき事由
ノース・ウエスト航空事件 （最判第 2 小昭 62.7.17） ……… 34

15 労働基準法上の労働時間
三菱重工長崎造船所事件 （最判第 1 小平 12.3.9） ………… 36

16 休憩時間の自由利用
目黒電報電話局事件 （最判第 3 小昭 52.12.13） …………… 38

17 時間外労働の義務
日立製作所武蔵工場事件 （最判第 1 小平 3.11.28） ……… 40

18 歩合給と割増賃金
高知県観光事件 （最判第 2 小平 6.6.13） …………………… 42

19 事業場外労働のみなし制度
阪急トラベルサポート事件 （最判第 2 小平 26.1.24） ……… 44

目 次

20 長期年次有給休暇の時季変更権
時事通信社事件（最判第 3 小平 4.6.23）................ 46

21 打切補償
専修大学事件（最判第 2 小平 27.6.8）................ 48

22 固定残業代の有効性
医療法人社団康心会事件（最判第 2 小平 29.7.7）................ 50

23 労務提供と賃金請求権
片山組事件（最判第 1 小平 10.4.9）................ 52

24 賃金と中間利益の相殺
あけぼのタクシー事件（最判第 1 小昭 62.4.2）................ 54

25 仮眠時間と労働時間
大星ビル管理事件（最判第 1 小平 14.2.28）................ 56

26 36 協定の締結当事者
トーコロ事件（最判第 2 小平 13.6.22）................ 58

27 違法な状況下での時間外労働
小島撚糸事件（最判第 1 小昭 35.7.14）................ 60

28 みなし時間外手当
日本ケミカル事件（最判第 1 小平 30.7.19）................ 62

29 年次有給休暇の請求
白石営林署事件（最判第 2 小昭 48.3.2）................ 64

30 年次有給休暇と争議行為
津田沼電車区事件（最判第 3 小平 3.11.19）................ 66

31 年次有給休暇の全労働日
八千代交通事件（最判第 1 小平 25.6.6）................ 68

32 時季指定と代替勤務者
弘前電報電話局事件（最判第 2 小昭 62.7.10）................ 70

33 管理監督者の深夜割増賃金
ことぶき事件（最判第 2 小平 21.12.18）................ 72

34 産前産後休業と賞与支給要件
東朋学園事件（最判第 1 小平 15.12.4）................ 74

35 生理休暇中の賃金
エヌ・ビー・シー工業事件（最判第 3 小昭 60.7.16）................ 76

36 就業規則に基づく業務命令
電電公社帯広電報電話局事件（最判第 1 小昭 61.3.13）................ 78

37 競業避止義務
三晃社事件（最判第 2 小昭 52.8.9）................ 80

38 権利行使の抑制
日本シェーリング事件（最判第 1 小平 1.12.14）................ 82

39 年次有給休暇と不利益取扱い
沼津交通事件（最判第 2 小平 5.6.25）................ 84

40 就業規則と周知手続
フジ興産事件（最判第 2 小平 15.10.10）................ 86

41 労使の慣行
商大八戸ノ里ドライビングスクール事件（最判第 1 小平 7.3.9）・・・・・・・・・・・・ 88

42 長期無断欠勤と懲戒
日本ヒューレット・パッカード事件（最判第 2 小平 24.4.27）・・・・・・・・・・ 90

43 選択定年制による早期退職
神奈川信用農業協同組合事件（最判第 1 小平 19.1.18）・・・・・・・・・・・・・ 92

44 退職意思の撤回
大隈鐵工所事件（最判第 3 小昭 62.9.18）・・・・・・・・・・・・・・・・・・・・・・・・・・ 94

45 所持品検査規定の有効性
西日本鉄道事件（最判第 2 小昭 43.8.2）・・・・・・・・・・・・・・・・・・・・・・・・・・ 96

◆ 労災保険法関係

46 労災法上の労働者
横浜南労基署長（旭紙業）事件（最判第 1 小平 8.11.28）・・・・・・・・・・・・ 98

47 労働災害と業務起因性
横浜南労基署長（東京海上横浜支店）事件（最判第 1 小平 12.7.17）・・・・・・・・ 100

48 第三者行為災害と示談
小野運送事件（最判第 3 小昭 38.6.4）・・・・・・・・・・・・・・・・・・・・・・・・・・ 102

49 民事損害賠償と年金給付の調整
三共自動車事件（最判第 3 小昭 52.10.25）・・・・・・・・・・・・・・・・・・・・・・ 104

50 不法就労外国人の逸失利益
改進社事件（最判第 3 小平 9.1.28）・・・・・・・・・・・・・・・・・・・・・・・・・・・・ 106

51 損害賠償元本との調整
フォーカスシステムズ事件（最判大平 27.3.4）・・・・・・・・・・・・・・・・・・・・ 108

52 労働災害と業務遂行性
行橋労基署長（テイクロ九州）事件（最判第 2 小平 28.7.8）・・・・・・・・・・ 110

◆ 労働契約法関係

53 精神的健康と安全配慮義務
東芝うつ病事件（最判第 2 小平 26.3.24）・・・・・・・・・・・・・・・・・・・・・・・・ 112

54 安全配慮義務の定義
陸上自衛隊八戸車両整備工場事件（最判第 3 小昭 50.2.25）・・・・・・・・・・ 114

55 宿直中の安全配慮義務
川義事件（最判第 3 小昭 59.4.10）・・・・・・・・・・・・・・・・・・・・・・・・・・・・ 116

56 過労による自殺と健康配慮義務
電通事件（最判第 2 小平 12.3.24）・・・・・・・・・・・・・・・・・・・・・・・・・・・・ 118

57 無期労働契約への転換
福原学園事件（最判第 1 小平 28.12.1）・・・・・・・・・・・・・・・・・・・・・・・・・ 120

58 上限年齢での雇止め
日本郵便事件（最判第 2 小平 30.9.14）・・・・・・・・・・・・・・・・・・・・・・・・・ 122

59 不利益変更の同意
山梨県民信用組合事件（最判第 2 小平 28.2.19）・・・・・・・・・・・・・・・・・・ 124

60 就業規則変更の合理性
第四銀行事件（最判第 2 小平 9.2.28）・・・・・・・・・・・・・・・・・・・・・・・・・・ 126

61 就業規則変更の必要性
みちのく銀行事件（最判第 1 小平 12.9.7）──────── 128

62 不利益変更の代償措置
大曲市農協事件（最判第 3 小昭 63.2.16）──────── 130

63 転勤命令と権利濫用
東亜ペイント事件（最判第 2 小昭 61.7.14）──────── 132

64 出向命令と権利濫用
新日本製鐵事件（最判第 2 小平 15.4.18）──────── 134

65 復職命令と同意
古河電気工業・原子燃料工業事件（最判第 2 小昭 60.4.5）──────── 136

66 懲戒処分と権利濫用
ネスレ日本事件（最判第 2 小平 18.10.6）──────── 138

67 企業秩序と懲戒
関西電力事件（最判第 1 小昭 58.9.8）──────── 140

68 解雇権の濫用
高知放送事件（最判第 2 小昭 52.1.31）──────── 142

69 採用内定の法的性質
大日本印刷事件（最判第 2 小昭 54.7.20）──────── 144

70 雇止めの意思表示
東芝柳町工場事件（最判第 1 小昭 49.7.22）──────── 146

71 解雇法理の類推適用
日立メディコ事件（最判第 1 小昭 61.12.4）──────── 148

◆ 労働組合法関係

72 労働組合費納付の協力義務
国労広島地本事件（最判第 3 小昭 50.11.28）──────── 150

73 労働組合脱退の自由
東芝労働組合小向支部事件（最判第 2 小平 19.2.2）──────── 152

74 労働協約の不利益変更
朝日火災海上保険（石堂）事件（最判第 1 小平 9.3.27）──────── 154

75 ユニオン・ショップ協定と解雇
日本食塩製造事件（最判第 2 小昭 50.4.25）──────── 156

76 業務委託契約と労働者性
INAXメンテナンス事件（最判第 3 小平 23.4.12）──────── 158

77 自由出演契約と労働者性
CBC管弦楽団労組事件（最判第 1 小昭 51.5.6）──────── 160

78 請負関係での使用者
朝日放送事件（最判第 3 小平 7.2.28）──────── 162

79 ユニオン・ショップ協定の効力
三井倉庫港運事件（最判第 1 小平 1.12.14）──────── 164

80 差し違え条件
日本メール・オーダー事件（最判第 3 小昭 59.5.29）──────── 166

81 チェック・オフの中止申入れ
エッソ石油事件（最判第 1 小平 5.3.25）···································· 168

82 救済命令の適法性
ネスレ日本（東京・島田）事件（最判第 1 小平 7.2.23）············· 170

83 使用者の言論と支配介入
プリマハム事件（最判第 2 小昭 57.9.10）······························· 172

84 労働組合の企業施設利用
国鉄札幌運転区事件（最判第 3 小昭 54.10.30）······················· 174

85 企業施設の使用拒否
池上通信機事件（最判第 3 小昭 63.7.19）······························ 176

86 労働協約の効力発生要件
都南自動車教習所事件（最判第 3 小平 13.3.13）······················ 178

87 労働協約の一般的拘束力
朝日火災海上保険（高田）事件（最判第 3 小平 8.3.26）············· 180

88 賃金削減の範囲
三菱重工長崎造船所事件（最判第 2 小昭 56.9.18）···················· 182

89 争議行為の正当性
御國ハイヤー事件（最判第 2 小平 4.10.2）····························· 184

90 労働組合間での残業差別
日産自動車事件（最判第 3 小昭 60.4.23）······························ 186

91 ロックアウト
丸島水門事件（最判第 3 小昭 50.4.25）································· 188

92 労働組合との賃金債権放棄の合意
平尾事件（最判第 1 小平 31.4.25）···································· 190

◆ その他の法律関係

93 正社員と契約社員の賃金格差
ハマキョウレックス事件（最判第 2 小平 30.6.1）····················· 192

94 正社員と定年後嘱託社員との賃金格差
長澤運輸事件（最判第 2 小平 30.6.1）································· 194

95 同一労働同一賞与
大阪医科薬科大学事件（最判第 3 小令 2.10.13）······················ 196

96 親会社のセクハラ防止措置
イビデン事件（最判第 1 小平 30.2.15）································· 198

97 男女別定年制の合理性
日産自動車事件（最判第 3 小昭 56.3.24）······························ 200

98 マタニティハラスメント
広島中央保健生活共同組合事件（最判第 1 小平 26.10.23）··········· 202

99 セクシュアルハラスメント
海遊館事件（最判第 1 小平 27.2.26）··································· 204

100 偽装請負
パナソニックプラズマディスプレイ（パスコ）事件（最判第 2 小平 21.12.18）····· 206

1 採用の自由
三菱樹脂事件（最判大昭48.12.12）

過去問　H21-労基１Ｂ、H28-労基１ウ

事　案

　Ｘは、大学卒業と同時にＹ社の将来の管理職要員として３カ月の試用期間を設けられて採用されたが、本採用については拒否され、解雇されるに至った。
　本採用が拒否された理由は、Ｘが大学在学中に学生運動に関与していたにもかかわらず、採用試験にあたり提出した身上書にはそのことを記載せず、また、面接試験での回答でも事実と相違する回答をしていたため、管理職要員としてはふさわしくないといったことなどであった。そこで、Ｘは、この解雇の処分は無効ではないかと訴えた。

争点・結論

争　点	企業者が特定の思想、信条を有する者について、それを理由として雇い入れることを拒むことはできるか。
結　論	できる。

　企業者は、いかなる者を雇い入れるか、いかなる条件で雇うかについて、法律その他による特別の制限がない限り、原則として自由にこれを決定することができる。
　労働基準法３条は労働者の信条によって賃金その他の労働条件につき差別することを禁じているが、これは、雇入れ後における労働条件についての制限であって、雇入れそのものを制約する規定ではない。

判　旨

　憲法は、**思想、信条**の自由や**法の下の平等**を保障すると同時に、他方、財産権の行使、営業その他広く経済活動の自由をも**基本的人権**として保障している。それゆえ、企業者は、かような経済活動の一環としてする**契約締結の自由**を有し、自己の営業のために労働者を雇傭するにあたり、いかなる者を雇い入れるか、いかなる条件でこれを雇うかについて、法律その他による特別の制限がない限り、原則として**自由にこれを決定**することができるのであって、企業者が特定の**思想、信条**を有する者をそのゆえをもって雇い入れることを拒んでも、それを当然に違法とすることはできないのである。

憲法14条の規定が私人のこのような行為を直接禁止するものでないことは前記のとおりであり、また、**労働基準法３条は労働者の信条によって賃金その他の労働条件につき差別する**ことを禁じているが、これは、**雇入れ後**における**労働条件**についての制限であって、**雇入れそのものを制約する**規定ではない。

また、**思想、信条**を理由とする雇入れの拒否を直ちに民法上の**不法行為**とすることができないことは明らかであり、その他これを**公序良俗違反**と解すべき根拠も見出すことはできない。

このように、企業者が雇傭の自由を有し、**思想、信条**を理由として雇入れを拒んでもこれを目して違法とすることができない以上、企業者が、労働者の採否決定にあたり、労働者の**思想、信条**を調査し、そのためその者からこれに関連する事項についての申告を求めることも、これを法律上禁止された違法行為とすべき理由はない。

もとより、企業者は、一般的には個々の労働者に対して**社会的に優越**した地位にあるから、企業者のこの種の行為が労働者の**思想、信条**の自由に対して影響を与える可能性がないとはいえないが、法律に別段の定めがない限り、これは企業者の法的に許された行為と解すべきである。

また、企業者において、その雇傭する労働者が当該企業の中でその**円滑な運営**の妨げとなるような行動、態度に出るおそれのある者でないかどうかに大きな関心を抱き、そのために採否決定に先立ってその者の性向、思想等の調査を行なうことは、企業における雇傭関係が、単なる**物理的労働力の提供**の関係を超えて、一種の**継続的な人間関係**として**相互信頼を要請**するところが少なくなく、わが国におけるようにいわゆる**終身雇傭制**が行なわれている社会では一層そうであることにかんがみるときは、企業活動としての合理性を欠くものということはできない。

解　説

労働基準法３条は、「労働条件」全般についての差別を禁止しています。しかし、これは労働者を雇い入れてからの話であり、企業には採用の自由があることが、この事件で明確になっています。なお、雇い入れてからは、賃金、労働時間だけでなく、解雇、災害補償、安全衛生、寄宿舎等についても差別禁止です。

関連条文

（均等待遇）労働基準法第３条
　使用者は、労働者の国籍、信条または社会的身分を理由として、賃金、労働時間その他の労働条件について、差別的取扱をしてはならない。

確認問題

Q 労働基準法第３条は、労働者の国籍、信条または社会的身分を理由として、労働条件について差別することを禁じているが、これは雇入れ後における労働条件についての制限であって、雇入れそのものを制限する規定ではないとするのが、最高裁判所の判例である。（H28-1ウ）

A ○

労働基準法関係

2 公民権行使の保障
十和田観光電鉄事件 （最判第2小昭38.6.21）

過去問 H23-労基1C、H29-労基5エ

事案

Xは、Y社の従業員であり、労働組合の執行委員長を務めていたが、労働組合に推薦され、市議会議員選挙に立候補することとなった。

その後、Xは、選挙に当選したため、Y社の社長に議員に就任したことを伝え、公務就任中は休職扱いとしてもらいたい旨を申し出た。

すると、Y社は、Xの行為は、「従業員が会社の承認を得ずに公職に就任した場合には懲戒解雇する」旨の就業規則の規定に該当するとして、Xを懲戒解雇に付した。

このため、Xは、このような就業規則は無効であり、懲戒解雇も無効であると訴えた。

争点・結論

争点	使用者の承認を得ないで公職に就任した場合、懲戒解雇するという就業規則の条項は有効か。
結論	無効である。

POINT 　労働基準法7条は、労働者に対し労働時間中における公の職務の執行を保障しており、公職の就任を使用者の承認にかからしめ、その承認を得ずに公職に就任した者を懲戒解雇に附する旨の就業規則の条項は、労働基準法の規定の趣旨に反し、無効のものと解すべきである。

判旨

懲戒解雇なるものは、**普通解雇**と異なり、**譴責**、**減給**、**降職**、**出勤停止**等とともに、**企業秩序の違反**に対し、使用者によって課せられる一種の**制裁罰**であると解するのが相当である。

ところで、本件**就業規則**の前記条項は、従業員が単に**公職**に**就任**したために**懲戒解雇**するというのではなくして、**使用者の承認**を得ないで**公職に就任**したために**懲戒解雇**するという規定ではあるが、それは、**公職の就任**を、会社に対する届出事項とするにとどまらず、**使用者の承認にかからしめ**、しかもそれに違反した者に対しては**制裁罰**としての**懲戒解雇**を課するものである。

しかし、労働基準法７条が、特に、労働者に対し**労働時間中**における**公民としての権利**の行使および**公の職務**の執行を保障していることにかんがみるときは、**公職の就任を使用者の承認**にかからしめ、その承認を得ずして**公職に就任**した者を**懲戒解雇**に附する旨の前記条項は、右労働基準法の規定の趣旨に反し、無効のものと解すべきである。

従って、所論のごとく**公職に就任**することが**会社業務の逐行を著しく阻害する虞れ**のある場合においても、**普通解雇**に附するは格別、同条項を適用して従業員を**懲戒解雇**に附することは、**許されない**ものといわなければならない。

解　説

労働基準法７条では、労働者の選挙権その他の公民としての権利の行使や公の職務執行を保障するために、必要な範囲において労働義務の免除を使用者に命じており、労働者の国民としての公的活動が担保されています。

このため、判例では、就業規則に規定があることを理由として、懲戒解雇とすることまでは許されないとの結論に至っています。

なお、労働者が労働基準法７条の公民権行使に必要な時間を請求した場合、使用者はこれを拒むことはできませんが、同条ただし書により、権利の行使や職務の執行に妨げがない限り、日にちの変更を含めて、時刻の変更をすることができますし、公民権の行使中の時間の賃金についても、有給たると無給たるとは当事者の自由に委ねられた問題となります。

関連条文

（公民権行使の保障）労働基準法第７条

　使用者は、労働者が労働時間中に、選挙権その他公民としての権利を行使し、または公の職務を執行するために必要な時間を請求した場合においては、拒んではならない。

　ただし、権利の行使または公の職務の執行に妨げがない限り、請求された時刻を変更することができる。

確認問題

Q1 公職の就任を使用者の承認にかからしめ、その承認を得ずして公職に就任した者を懲戒解雇に付する旨の就業規則条項は、公民権行使の保障を定めた労働基準法第７条の趣旨に反し、無効のものと解すべきであるとするのが最高裁判所の判例である。（H23-1C）

Q2 労働者が「公職に就任することが会社業務の逐行を著しく阻害する虞れのある場合においても、普通解雇に附するは格別、同条項〔当該会社の就業規則における従業員が会社の承認を得ないで公職に就任したときは懲戒解雇する旨の条項〕を適用して従業員を懲戒解雇に附することは、許されないものといわなければならない。」とするのが、最高裁判所の判例である。（H29-5エ）

A 1 ○
2 ○

3 労働基準法上の労働者
関西医科大学研修医事件 (最判第2小平17.6.3)
過去問 H29-労基5オ

事 案

Xは、医師国家試験に合格し、厚生大臣（当時）の免許を受けた医師であり、その直後の6月からY病院で臨床研修を受けていた。

Y病院における臨床研修のプログラムは、2年間の研修期間を2期に分け、①第1期（1年間）は、外来診療、入院患者の主治医を務めることを通じて診療の基本的な知識、技術を学ぶ、②第2期（1年間）は、関連病院においてさらに高いレベルの研修を行うというものであった。

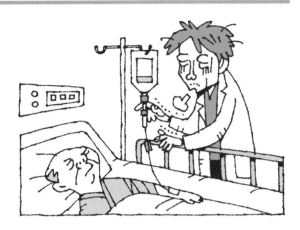

研修当初の6月から8月ごろまでの間、Xは、原則的に、午前7時30分から午後10時まで病院内において臨床研修に従事すべきこととされており、Y病院は、Xに対して奨学金として月額6万円の金員と1回当たり1万円の副直手当を支払っていた。

このため、Xが労働基準法上の労働者であり、最低賃金法上の労働者に該当するにもかかわらず、Y病院は奨学金等として最低賃金額に達しない金員しか支払っていなかったとして、最低賃金額と奨学金等との差額に相当する賃金の支払を求めて訴えた。

争点・結論

争点	研修医が臨床研修で医療行為等に従事する場合は、労働基準法上の労働者に当たるか。
結論	労働者に当たる。

POINT　研修医が医療行為等に従事する場合には、これらの行為等は病院の開設者のための労務の遂行という側面を不可避的に有することとなる。このため、病院の開設者の指揮監督の下にこれを行ったと評価することができる限り、研修医は労働基準法9条所定の労働者に当たるものというべきである。

判 旨

研修医は、医師国家試験に合格し、医籍に登録されて、厚生大臣の免許を受けた医師であって、医療行為を業として行う資格を有しているものであるところ、**医師法**では、医師は、免許を受けた後も、2年以上大学の医学部もしくは大学附置の研究所の附属施設である病院または

厚生大臣の指定する病院において、**臨床研修を行うように努める**ものとすると定めている。

この**臨床研修**は、医師の**資質の向上**を図ることを目的とするものであり、**教育的な側面**を有しているが、そのプログラムに従い、**臨床研修指導医の指導**の下に、研修医が医療行為等に従事することを予定している。

そして、研修医がこのようにして医療行為等に従事する場合には、これらの行為等は**病院の開設者**のための**労務の遂行**という側面を**不可避的に有する**こととなるのであり、**病院の開設者の指揮監督の下**にこれを行ったと評価することができる限り、上記研修医は労働基準法9条所定の労働者に当たるものというべきである。

これを本件についてみると、事実関係によれば、Y病院における**臨床研修**のプログラムは、研修医が医療行為等に従事することを予定しており、Xは、Y病院の休診日等を除き、Y病院が定めた**時間**及び**場所**において、指導医の**指示に従って**、Y病院の患者に対して提供する医療行為等に従事していたというのであり、これに加えて、Y病院は、Xに対して奨学金等として金員を支払い、これらの金員につき給与等に当たるものとして源泉徴収まで行っていたというのである。

そうすると、Xは、Y病院の指揮監督の下で労務の提供をしたものとして**労働基準法9条所定の労働者に当たり**、**最低賃金法**2条所定の労働者に当たるというべきであるから、Y病院は、同法5条2項により、Xに対し、最低賃金と同額の賃金を支払うべき義務を負っていたものというべきである。

解 説

労働基準法における労働者とは、使用者の指揮命令を受けて労働力を提供し、その労働の対償として賃金を支払われる者をいいます。なお、最低賃金法の労働者の定義は、労働基準法における労働者と同じです。

関連条文

（定義）労働基準法第9条
　この法律で「労働者」とは、職業の種類を問わず、事業または事務所に使用される者で、賃金を支払われる者をいう。

確認問題

Q 医科大学附属病院に勤務する研修医が、医師の資質の向上を図ることを目的とする臨床研修のプログラムに従い、臨床研修指導医の指導の下に医療行為等に従事することは、教育的な側面を強く有するものであるため、研修医は労働基準法第9条所定の労働者に当たることはないとするのが、最高裁判所の判例の趣旨である。（H29-5オ）

A　× 病院の開設者の指揮監督の下に医療行為等に従事し、病院の開設者のための労務の遂行という側面を有すると評価することができる限り、研修医は労働基準法9条所定の労働者に当たるものというべきであるとするのが、最高裁判所の判例の趣旨である。

労働基準法関係

4 神戸弘陵学園事件 （最判第3小平2.6.5）

試用期間と有期労働契約

過去問 H22選-労基A

事案

Xは、4月1日付でY学校の教員（常勤講師）として採用された。面接の際、Y学校の理事長から、採用後の身分は常勤講師とし、契約期間は一応4月1日から1年とすることと、1年間の勤務状態を見て再雇用するかどうかの判定をすることなどにつき説明を受け、口頭で、採用したい旨の申出を受け、それを受諾した。

そして、5月中旬、Xは、Y学校から求められるままに、あらかじめY学校より交付されていた「Xが3月31日までの1年の期限付の常勤講師として採用される旨の合意が成立したこと、その期限が満了したときは解雇予告その他何らの通知を要せず期限満了の日に当然退職の効果を生ずること」などが記載されている期限付職員契約書に自ら署名捺印した。

その後、Y学校は、3月31日にXの労働契約については、期間満了をもって終了する旨の通知を行ったため、Xは、地位確認と4月以降の賃金支払いを求めて訴えた。

争点・結論

争点	雇用契約に期間を設けた場合において、その設けた目的が労働者の適性を評価・判断するためのものであるときは、その期間を試用期間とすることができるか。
結論	できる。

POINT
使用者が労働者を新規に採用するに当たり、その雇用契約に期間を設けた場合において、その設けた趣旨・目的が労働者の適性を評価・判断するためのものであるときは、期間の満了によりその雇用契約が当然に終了する旨の明確な合意が当事者間に成立しているなどの特段の事情が認められる場合を除き、この期間は契約の存続期間ではなく、試用期間であると解するのが相当である。

判旨

使用者が労働者を新規に採用するに当たり、その雇用契約に期間を設けた場合において、その設けた趣旨・目的が労働者の適性を評価・判断するためのものであるときは、右期間の満了により右雇用契約が当然に終了する旨の明確な合意が当事者間に成立しているなどの特段の事

情が認められる場合を除き、右期間は**契約の存続期間**ではなく、**試用期間**であると解するのが相当である。

　そして、**試用期間付雇用契約**の**法的性質**については、試用期間中の労働者に対する**処遇の実情**や試用期間満了時の**本採用手続の実態**等に照らしてこれを判断するほかないところ、試用期間中の労働者が試用期間の付いていない労働者と同じ職場で同じ職務に従事し、使用者の取扱いにも格段変わったところはなく、また、試用期間満了時に**再雇用**（すなわち本採用）に関する**契約書作成**の手続が採られていないような場合には、他に特段の事情が認められない限り、これを**解約権留保付雇用契約**であると解するのが相当である。

　そして、**解約権留保付雇用契約**における解約権の行使は、解約権留保の趣旨・目的に照らして、**客観的に合理的な理由**があり**社会通念上相当**として是認される場合に許されるものであって、通常の雇用契約における解雇の場合よりもより**広い範囲**における**解雇の自由**が認められてしかるべきであるが、**試用期間付雇用契約**が試用期間の満了により終了するためには、本採用の拒否すなわち**留保解約権の行使**が許される場合でなければならない。

解　説

　この判例では、雇用契約締結の際に、1年の期間の満了により本件雇用契約が当然に終了する旨の明確な合意がXとY学校との間に成立しているなどの特段の事情が認められるとすることには疑問が残るため、雇用契約に付された1年の期間がこの契約の存続期間であるとはいえないとされています。

関連条文

（契約期間等）労働基準法第14条

1　［省略］
2　厚生労働大臣は、期間の定めのある労働契約の締結時および当該労働契約の期間の満了時において労働者と使用者との間に紛争が生ずることを未然に防止するため、使用者が講ずべき労働契約の期間の満了に係る通知に関する事項その他必要な事項についての基準を定めることができる。
3　行政官庁は、2の基準に関し、期間の定めのある労働契約を締結する使用者に対し、必要な助言および指導を行うことができる。

確認問題

Ｑ　「使用者が労働者を新規に採用するに当たり、その雇用契約に期間を設けた場合において、その設けた趣旨・目的が労働者の適性を評価・判断するためのものであるときは、右期間〔当該期間〕の満了により右雇用契約〔当該雇用契約〕が当然に終了する旨の明確な合意が当事者間に成立しているなどの特段の事情が認められる場合を除き、右期間〔当該期間〕は契約の存続期間ではなく、　　Ａ　　であると解するのが相当である。」とするのが最高裁判所の判例である。（H22選-A）

A　A. 試用期間

労働基準法関係

15

5 予告なしの解雇
細谷服装事件 (最判第2小昭35.3.11)

過去問 H18-労基2D、H18-労基7A、H19-労基4C、H21-労基2D

事 案

Y社は、従業員であったXを、労働基準法20条所定の解雇予告手当を支払わず、また予告期間も置くことなく一方的に解雇の通知をした。

これに対して、Xは、このような即時解雇は無効であると主張し訴えた。

また、この訴えの提起の後、Y社は、Xに解雇予告手当相当額の金銭を支払ったが、Xは、当該手当はその支払義務違反があったときに当然に支払義務が生じるものであると主張して、附加金を請求した。

争点・結論

争点①	解雇予告の手続をせずに行われた解雇は有効か。
結論①	即時解雇に固執しない限り有効である。

即時解雇としては効力が生じないものの、当該解雇の意思表示のあった日から30日が経過するか、または通知の後に所定の解雇予告手当を支払ったときは、そのいずれかのときから解雇の効力が生じる。

争点②	使用者から解雇予告手当の支払いを受けた後に、労働者は附加金の請求ができるか。
結論②	できない。

附加金支払義務は、労働者の請求により裁判所がその支払を命ずることによって初めて発生するものと解すべきである。使用者に労働基準法20条の違反があっても、既に予告手当に相当する金額の支払を完了し、使用者の義務違反の状況が消滅した後においては、附加金請求の申立をすることができない。

判 旨

使用者が労働基準法20条所定の**予告期間**をおかず、または**予告手当**の支払をしないで労働者に**解雇の通知**をした場合、その通知は**即時解雇としては効力を生じない**が、使用者が**即時解雇を固執する趣旨**でない限り、通知後同条所定の**30日**の期間を経過するか、または通知の後に

同条所定の**予告手当**の支払をしたときは、そのいずれかのときから**解雇の効力を生ずるもの**と解すべきであって、本件**解雇の通知**は**30日**の期間経過と共に**解雇の効力を生じた**ものとする原判決の判断は正当である。

　［……中略……］

　労働基準法114条の**附加金支払義務**は、使用者が**予告手当**等を支払わない場合に、当然に発生するものではなく、**労働者の請求により裁判所がその支払を命ずる**ことによって、初めて発生するものと解すべきであるから、使用者に労働基準法20条の違反があっても、既に**予告手当**に相当する金額の支払を完了し使用者の**義務違反の状況が消滅**した後においては、労働者は同条による**附加金請求の申立**をすることができないものと解すべきである。

解　説

　労働基準法20条では、突然の解雇によって労働者が生活上の脅威にさらされるのを防ぐために、使用者の強行法的予告義務を定めています。労働者を解雇しようとする場合においては、少なくとも30日前にその予告をするか、30日前に予告をしない使用者は、30日分以上の平均賃金を支払う必要があります。

関連条文

（解雇の予告）労働基準法第20条

　使用者は、労働者を解雇しようとする場合においては、少なくとも30日前にその予告をしなければならない。30日前に予告をしない使用者は、30日分以上の平均賃金を支払わなければならない。ただし、天災事変その他やむを得ない事由のために事業の継続が不可能となった場合または労働者の責に帰すべき事由に基づいて解雇する場合においては、この限りでない。

（付加金の支払）労働基準法第114条

　裁判所は、解雇予告手当（第20条）、休業手当（第26条）もしくは割増賃金（第37条）の規定に違反した使用者または年次有給休暇中の賃金（第39条9項）の規定による賃金を支払わなかった使用者に対して、労働者の請求により、これらの規定により使用者が支払わなければならない金額についての未払金のほか、これと同一額の付加金の支払を命ずることができる。ただし、この請求は、違反のあった時から5年（当分の間は3年）以内にしなければならない。

確認問題

Q 使用者が、労働基準法第20条所定の予告期間を置かず予告手当の支払もしないで労働者に解雇の通知をした場合には、解雇の通知後30日の期間を経過したとしても解雇の効力は発生しないとするのが最高裁判所の判例である。（H21-2D）

A × 即時解雇としては効力を生じないが、使用者が即時解雇を固執する趣旨でない限り、通知後30日の期間を経過するか、または通知の後に予告手当の支払をしたときは、そのいずれかのときから解雇の効力を生ずるものと解すべきであるとするのが、最高裁判所の判例である。

労働基準法関係

6 就業規則の法的規範性
秋北バス事件 （最判大昭43.12.25）

過去問 H17-労基6B・C、H22-労基2A

事 案

Xは、Y社に入社し、営業所次長の職にあったが、Y社には、Xの入社当時に停年の定めはなく、途中で施行された就業規則の「従業員は満50才をもって停年とし、停年に達したるものは辞令をもって解職する」旨の規定も、Xのように主任以上の職にある者に対しては適用がなかった。

ところが、Y社は、就業規則の規定を「従業員は満50才をもって停年とし、主任以上の職にあるものは満55才をもって停年とする」旨に改正した。この条項に基づき、Y社は、Xが既に満55歳の停年に達していることを理由として、退職を命ずる旨の解雇の通知をした。

このため、Xは、就業規則の規定について同意を与えた事実はなく、満55歳の停年を定めた規定は効力が及ばないのではないかと訴えた。

争点・結論

争 点	就業規則には、その法的規範性が認められるか。
結 論	認められる。

POINT

労働条件を定型的に定めた就業規則は、一種の社会的規範としての性質を有するだけでなく、それが合理的な労働条件を定めているものである限り、経営主体と労働者との間の労働条件は、その就業規則によるという事実たる慣習が成立しているものとして、その法的規範性が認められるに至っているものということができる。

そして、労働者は、就業規則の存在および内容を現実に知っていると否とにかかわらず、また、これに対して個別的に同意を与えたかどうかを問わず、当然に、その適用を受ける。

判 旨

元来、「**労働条件**は、労働者と使用者が、**対等の立場**において決定すべきものである」が、多数の労働者を使用する近代企業においては、**労働条件**は、経営上の要請に基づき、**統一的かつ画一的**に決定され、労働者は、経営主体が定める**契約内容の定型**に従って、**附従的に契約**を

締結せざるを得ない立場に立たされるのが実情であり、この**労働条件を定型的に定めた就業規則**は、一種の**社会的規範**としての性質を有するだけでなく、それが**合理的な労働条件**を定めているものであるかぎり、経営主体と労働者との間の**労働条件**は、その**就業規則**によるという**事実たる慣習が成立している**ものとして、その**法的規範性**が認められるに至っているものということができる。

　そして、労働基準法は、右のような実態を前提として、**後見的監督的立場**に立って、**就業規則**に関する**規制**と**監督**に関する定めをしているのである。すなわち、同法は、一定数の労働者を使用する使用者に対して、**就業規則の作成を義務づける**とともに、**就業規則の作成・変更**にあたり、**労働者側の意見を聴き**、その**意見書を添付して所轄行政庁に就業規則を届け出て**、かつ、労働者に**周知させる方法を講ずる義務**を課し、**制裁規定**の内容についても一定の制限を設け、しかも、**就業規則**は、**法令**または当該事業場について適用される**労働協約に反してはならず**、行政庁は**法令**または**労働協約**に**牴触**する**就業規則の変更を命ずる**ことができるものとしているのである。

　これらの定めは、いずれも、**社会的規範**たるにとどまらず、**法的規範として拘束力を有する**に至っている**就業規則**の実態に鑑み、その内容を**合理的なものとするために必要な監督的規制**にほかならない。このように、**就業規則の合理性**を保障するための措置を講じておればこそ、同法は、さらに進んで、「**就業規則で定める基準に達しない労働条件**を定める**労働契約**は、その**部分**については**無効**とする。この場合において無効となった部分は、**就業規則で定める基準**による。」ことを明らかにし、**就業規則**のいわゆる**直律的効力**まで肯認しているのである。

　右に説示したように、**就業規則**は、当該事業場内での**社会的規範**たるにとどまらず、**法的規範**としての性質を認められるに至っているものと解すべきであるから、当該事業場の労働者は、**就業規則の存在および内容を現実に知っていると否と**にかかわらず、また、これに対して**個別的に同意を与えたかどうかを問わず**、当然に、その適用を受けるものというべきである。

解　説

　就業規則については、使用者が中心となって作成され、その事業所内において適用される労働条件等のルールです。しかし、それが合理的な労働条件が定められているものであるのであれば、法的規範性が認められるに至っています。

確認問題

Q1 就業規則は、それが合理的な労働条件を定めているものであるかぎり、経営主体と労働者との間の労働条件は、その就業規則によるという事実たる慣習が成立しているものとして、その法的規範性が認められるに至っているものということができるとするのが最高裁の判例である。（H17-6C）

Q2 定年に達したことを理由として解雇するいわゆる「定年解雇」制を定めた場合の定年に達したことを理由とする解雇は、労働基準法第20条の解雇予告の規制を受けるとするのが最高裁判所の判例である。（H22-2A）

A 1　○
　　 2　○

労働基準法関係

19

7 損害賠償請求権との賃金相殺
日本勧業経済会事件（最判大昭36.5.31）
過去問 H26-労基3オ

事案

倒産したY社の従業員であったXは、Y社に対して未払いであった賃金の支払いを求めた。

すると、Y社は、倒産後にXが行った行為の中にY社に対する背任行為があったとして、Xに対する損害賠償請求権と、Xの賃金債権との相殺をする旨の意思表示をした。

このため、Xは相殺するのはおかしいと訴えた。

争点・結論

争点	背任行為による損害賠償請求権と賃金債権との相殺は許されるか。
結論	許されない。

POINT　労働者の賃金債権に対しては、使用者は、使用者が労働者に対して有する債権をもって相殺することを許されないとの趣旨を包含するものと解するのが相当である。このことは、その債権が不法行為を原因としたものであっても変りはない。

判旨

　労働者の**賃金**は、労働者の生活を支える**重要な財源**で、日常必要とするものであるから、これを労働者に**確実に受領**させ、その生活に不安のないようにすることは、**労働政策**の上から極めて必要なことであり、労働基準法24条1項が、**賃金**は同項但書の場合を除きその**全額を直接労働者に支払わねばならない**旨を規定しているのも、右にのべた趣旨を、その法意とするものというべきである。

　しからば同条項は、労働者の**賃金債権**に対しては、使用者は、使用者が労働者に対して有する**債権**をもって**相殺**することを**許されない**との趣旨を**包含する**ものと解するのが相当である。このことは、その**債権**が**不法行為を原因**としたものであっても変りはない。

　［……中略……］

　なお、論旨は労働基準法17条と24条との関係をいうが、同法17条は、従前しばしば行われた前借金と**賃金債権**との相殺が、著しく労働者の**基本的人権を侵害**するものであるから、これを

特に**明示的に禁止**したものと解するを相当とし、同法24条の規定があるからといって同法17条の規定が無用の規定となるものではなく、また同法17条の規定があるからといって、同法24条の趣旨を前述のように解することに何ら妨げとなるものではない。

また所論のように使用者が反対債権をもって**賃金債権**を差押え、転付命令を得る途があるからといって、その一事をもって同法24条を前述のように解することを妨げるものでもない。

解説

賃金は、通貨で、直接労働者に、その全額を支払う必要があります。判例では、たとえ労働者の責任で生じた損害賠償請求権があったとしても相殺はできないとしています。

関連条文

（前借金相殺の禁止）労働基準法第17条
　使用者は、前借金その他労働することを条件とする前貸の債権と賃金を相殺してはならない。

（賃金の支払）労働基準法第24条第1項
　賃金は、通貨で、直接労働者に、その全額を支払わなければならない。
　ただし、法令もしくは労働協約に別段の定めがある場合または厚生労働省令で定める賃金について確実な支払の方法で厚生労働省令で定めるものによる場合においては、通貨以外のもので支払い、また、法令に別段の定めがある場合または当該事業場の労働者の過半数で組織する労働組合があるときはその労働組合、労働者の過半数で組織する労働組合がないときは労働者の過半数を代表する者との書面による協定がある場合においては、賃金の一部を控除して支払うことができる。

確認問題

Q1 労働基準法第24条第1項に定めるいわゆる「賃金全額払の原則」は、労働者の賃金債権に対しては、使用者は、使用者が労働者に対して有する債権をもって相殺することを許されないとの趣旨を包含するものと解するのが相当であるが、その債権が当該労働者の故意または過失による不法行為を原因としたものである場合にはこの限りではない、とするのが最高裁判所の判例である。（H26-3オ）

Q2 労働者の賃金は、労働者の生活を支える　A　で、日常必要とするものであるから、これを労働者に　B　させ、その生活に不安のないようにすることは、　C　の上から極めて必要なことである。また、労働基準法第24条第1項が、賃金は同項ただし書の場合を除きその　D　を　E　労働者に支払わねばならない旨を規定しているのも、右にのべた趣旨を、その法意とするものというべきであるとするのが、最高裁判所の判例である。

　1　×　その債権が不法行為を原因としたものであっても変りはない、とするのが最高裁判所の判例である。
　2　A. 重要な財源　B. 確実に受領　C. 労働政策　D. 全額　E. 直接

8 日新製鋼事件（最判第2小平2.11.26）

自由意思に基づく賃金相殺

過去問　H18-労基2B、H30-労基6B

事案

Aは、Y社に在職していたときに住宅資金としてY社などから借入れをしていたが、Aは交際費等の出費に充てるため、サラ金に多額の負債を負い破産申立てをする状況となってしまった。

そのため、Y社からの借入れの際に連帯保証人となっている同僚に迷惑をかけないように、先に退職金や給与をY社から借り入れた残債務に充て相殺する意思表示をし、そして、Aは破産宣告を受けるに至った。

その後、破産管財人に選任されたXは、Aの意思表示は完全な自由意思に基づくものではなく全額払いの原則に違反し、他の破産債権者を害するため、Y社に対し退職金等を支払うよう訴えた。

争点・結論

争点	労働者がその自由な意思に基づき相殺に同意した場合においては、使用者が労働者に対して有する債権をもって労働者の賃金債権と相殺することができるか。
結論	できる。

POINT　労働者がその自由な意思に基づき相殺に同意した場合において、同意が労働者の自由な意思に基づいてされたものであると認めるに足りる合理的な理由が客観的に存在するときは、同意を得てした相殺は賃金全額払の原則に違反するものとはいえない。

判旨

労働基準法24条1項本文の定めるいわゆる**賃金全額払の原則**の趣旨とするところは、使用者が**一方的に賃金を控除**することを禁止し、もって労働者に**賃金の全額**を確実に受領させ、労働者の**経済生活**を脅かすことのないようにしてその保護を図ろうとするものというべきであるから、使用者が労働者に対して有する**債権**をもって労働者の**賃金債権**と**相殺**することを禁止する趣旨をも**包含**するものであるが、労働者がその**自由な意思**に基づき**相殺に同意**した場合においては、**同意**が労働者の**自由な意思**に基づいてされたものであると認めるに足りる**合理的な理由が客観的に存在**するときは、**同意**を得てした**相殺**は右規定に違反するものとはいえないものと

解するのが相当である。もっとも、右全額払の原則の趣旨にかんがみると、**同意が労働者の自由な意思に基づくものであるとの認定判断は、厳格かつ慎重**に行われなければならないことはいうまでもないところである。

　［……中略……］

　Aは、Y社の担当者に対し右各借入金の残債務を退職金等で返済する手続を執ってくれるように**自発的に依頼**しており、本件委任状の作成、提出の過程においても**強要**にわたるような事情は全くうかがえず、右各清算処理手続が終了した後においてもY社の担当者の求めに異議なく応じ、退職金計算書、給与等の領収書に署名押印をしているのである。

　また、本件各借入金は、いずれも、借入れの際には抵当権の設定はされず、**低利かつ相当長期の分割弁済**の約定のもとにAが住宅資金として借り入れたものであり、特に、Y社借入金等については、従業員の**福利厚生の観点**から利子の一部をY社が負担する等の措置が執られるなど、Aの利益になっており、同人においても、右各借入金の性質および退職するときには退職金等によりその残債務を一括返済する旨の前記各約定を**十分認識**していたことがうかがえるのである。

　右の諸点に照らすと、本件相殺におけるAの**同意**は、同人の**自由な意思**に基づいてされたものであると認めるに足りる**合理的な理由が客観的に存在**していたものというべきである。

解　説

　賃金全額払の原則は、使用者が労働者に対して有する債権をもって労働者の賃金債権と相殺することを禁止する趣旨をも包含するものですが、この判例では、労働者の自由な意思に基づき相殺に同意した場合においては、例外的に相殺を認めています。ただし、その同意が労働者の自由な意思に基づくものであるとの認定判断は、厳格かつ慎重に行われなければならないこととされています。

確認問題

Q 最高裁判所の判例によると、労働基準法第24条第1項本文の定めるいわゆる賃金全額払の原則の趣旨とするところは、使用者が一方的に賃金を控除することを禁止し、もって労働者に賃金の全額を確実に受領させ、労働者の経済生活を脅かすことのないようにしてその保護を図ろうとするものというべきであるから、使用者が労働者に対して有する債権をもって労働者の賃金債権と相殺することを禁止する趣旨をも包含するものであるが、労働者がその自由な意思に基づき当該相殺に同意した場合においては、当該同意が労働者の自由な意思に基づいてされたものであると認めるに足りる合理的な理由が客観的に存在するときは、当該同意を得てした相殺は当該規定に違反するものとはいえないものと解するのが相当である、とされている。（H18-2B）

A ○

労働基準法関係

23

9 賃金債権の譲渡
電電公社小倉電話局事件 (最判第3小昭43.3.12)

過去問 H21-労基4C、H28-労基3B

事 案

Aは、Xに加えた暴行の償いのために、Y社を退職する際に支払われる退職金の債権をXに譲渡した。

しかし、Aは、債権譲渡は強迫であったため取り消す旨をY社に伝え、退職金を自分で受け取ったのであった。

そこで、Xは、譲り受けた退職金債権の支払をY社に対して主張し訴えた。

争点・結論

争 点	賃金債権を他に譲渡した場合に、賃金債権の譲受人は自ら使用者に対してその支払を求めることはできるか。
結 論	できない。

POINT 労働者が賃金の支払を受ける前に賃金債権を他に譲渡した場合においても、その支払については、なお労働基準法24条1項が適用され、使用者は直接労働者に対し賃金を支払わなければならない。したがって、賃金債権の譲受人は自ら使用者に対してその支払を求めることは許されない。

判 旨

国家公務員等退職手当法（以下「退職手当法」という。）に基づき支給される一般の退職手当は、同法所定の国家公務員または公社（Y社）の職員（以下「国家公務員等」という。）が退職した場合に、その**勤続を報償**する趣旨で支給されるものであって、必ずしもその**経済的性格**が給与の後払の趣旨のみを有するものではないと解される。

しかし、退職者に対してこれを支給するかどうか、また、その支給額その他の支給条件はすべて法定されていて国または公社に**裁量の余地**がなく、退職した国家公務員等に同法8条に定める欠格事由のないかぎり、法定の基準に従って**一律に支給**しなければならない性質のものである。

これらのことから、その**法律上の性質**は労働基準法11条にいう「**労働の対償**」としての**賃金に該当**し、したがって、退職者に対する支払については、その性質の許すかぎり、同法24条1

項本文の規定が適用ないし準用されるものと解するのが相当である。

　ところで、退職手当法による退職手当の給付を受ける権利については、その**譲渡を禁止**する規定がないから、退職者またはその予定者が右退職手当の給付を受ける権利を他に譲渡した場合に**譲渡自体を無効**と解すべき根拠はない。

　けれども、労働基準法24条１項が「**賃金**は**直接**労働者に支払わなければならない。」旨を定めて、使用者たる**賃金支払義務者**に対し**罰則**をもってその**履行を強制**している趣旨に徴すれば、労働者が**賃金**の支払を受ける前に**賃金債権を他に譲渡**した場合においても、その支払についてはなお同条が適用され、使用者は**直接**労働者に対し**賃金**を支払わなければならず、したがって、**賃金債権の譲受人**は自ら使用者に対してその支払を求めることは**許されない**ものと解するのが相当である。

　そして、退職手当法による退職手当もまた右にいう**賃金に該当**し、右の**直接払の原則**の適用があると解する以上、退職手当の支給前にその受給権が他に**適法に譲渡**された場合においても、国または公社はなお退職者に**直接**これを支払わなければならず、したがって、その譲受人から国または公社に対しその支払を求めることは許されないといわなければならない。

解　説

　この判例では、退職手当等について適法に他人に譲渡された場合であっても、賃金とみなして保護されるため、労働基準法24条１項の直接払いの原則が優先され、他人に支払うことは許されないこととされています。

関連条文

> **（賃金の支払）労働基準法第24条１項**
> 　賃金は、通貨で、直接労働者に、その全額を支払わなければならない。

確認問題

Q1 労働者が賃金債権を第三者に譲渡した場合、譲渡人である労働者が債務者である使用者に確定日付のある証書によって通知した場合に限り、賃金債権の譲受人は使用者にその支払を求めることが許されるとするのが最高裁判所の判例である。（H28-3B）

Q2 国家公務員等退職手当法（以下「退職手当法」という。）に基づき支給される一般の退職手当は、退職者に対してこれを支給するかどうか、また、その支給額その他の支給条件はすべて法定されていて国または公社に　　A　　がなく、退職した国家公務員等に欠格事由のないかぎり、法定の基準に従って一律に支給しなければならない性質のものであることから、その　　B　　は労働基準法第11条にいう「　　C　　」としての賃金に該当し、退職者に対する支払については、その性質の許すかぎり、同法第24条第１項本文の規定が適用ないし準用されるものと解するのが相当である。

A 　1　×　賃金債権の譲受人は自ら使用者に対して、その支払を求めることは許されないとするのが最高裁判所の判例である。
　　　2　A. 裁量の余地　B. 法律上の性質　C. 労働の対償

労働基準法関係

25

10 福島県教組事件 （最判第1小昭44.12.18）

賃金の過払精算

過去問 H21選-労基B、H27-労基4B、H29-労基6D

事 案

Y学校では、毎年6月と12月に勤勉手当（賞与）を支給することとされていた。

しかし、12月に支給した勤勉手当において、事務が間に合わず、Xたちが9月中に行った勤務評定反対運動で勤務しなかった時間分に相当する勤勉手当の減額が行われていなかった。

そこで、Y学校は、Xたちに過払い分の返納を求めたが応じなかったため、翌年2月と3月の給与から過払い分を減額した。

このため、Xたちは、この減額措置は、労働基準法の全額払いの原則に違反するものであると訴えた。

争点・結論

争 点	賃金の過払が生じた場合、これを精算、調整するため、後に支払われるべき賃金から控除できるか。
結 論	できる。

POINT

適正な賃金の額を支払うための手段たる相殺は、その行使の時期、方法、金額等からみて労働者の経済生活の安定との関係上不当と認められないものであれば、労働基準法24条1項の全額払いの原則の禁止するところではない。

なお、許される相殺は、過払のあった時期と賃金の清算調整の実を失わない程度に合理的に接着した時期においてされており、また、あらかじめ労働者にそのことが予告されるとか、その額が多額にわたらないとか、要は労働者の経済生活の安定をおびやかすおそれのない場合でなければならない。

判 旨

Y学校の行った所論給与減額は、Y学校がXらに対して有する**過払勤勉手当**の**不当利得返還請求権**を**自働債権**とし、XらのY学校に対して有する2月分または3月分の**給与請求権**を**受働債権**として、その**対当額**においてされた**相殺**であると解せられる。

しかるところ、本件につき適用さるべきものであった労働基準法24条1項では、**賃金**は、同

項ただし書の場合を除き、その**全額**を**直接**労働者に支払わなければならない旨を定めており、その法意は、労働者の**賃金**はその生活を支える**重要な財源**で日常必要とするものであるから、これを労働者に**確実に受領**させ、その生活に不安のないようにすることが**労働政策上**から極めて必要であるとするにあると認められ、従って、右規定は、一般的には、労働者の**賃金債権**に対しては、使用者は使用者が労働者に対して有する**債権**をもって**相殺**することは**許されない**との趣旨をも**包含する**と解せられる。

しかし、**賃金支払事務**においては、一定期間の賃金がその期間の満了前に支払われることとされている場合には、支払日後、期間満了前に減額事由が生じたとき、または、減額事由が賃金の支払日に接着して生じたこと等によるやむをえない**減額不能**または**計算未了**となることがあり、あるいは**賃金計算**における**過誤**、**違算等**により、**賃金の過払**が生ずることのあることは避けがたいところである。

このような場合、これを**精算ないし調整**するため、後に支払わるべき賃金から控除できるとすることは、右のような**賃金支払事務**における実情に徴し**合理的理由がある**といいうるのみならず、労働者にとっても、このような控除をしても、**賃金と関係のない他の債権を自働債権**とする**相殺**の場合とは趣を異にし、実質的にみれば、本来支払わるべき**賃金**は、その**全額**の支払を受けた結果となるのである。

このような事情と前記24条1項の法意とを併せ考えれば、**適正な賃金の額を支払うための手段たる相殺**は、同項但書によって除外される場合にあたらなくても、その**行使の時期、方法、金額等**からみて労働者の**経済生活の安定**との関係上**不当と認められない**ものであれば、同項の禁止するところではないと解するのが相当である。

この見地からすれば、**許さるべき相殺**は、**過払のあった時期**と**賃金の清算調整**の実を失わない程度に**合理的に接着した時期**においてされ、また、あらかじめ労働者にそのことが**予告**されるとか、その額が**多額**にわたらないとか、要は労働者の**経済生活の安定**をおびやかすおそれのない場合でなければならないものと解せられる。

解 説

労働基準法24条では、法令で別段の定めがある場合や労使協定がある場合でなければ、賃金の一部を控除して支払うことはできないこととされています。しかし、この判例では、賃金計算における過誤、違算等により、賃金の過払が生ずることは避けがたく、このような場合、精算ないし調整するため、後に支払われる賃金から控除をすることは、賃金支払事務における実情に徴し合理的理由があるとしています。

確認問題

Q 賃金の過払を精算ないし調整するため、後に支払われるべき賃金から控除することは、「その額が多額にわたるものではなく、しかもあらかじめ労働者にそのことを予告している限り、過払のあった時期と合理的に接着した時期においてされていなくても労働基準法24条1項の規定に違反するものではない。」とするのが、最高裁判所の判例である。（H29-6D）

A × 過払のあった時期と賃金の清算調整の実を失わない程度に合理的に接着した時期においてされる場合でなければならないとするのが、最高裁判所の判例である。

労働基準法関係

27

11 賞与の支給日在籍要件
大和銀行事件 （最判第1小昭57.10.7）

過去問 H22-労基3A

事案

Y銀行では、決算期ごとの業績と査定から年2回の賞与が支給されていたが、それぞれ、前年10月から3月までの期間分を6月賞与、4月から9月までの期間分を12月賞与として支給されていた。

また、賞与は支給日に在籍している者に対して支給される慣例があったが、これについては就業規則に記載されていなかったため、支給日に在籍している者に対して支給する旨の文言を追加して明文化する就業規則の改訂がされた経緯があった。

そして、Xは、5月末に退職したため、6月賞与（6月15日支給）と12月賞与（12月10日支給）が支給されなかったため、その支払いを求めて訴えた。

争点・結論

争点	賞与を支給日に在籍している者に対してのみ支給とするという就業規則の規定は有効か。
結論	有効である。

POINT 就業規則の改訂前から支給日に在籍している者に対してのみ賞与が支給されるという慣行が存在し、規則の改訂は単に慣行を明文化したにとどまるものである場合、その内容において合理性を有することとなる。

判旨

Y銀行においては、本件**就業規則**の改訂前から年2回の決算期の中間時点を支給日と定めて当該**支給日に在籍**している者に対してのみ右決算期間を対象とする**賞与**が支給されるという**慣行が存在**し、右規則の改訂は単にY銀行の従業員組合の要請によって**慣行を明文化**したにとどまるものであって、その内容においても**合理性を有する**というのであり、右事実関係のもとにおいては、Xは、Y銀行を退職したのちを支給日とする各**賞与**については**受給権**を有しないとした原審の判断は、結局正当として**是認**することができる。

解説

判例では、退職の直前に就業規則の改訂が行われ、支給日に在籍している者に対してのみ賞与が支給されるという条項が追加されていますが、もともと慣行が存在していたものを明文化しただけのことであるので合理性があると判断されています。

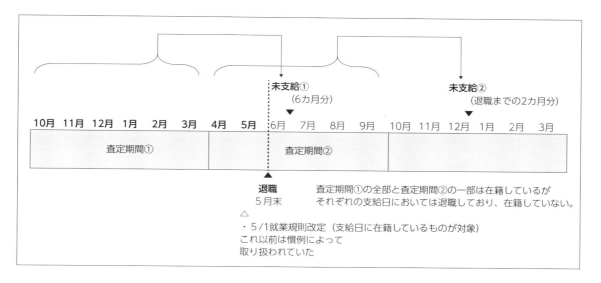

関連条文

（賃金の支払）労働基準法第24条1項

賃金は、通貨で、直接労働者に、その全額を支払わなければならない。

ただし、法令もしくは労働協約に別段の定めがある場合または厚生労働省令で定める賃金について確実な支払の方法で厚生労働省令で定めるものによる場合においては、通貨以外のもので支払い、また、法令に別段の定めがある場合または当該事業場の労働者の過半数で組織する労働組合があるときはその労働組合、労働者の過半数で組織する労働組合がないときは労働者の過半数を代表する者との書面による協定がある場合においては、賃金の一部を控除して支払うことができる。

確認問題

Q 賞与を支給日に在籍している者に対してのみ支給する旨のいわゆる賞与支給日在籍要件を定めた就業規則の規定は無効であり、支給日の直前に退職した労働者に賞与を支給しないことは、賃金全額払の原則を定めた労働基準法第24条第1項に違反するとするのが最高裁判所の判例である。（H22-3A）

A ×　賞与支給日に在籍している者に対してのみ賞与が支給されるという就業規則は、その内容においても合理性を有する、とするのが最高裁判所の判例である。

12 退職金債権の放棄
シンガー・ソーイング・メシーン事件 (最判第2小昭48.1.19)

過去問 H22-労基3D、H25-労基7エ・オ、H27-労基4C、R1-労基5B

事 案

Y社を退職するXは、西日本地区の総責任者の地位にあったが、退職後直ちにY社の一部門と競争関係にある他の会社に就職することとなっていた。

また、Y社は、Xの在職中における旅費等経費の使用について、書面上つじつまの合わない点から幾多の疑惑を持っていた。

そこで、この疑惑にかかる損害の一部を填補する趣旨で、Y社に対しいかなる性質の請求権をも有しないことを確認する旨の書面に署名を求めたところ、Xは、これに応じて、書面に署名をした。

このため、Y社は、これを退職金債権を放棄する意思表示とみなして、退職金を支給しなかったのであるが、Xは、これは全額払いの原則に違反すると訴えた。

争点・結論

争 点	労働者が退職に際し、みずから賃金に該当する退職金債権を放棄する旨の意思表示をした場合に、全額払の原則が退職金債権を放棄する旨の意思表示の効力を否定するか否か。
結 論	否定しない。

労働者が退職に際し、みずから賃金に該当する退職金債権を放棄する旨の意思表示をした場合に、全額払の原則が退職金債権を放棄する旨の意思表示の効力を否定する趣旨のものであるとまで解することはできない。

もっとも、全額払の原則の趣旨とするところなどに鑑みれば、意思表示の効力を肯定するには、それが労働者の自由な意思に基づくものであることが明確でなければならないものと解すべきである。

判 旨

本件退職金は、**就業規則**においてその**支給条件が予め明確**に規定され、Y社が当然にその支払義務を負うものというべきであるから、労働基準法11条の「**労働の対償**」としての**賃金に該当**し、したがって、その支払については、同法24条1項本文の定めるいわゆる**全額払の原則**が

適用されるものと解するのが相当である。

　しかし、**全額払の原則**の趣旨とするところは、使用者が**一方的**に**賃金を控除**することを禁止し、もって労働者に**賃金**の**全額**を**確実に受領**させ、労働者の**経済生活**をおびやかすことのないようにしてその保護をはかろうとするものというべきであるから、本件のように、労働者たるＸが**退職**に際しみずから**賃金**に該当する本件**退職金債権**を**放棄**する旨の**意思表示**をした場合に、**全額払の原則**が**意思表示の効力を否定**する趣旨のものであるとまで解することはできない。

　もっとも、**全額払の原則**の趣旨とするところなどに鑑みれば、**意思表示の効力**を**肯定**するには、それがＸの**自由な意思**に基づくものであることが**明確**でなければならないものと解すべきである。

　原審の確定するところによれば、Ｘは、退職前Ｙ社の西日本における総責任者の地位にあったものであり、しかも、Ｙ社には、Ｘが退職後直ちにＹ社の一部門と競争関係にある他の会社に就職することが判明しており、さらに、Ｙ社は、Ｘの在職中におけるＸおよびその部下の旅費等経費の使用につき書面上つじつまの合わない点から幾多の疑惑をいだいていたので、右疑惑にかかる**損害の一部を填補**する趣旨で、Ｙ社がＸに対し原判示の書面に署名を求めたところ、これに応じて、Ｘが書面に署名したというのである。

　右認定は、原判決挙示の証拠関係に照らし**首肯**しうるところ、右事実関係に表われた諸事情に照らすと、**意思表示**がＸの**自由な意思**に基づくものであると認めるに足る**合理的な理由が客観的に存在していた**ものということができるから、**意思表示の効力**は、これを肯定して差支えないというべきである。

解　説

　この判例では、労働者が賃金に該当する退職金債権を放棄する旨の意思表示をした場合に、その意思表示の効力は認められますが、その効力が認められるには、意思表示が労働者の自由な意思に基づくものであると認めるに足る合理的な理由が客観的に存在している必要があるとしています。

確認問題

Q1　いわゆる全額払の原則の趣旨は、使用者が一方的に賃金を控除することを禁止し、もって労働者に賃金の全額を確実に受領させ、労働者の経済生活を脅かすことのないようにしてその保護を図ろうとするものというべきであるとするのが、最高裁判所の判例である。（H25-7エ）

Q2　退職金は労働者の老後の生活のための大切な資金であり、労働者が見返りなくこれを放棄することは通常考えられないことであるから、労働者が退職金債権を放棄する旨の意思表示は、それが労働者の自由意思に基づくものであるか否かにかかわらず、労働基準法第24条第1項の賃金全額払の原則の趣旨に反し無効であるとするのが、最高裁判所の判例である。（H27-4C）

A　1　○
　　2　×　全額払いの原則に関して、自由な意思に基づくものであることが明確であれば、賃金債権の放棄の意思表示は有効であるとするのが、最高裁判所の判例である。

労働基準法関係

13 水道機工事件 （最判第1小昭60.3.7）

争議行為中の賃金

過去問 H23-労基6B

事案

Y社の労働組合が、一定期間において労務の提供を全面的に拒否するのではなく、通常の業務のうち、出張や外勤に関する業務に対する労務の提供を拒否して、その間は内勤業務に従事するという形式の争議行為を行った。

このため、組合員であるXたちは、これに従って、出張・外勤業務を拒否して、その時間、書類、設計図等の作成、出張・外勤業務に付随する事務、器具の研究、工具等の保守点検等の内勤業務に従事した。

Y社は、当該争議行為より前に出張・外勤業務の業務命令をしていたにもかかわらず、Xたちが業務命令に従った労務の提供をしなかったとして、その時間に対する賃金を支払わなかったため、Xたちはその支払いを求めて訴えた。

争点・結論

争　点	労働組合の出張・外勤拒否闘争として、使用者の出張・外勤命令に従わずに内勤業務に従事した労働者に対して、使用者は賃金を支払う義務を負うか。
結　論	負わない。

POINT

労働者が、所属する労働組合の出張・外勤拒否闘争に参加して、会社の出張・外勤にかかる業務命令を拒否して内勤業務に従事した場合、それは債務の本旨に従った労務の提供をしたとはいえないため、会社はその時間に対する賃金を支払う義務はない。

判旨

Y社は、2月5日から14日までの間に、Xらに対し、文書により個別に、就業すべき日、時間、場所および業務内容を指定して出張・外勤を命ずる**業務命令**（以下「本件業務命令」という。）を発したが、Xらは、いずれも、右指定された時間、Y社に出勤し、その分担に応じ、書類、設計図等の作成、出張・外勤業務に付随する事務、器具の研究、工具等の保守点検等の内勤業務に従事し、本件業務命令に対応する**労務を提供**しなかった。

Xらの所属する労働組合は、これに先立ち、1月30日、Y社に対し、2月1日以降外勤・出

張拒否闘争および電話応待拒否闘争に入る旨を通告していたものであり、右闘争は、一定期間**労務の提供**を全面的に拒否するのではなく、組合員が通常行う業務のうち右の種類の業務についてのみ**労務の提供**を拒否するというものであって、Ｘらが本件**業務命令**による出張・外勤を拒否して内勤業務に従事したのは、右通告に基づき**争議行為**としてしたものである。

Ｙ社においては、出張・外勤の必要が生じた場合、従業員が自己の担当業務の状況等を考慮し、注文主と打合せの上、あらかじめ日時を内定し、上司の**許可**ないし**命令**を得るとか、上司から出張・外勤を命ぜられた場合にも、出張日程等については上司と**協議**の上これを決定するなど、従業員の**意思が相当に尊重**されていたが、このような取扱いは、Ｙ社が**業務命令**を発する手続を円滑にするため**事実上許容**されていたにすぎない、というのである。

本件**業務命令**は、組合の**争議行為**を否定するような性質のものではないし、従来の**慣行**を無視したものとして**信義則**に反するというものでもなく、Ｘらが、本件**業務命令**によって指定された**時間**、その指定された**出張・外勤業務**に従事せず内勤業務に従事したことは、**債務の本旨に従った労務の提供**をしたものとはいえない。

また、Ｙ社は、本件**業務命令**を事前に発したことにより、その指定した**時間**については出張・外勤以外の**労務の受領**をあらかじめ**拒絶**したものと解すべきであるから、Ｘらが提供した内勤業務についての**労務を受領**したものとはいえず、したがって、Ｙ社は、Ｘらに対し右の**時間**に対応する**賃金**の支払義務を負うものではない。

解　説

この判例の業務命令は、労働組合の争議行為を否定するような性質のものではないし、外勤等をする際は従業員の意思が相当に尊重されていたという従来の慣行を無視した不合理な業務命令とまではいえないのではなかろうかとされています。

このため、労働者は会社の業務に全く就いていなかったわけではありませんが、会社から事前に出された外勤業務命令を受け入れずに、別の内勤業務をしていたため、会社は、その別の内勤業務に就いていた時間の賃金は支払う必要はないとされています。

確認問題

Ｑ 労働者が業務命令によって指定された時間、指定された出張・外勤業務に従事せず内勤業務に従事した場合には労働者は債務の本旨に従った労務の提供をしたものであり、使用者が業務命令を事前に発して、その指定した時間については出張・外勤以外の労務の受領をあらかじめ拒絶していたとしても、当該労働者が提供した内勤業務についての労務を受領したものといえ、使用者は当該労働者に対し当該内勤業務に従事した時間に対応する賃金の支払義務を負うとするのが最高裁判所の判例である。（H23-6B）

Ａ　×　労働者が債務の本旨に従った労務の提供をしたものとはいえず、また、使用者は、内勤業務についての労務を受領したものとはいえず、その時間に対応する賃金の支払義務を負わないとするのが、最高裁判所の判例である。

労働基準法関係

14 使用者の責に帰すべき事由
ノース・ウエスト航空事件 (最判第2小昭62.7.17)

過去問 H17-労基1E、H24-労基1C、H26-労基4B、H21選-労基C

事案

Xたちは、Y社の大阪営業所と沖縄営業所に所属する従業員で、A労働組合の組合員であった。A労働組合は、東京地区の組合員でストライキを実施し、羽田空港内のY社の業務用機材を占拠したため、羽田空港における地上業務が困難となり、Y社は予定便数や路線の変更をしなければならなかった。

この影響で、大阪と沖縄での運行が一時中止となり、Y社は、ストライキに参加していない大阪営業所と沖縄営業所に所属するXたちの就労が必要なくなったとして、その間の休業を命じ、賃金を支払わなかった。

そこで、Xたちは、ストライキによる休業がY社の責任で労働できなかったものであるとして賃金の支払いを請求し、また、これが認められない場合であっても、労働基準法26条の休業手当の支払いが必要であると主張し訴えた。

争点・結論

争点	休業手当の支払要件である労働基準法の「使用者の責に帰すべき事由」の範囲と民法の「債権者の責に帰すべき事由」の範囲はどちらの事由の範囲が広いか。
結論	労働基準法

 POINT

「使用者の責に帰すべき事由」とは、取引における一般原則たる過失責任主義とは異なる観点をも踏まえた概念というべきであって、民法536条2項の「債権者の責に帰すべき事由」よりも広く、使用者側に起因する経営、管理上の障害を含むものと解するのが相当である。

判旨

労働基準法26条が「**使用者の責に帰すべき事由**」による休業の場合に使用者が**平均賃金の6割以上**の手当を労働者に支払うべき旨を規定し、その**履行を強制**する手段として**附加金や罰金**の制度が設けられているのは、右のような事由による休業の場合に、使用者の負担において**労働者の生活**を右の限度で**保障**しようとする趣旨によるものであって、同条項が民法536条2項の適用を排除するものではなく、当該休業の原因が民法536条2項の「**債権者の責に帰すべき**

事由」に該当し、労働者が使用者に対する**賃金請求権**を失わない場合には、**休業手当請求権と賃金請求権**とは**競合**しうるものである。そこで、労働基準法26条の「**使用者の責に帰すべき事由**」と民法536条2項の「**債権者の責に帰すべき事由**」との異同、広狭が問題となる。

休業手当の制度は、右のとおり**労働者の生活保障**という観点から設けられたものではあるが、**賃金の全額**においてその保障をするものではなく、しかも、その支払義務の有無を**使用者の帰責事由**の**存否**にかからしめていることからみて、**労働契約の一方当事者たる使用者の立場をも考慮**すべきものとしていることは明らかである。

そうすると、労働基準法26条の「**使用者の責に帰すべき事由**」の解釈適用に当たっては、いかなる事由による休業の場合に**労働者の生活保障**のために使用者に前記の限度での負担を要求するのが**社会的に正当**とされるかという**考量**を必要とするといわなければならない。

このようにみると、右の「**使用者の責に帰すべき事由**」とは、取引における**一般原則たる過失責任主義とは異なる観点**をも踏まえた概念というべきであって、民法536条2項の「**債権者の責に帰すべき事由**」よりも**広く**、**使用者側に起因する経営、管理上の障害を含む**ものと解するのが相当である。

解　説

民法の規定（民法536条2項）においては、使用者の責に帰すべき事由により労働者が労働債務を履行することができない場合でも、労働者は賃金債権を失わないこととされています（全額を請求し得る。）。しかし、この規定は、両当事者の合意により排除することができますし、使用者の責に帰すべき事由は、労働基準法26条より範囲が狭く、民法の規定だけでは労働者保護に十分ではありません。

このため、労働基準法では、民法の一般原則が労働者の最低生活保障について不十分であることを鑑み、強制法規で平均賃金の100分の60以上の手当を支払うべきことを使用者に義務付けることにより、労働者の生活の最低保障を図ることとしています。

関連条文

（休業手当）労働基準法第26条
使用者の責に帰すべき事由による休業の場合においては、使用者は、休業期間中当該労働者に、その平均賃金の100分の60以上の手当を支払わなければならない。

確認問題

Q　労働基準法第26条の定める休業手当の趣旨は、使用者の故意または過失により労働者が休業を余儀なくされた場合に、労働者の困窮をもたらした使用者の過失責任を問う、取引における一般原則たる過失責任主義にあるとするのが、最高裁判所の判例である。（H26-4B）

A　×　取引における一般原則たる過失責任主義とは異なる観点をも踏まえた概念というべきであって、民法の「債権者の責に帰すべき事由」よりも広い、とするのが最高裁判所の判例である。

労働基準法関係

15 労働基準法上の労働時間
三菱重工長崎造船所事件 （最判第1小平12.3.9）

過去問　H14-労基4A、H19-労基5A、H20-労基4A、H22-労基4B、H27-労基6ア、H28-労基4A

事案

Y社の就業規則には、始終業の基準として、更衣を完了して所定の始業時刻に作業場に到着しておき、実作業を開始できるようにし、所定の終業時刻に実作業を終了する旨の規定があった。

また、勤怠の判断にあたっては、始業時に体操を行う所定の場所にいるかどうか、終業時に作業場にいるかどうかを基準として管理がされていた。さらに、Y社は、現場作業に従事していた者に関しては、材料庫から資材

や消耗品などの受出しや、粉じん防止のための散水作業を始業時刻前に行うことを義務付けていた。このため、Xたちは、準備等の時間も労働時間に当たるとして、賃金を支払うよう主張し訴えた。

争点・結論

争　点	業務の準備行為等を事業所内において行うことは、労働時間に該当するか。
結　論	該当する。

労働基準法32条の労働時間とは、労働者が使用者の指揮命令下に置かれている時間をいう。また、労働時間に該当するか否かは、労働者の行為が使用者の指揮命令下に置かれたものと評価することができるか否かにより客観的に定まるものである。なお、労働者が、就業を命じられた業務の準備行為等を事業所内において行うことを使用者から義務付けられ、またはこれを余儀なくされたときは、当該行為を所定労働時間外において行うものとされている場合であっても、当該行為は、特段の事情のない限り、使用者の指揮命令下に置かれたものと評価することができる。

判旨

労働基準法32条の**労働時間**とは、労働者が使用者の**指揮命令下**に置かれている時間をいい、右の**労働時間**に該当するか否かは、**労働者の行為**が使用者の指揮命令下に置かれたものと**評価**することができるか否かにより**客観的に定まる**ものであって、**労働契約、就業規則、労働協約等**の定めのいかんにより決定されるべきものではないと解するのが相当である。

［……中略……］

労働者が、就業を命じられた業務の**準備行為等**を事業所内において行うことを使用者から**義務**付けられ、またはこれを**余儀**なくされたときは、当該行為を所定労働時間外において行うものとされている場合であっても、当該行為は、特段の事情のない限り、使用者の**指揮命令下**に置かれたものと**評価**することができ、当該行為に要した時間は、それが**社会通念上必要**と認められるものである限り、労働基準法上の**労働時間に該当**すると解される。

［……中略……］

右事実関係によれば、Xらは、Y社から、実作業に当たり、作業服および保護具等の装着を義務付けられ、また、装着を事業所内の所定の更衣所等において行うものとされていたというのであるから、装着および更衣所等から準備体操場までの移動は、Y社の**指揮命令下**に置かれたものと**評価**することができる。また、Xらの副資材等の受出しおよび散水も同様である。さらに、Xらは、実作業の終了後も、更衣所等において作業服および保護具等の脱離等を終えるまでは、いまだY社の**指揮命令下**に置かれているものと**評価**することができる。

解　説

労働基準法において労働時間とは、使用者の指揮命令下に置かれている時間のことをいい、使用者の明示または黙示の指示により、労働者が業務に従事する時間は、労働時間に当たることとされています。このほか、使用者の指示があった場合には即時に業務に従事することを求められており、労働から離れることが保障されていない状態で待機等しているいわゆる手待時間も労働時間とされます。

関連条文

（労働時間）労働基準法第32条
　使用者は、労働者に、休憩時間を除き1週間について40時間を超えて、労働させてはならない。
　使用者は、1週間の各日については、労働者に、休憩時間を除き1日について8時間を超えて、労働させてはならない。

確認問題

Q 工場で就業する労働者が、使用者から、作業服および保護具等の装着を義務付けられ、その装着を事業所内の所定の更衣所等において行うものとされ、また、始業の勤怠管理は更衣を済ませ始業時に準備体操をすべく所定の場所にいるか否かを基準として定められていた場合、その装着および更衣所等から準備体操場までの移動は、使用者の指揮命令下に置かれたものと評価することができ、労働基準法上の労働時間に当たるとするのが最高裁判所の判例である。（H22-4B）

A　○

労働基準法関係

16 目黒電報電話局事件 （最判第3小昭52.12.13）

休憩時間の自由利用

過去問 H20-労基4C、H28-労基4E

事案

Xは、作業服の胸の位置に政治的スローガンを記載したプレートを付けて仕事をしていたため、上司等にプレートを取り外すように注意、命令されたが、従わなかった。

そして、この取り外すように命令されたことは不当な扱いであるとして、抗議する目的でY社の許可を得ずに、休憩時間中に休憩室や職員食堂などでビラを配布した。

Y社は、Xの行為が就業規則に違反し、懲戒事由に該当するとして、戒告処分に付したが、Xはこの処分は無効であると主張し訴えた。

争点・結論

争点	職場内で政治活動を行うことを禁止することは許されるか。
結論	許される。

POINT 　一般私企業の使用者が、企業秩序維持の見地から、就業規則により職場内における政治活動を禁止することは、合理的な定めとして許されるべきである。
　政治活動が休憩時間中に行われる場合には、他の従業員の休憩時間の自由利用を妨げ、ひいては、その後における作業能率を低下させるおそれのあることがあるなど、企業秩序の維持に支障をきたすおそれが強いものといわなければならない。

判旨

　一般私企業においては、元来、職場は**業務遂行**のための場であって政治活動その他従業員の私的活動のための場所ではないから、従業員は職場内において当然には政治活動をする権利を有するというわけのものでないばかりでなく、職場内における従業員の政治活動は、従業員相互間の**政治的対立ないし抗争**を生じさせるおそれがあり、また、それが使用者の管理する**企業施設を利用**して行われるものである以上、その**管理を妨げる**おそれがある。
　しかも、それを**就業時間中**に行う従業員がある場合には、その**労務提供業務に違反**するにとどまらず他の従業員の**業務遂行をも妨げる**おそれがあり、また、**就業時間外**であっても**休憩時間中**に行われる場合には他の従業員の**休憩時間の自由利用**を妨げ、ひいては、その後における

作業能率を低下させるおそれのあることがあるなど、**企業秩序の維持に支障**をきたすおそれが強いものといわなければならない。

　したがって、**一般私企業の使用者**が、**企業秩序維持**の見地から、**就業規則**により職場内における**政治活動を禁止**することは、**合理的な定め**として許されるべきである。

　［……中略……］

　雇用契約に基づき使用者の**指揮命令**、監督のもとに労務を提供する従業員は、**休憩時間中**は、労基法34条３項により、使用者の**指揮命令権の拘束を離れ**、この時間を**自由に利用**することができ、もとよりこの時間をビラ配り等のために利用することも自由であって、使用者が従業員の**休憩時間の自由利用を妨げれば同項違反の問題を生じ、休憩時間の自由利用**として許される行為をとらえて**懲戒処分**をすることも許されないことは、当然である。

　しかしながら、**休憩時間の自由利用**といっても、それは**時間を自由に利用**することが認められたものにすぎず、その**時間の自由な利用**が企業施設内において行われる場合には、使用者の企業施設に対する**管理権の合理的な行使**として**是認**される範囲内の適法な規制による**制約を免れる**ことはできない。

　また、従業員は労働契約上**企業秩序を維持**するための規律に従うべき義務があり、**休憩中は**労務提供とそれに直接附随する職場規律に基づく制約は受けないが、右以外の**企業秩序維持**の要請に基づく規律による**制約は免れない**。

　［……中略……］ビラ配布等を行うことは、**休憩時間中**であっても、［……中略……］その内容いかんによっては企業の運営に支障をきたし**企業秩序を乱す**おそれがあるのであるから、これを**管理者の許可**にかからせることは、**合理的な制約**ということができる。

解　説

　この判例では、休憩時間の自由利用といっても、それは時間を自由に利用することが認められたものにすぎないため、その時間の自由な利用が企業施設内において行われる場合には、使用者の制約を免れることはできないとされています。

関連条文

> **（休憩）労働基準法第34条３項**
> 　使用者は、休憩時間を自由に利用させなければならない。

確認問題

Q　労働基準法第34条に定める休憩時間は、労働者が自由に利用することが認められているが、休憩時間中に企業施設内でビラ配布を行うことについて、就業規則で施設の管理責任者の事前の許可を受けなければならない旨を定めることは、使用者の企業施設管理権の行使として認められる範囲内の合理的な制約であるとするのが、最高裁判所の判例である。（H28-4E）

A　○

労働基準法関係

17 日立製作所武蔵工場事件 （最判第1小平3.11.28）

時間外労働の義務

過去問　H18-労基5D、H27-労基6ウ、H20選-労基C

事案

Y社に勤務するXは、業務において最新のデータを使用せずにデータ算出をするなど手抜き作業をしていた。上司が算出方法を問いただしたところ、Xは手抜き作業を認めたため、上司は残業してデータ算出をやり直すように命じたが、Xはこれを拒否して、翌日に命じられた業務を行った。

Y社は、残業命令を拒否したことに対し、出勤停止14日の懲戒処分とし、始末書の提出も命じたが、Xは、残業命令に従う義務はないとの態度で反省の色もなかった。

このため、Y社は、Xに過去4回の処分歴もあったため、懲戒解雇に付したが、Xは、解雇は無効であると訴えた。

争点・結論

争点	36協定の届出がなされ、就業規則に時間外労働をさせる旨の規定がある場合、労働者が時間外労働をしなければならない義務が生じるか。
結論	義務が生じる。

POINT　就業規則の規定の内容が合理的なものである限り、それが具体的労働契約の内容となるため、就業規則の規定の適用を受ける労働者は、その定めるところに従い、労働契約に定める労働時間を超えて労働をする義務を負う。

判旨

労働基準法32条の**労働時間を延長して**労働させることにつき、使用者が、当該事業場の労働者の過半数で組織する労働組合等と書面による協定（いわゆる36協定）を締結し、これを**所轄労働基準監督署長**に届け出た場合において、使用者が当該事業場に適用される**就業規則**に当該36協定の範囲内で一定の**業務上の事由**があれば**労働契約**に定める**労働時間を延長して**労働者を労働させることができる旨定めているときは、当該**就業規則の規定の内容が合理的**なものである限り、それが**具体的労働契約の内容**をなすから、右**就業規則**の規定の適用を受ける労働者はその定めるところに従い、**労働契約**に定める**労働時間**を超えて労働をする**義務を負う**ものと解

するのが相当である。

　本件の場合、右にみたように、Ｙ社の工場における時間外労働の**具体的な内容**は本件36協定によって定められているが、本件36協定は、Ｙ社がＸら労働者に時間外労働を命ずるについて、その**時間を限定**し、かつ、本件36協定に記載されている所定の事由を必要としているのであるから、結局、本件**就業規則**の規定は**合理的**なものというべきである。

　なお、本件36協定に記載されている所定の事由のうち「５－生産目標達成のため必要ある場合」、「６－業務の内容によりやむを得ない場合」、「７－その他前各号に準ずる理由のある場合」の所定の事由は、いささか**概括的**、**網羅的**であることは否定できないが、企業が**需給関係に即応**した生産計画を適正かつ円滑に実施する必要性は同法36条の予定するところと解される上、原審の認定したＹ社の事業の内容、Ｘら労働者の担当する業務、具体的な作業の手順ないし経過等にかんがみると、右の「５」ないし「７」所定の事由が**相当性を欠く**ということはできない。

解　説

　労働基準法上の労使協定の効力は、通常その協定に定めるところによって労働させても労働基準法に違反しないという免罰効果をもつものです。このため、労働者の民事上の義務は、当該協定から直接生じるものではなく、労働協約、就業規則等の根拠が必要となります。

関連条文

> **（時間外および休日の労働）労働基準法第36条**
>
> 　使用者は、当該事業場に、労働者の過半数で組織する労働組合がある場合においてはその労働組合、労働者の過半数で組織する労働組合がない場合においては労働者の過半数を代表する者との書面による協定をし、厚生労働省令で定めるところによりこれを行政官庁に届け出た場合においては、労働時間または休日に関する規定にかかわらず、その協定で定めるところによって労働時間を延長し、または休日に労働させることができる。

確認問題

Q　労働基準法第32条の労働時間を延長して労働させることにつき、使用者が、当該事業場の労働者の過半数で組織する労働組合等と書面による協定（いわゆる36協定）を締結し、これを所轄労働基準監督署長に届け出た場合において、使用者が当該事業場に適用される就業規則に当該36協定の範囲内で一定の業務上の事由があれば労働契約に定める労働時間を延長して労働者を労働させることができる旨を定めていたとしても、36協定は私法上の権利義務を設定する効果を有しないため、当該就業規則の規定の内容が合理的なものであるか否かにかかわらず、労働者は労働契約に定める労働時間を超えて労働をする義務を負わないとするのが、最高裁判所の判例である。（H27-6ウ）

A　×　就業規則の規定の内容が合理的なものである限り、それが具体的労働契約の内容をなすから、就業規則の規定の適用を受ける労働者は、その定めるところに従い、労働契約に定める労働時間を超えて労働をする義務を負うとするのが、最高裁判所の判例である。

労働基準法関係

18 高知県観光事件（最判第2小平6.6.13）

歩合給と割増賃金

過去問 H22-労基4E

事 案

タクシー乗務員のXたちの勤務体制は、全員が隔日勤務であり、労働時間は、午前8時から翌日午前2時までで、そのうち2時間は休憩時間であったが、実際には午前2時を過ぎても勤務していた日があった。

そして、賃金は、タクシー料金の月間水揚高に一定の歩合を乗じた金額を歩合給として支払うということになっていた。

なお、時間外および深夜の労働を行った場合にも、歩合給以外の賃金は支給されておらず、歩合給の内訳として、通常の労働時間の部分と時間外および深夜の部分の賃金を判別することもできない状況であったが、Y社は、歩合給には、割増賃金に当たる分も含まれているから、割増賃金は既に支払済みであるとしていた。

このため、Xたちは、時間外と深夜の労働時間の割増賃金をY社が別途支払う必要があると支払いを求めて訴えた。

争点・結論

争 点	通常の労働時間の部分と時間外および深夜の部分との賃金を判別することができない場合、時間外および深夜の割増賃金に当たる分を、歩合給の中に含めて既に支給済みであるとすることはできるか。
結 論	できない。

時間外および深夜の労働を行った場合においても歩合給の額が増額されるものではなく、通常の労働時間の賃金に当たる部分と時間外および深夜の割増賃金に当たる部分とを判別することができない場合、その支給によって、時間外および深夜の割増賃金が支払われたとすることは困難なものというべきである。

判 旨

当事者双方の主張からすれば、Xらの午前2時以後の就労についても、それがXらとY社との間の**労働契約**に基づく**労務の提供**として行われたものであること自体は、当事者間で争いのない事実となっていることが明らかである。したがって、この時間帯におけるXらの就労を、

法的根拠を欠くもの、すなわち右の**労働契約**に基づくものではないとした原審の認定判断は、**弁論主義**に反するものであり、この違法は、判決に影響を及ぼすことが明らかなものというべきである。

　　［……中略……］

　本件請求期間にＸらに支給された前記の**歩合給**の額が、Ｘらが**時間外および深夜**の労働を行った場合においても**増額**されるものではなく、**通常の労働時間の賃金**に当たる部分と**時間外および深夜の割増賃金**に当たる部分とを**判別することもできない**ものであったことからして、この**歩合給**の支給によって、Ｘらに対して法37条の規定する**時間外および深夜の割増賃金**が支払われたとすることは**困難**なものというべきであり、Ｙ社は、Ｘらに対し、本件請求期間におけるＸらの**時間外および深夜**の労働について、法37条および労働基準法施行規則19条1項6号の規定に従って計算した額の**割増賃金**を支払う義務があることになる。

解説

　この判例では、時間外および深夜の割増賃金については、時間外および深夜の労働時間分として支払われた額などがきちんと分かるようにしておかなければ、たとえ歩合給などを支払っていても割増賃金を支払ったとは認められないとされています。

関連条文

（時間外、休日および深夜の割増賃金）労働基準法第37条1項

　使用者が、第33条（災害等による臨時の必要がある場合の時間外労働等）または第36条1項（36協定による時間外および休日の労働）の規定により労働時間を延長し、または休日に労働させた場合においては、その時間またはその日の労働については、通常の労働時間または労働日の賃金の計算額の2割5分以上5割以下の範囲内でそれぞれ政令で定める率以上の率で計算した割増賃金を支払わなければならない。

（時間外、休日および深夜の割増賃金）労働基準法第37条4項

　使用者が、午後10時から午前5時まで（厚生労働大臣が必要であると認める場合においては、その定める地域または期間については午後11時から午前6時まで）の間において労働させた場合においては、その時間の労働については、通常の労働時間の賃金の計算額の2割5分以上の率で計算した割増賃金を支払わなければならない。

確認問題

Q タクシー料金の月間水揚高に一定の歩合を乗じて賃金を算定・支給する完全歩合給制においては、時間外労働および深夜労働を行った場合に歩合給の額の増額がなく、通常の労働時間の賃金に当たる部分と時間外および深夜の割増賃金に当たる部分とを判別することができないものであったとしても、歩合給の支給によって労働基準法第37条に規定する時間外および深夜の割増賃金が支払われたと解釈することができるとするのが最高裁判所の判例である。（H22-4E）

A × 　通常の労働時間の賃金に当たる部分と時間外および深夜の割増賃金に当たる部分とを判別することもできないものであったことからして、法37条の規定する時間外および深夜の割増賃金が支払われたとすることは困難なものというべきとするのが、最高裁判所の判例である。

労働基準法関係

43

19 阪急トラベルサポート事件（最判第2小平26.1.24）

事業場外労働のみなし制度

過去問 H27選-労基 A

事 案

Xは、Y社の企画する旅行業務関係の添乗員であったが、旅行日程の日時や目的地等が定められることによって、業務の内容があらかじめ具体的に確定されており、Xが自ら決定できる事項の範囲、その決定に係る選択の幅は限られていた。

また、Y社は、国際電話用の携帯電話を貸与した上、添乗日報を作成し提出することも指示しており、その記載内容からは、添乗員の旅程の管理等の状況を具体的に把握することができる状況であった。

このため、Xは、事業場外労働のみなし制でいう「労働時間を算定し難いとき」には当たらない業務であるため、時間外割増賃金等の支払を求めて訴えた。

争点・結論

争 点	あらかじめ業務が具体的に指示されている場合に、事業場外労働のみなし制は適用できるか。
結 論	できない。

業務の性質、内容やその遂行の態様、状況等、会社と従業員との間の業務に関する指示および報告の方法、内容やその実施の態様、状況等に鑑みて、これに従事する従業員の勤務の状況を具体的に把握することが困難であったとは認め難い場合は、労働基準法38条の2第1項にいう「労働時間を算定し難いとき」に当たるとはいえない。

判 旨

本件添乗業務は、旅行日程が上記のとおりその日時や目的地等を明らかにして定められることによって、**業務の内容**があらかじめ**具体的に確定**されており、添乗員が自ら決定できる事項の範囲およびその決定に係る選択の幅は限られているものということができる。

また、ツアーの開始前には、［……中略……］添乗員用のマニュアルにより**具体的な業務の内容**を示し、これらに従った業務を行うことを命じている。そして、ツアーの実施中においても、Y社は、添乗員に対し、携帯電話を所持して常時電源を入れておき、ツアー参加者との間

で契約上の問題やクレームが生じ得る旅行日程の変更が必要となる場合には、Y社に**報告**して**指示**を受けることを求めている。さらに、ツアーの終了後においては、Y社は、添乗員に対し、前記のとおり旅程の管理等の状況を**具体的に把握**することができる添乗日報によって、業務の遂行の状況等の**詳細かつ正確な報告**を求めている。［……中略……］

　これらによれば、本件添乗業務について、Y社は、添乗員との間で、あらかじめ定められた旅行日程に沿った旅程の管理等の業務を行うべきことを**具体的に指示**した上で、予定された旅行日程に途中で相応の変更を要する事態が生じた場合にはその時点で**個別の指示**をするものとされ、旅行日程の終了後は内容の**正確性を確認し得る**添乗日報によって業務の遂行の状況等につき**詳細な報告**を受けるものとされているということができる。

　以上のような**業務の性質**、内容やその**遂行の態様**、**状況等**、Y社と添乗員との間の業務に関する**指示**および**報告**の方法、内容やその**実施の態様**、**状況等**に鑑みると、本件添乗業務については、これに従事する添乗員の**勤務の状況を具体的に把握**することが**困難**であったとは**認め難く**、労働基準法38条の2第1項にいう「**労働時間を算定し難いとき**」に当たるとはいえないと解するのが相当である。

解　説

　この判例では、従業員の勤務の状況を具体的に把握できる場合は、みなし労働時間制は認められないこととされています。

関連条文

（みなし労働時間制）労働基準法第38条の2
　労働者が労働時間の全部または一部について事業場外で業務に従事した場合において、労働時間を算定し難いときは、所定労働時間労働したものとみなす。ただし、当該業務を遂行するためには通常所定労働時間を超えて労働することが必要となる場合においては、当該業務に関しては、厚生労働省令で定めるところにより、当該業務の遂行に通常必要とされる時間労働したものとみなす。

確認問題

Q 　旅行添乗業務について、会社は、添乗員との間で、あらかじめ定められた旅行日程に沿った旅程の管理等の業務を行うべきことを具体的に指示した上で、予定された旅行日程に途中で相応の変更を要する事態が生じた場合にはその時点で個別の指示をするものとされ、旅行日程の終了後は内容の正確性を確認し得る添乗日報によって業務の遂行の状況等につき詳細な報告を受けるものとされている状況下においては、いわゆる事業場外労働のみなし制度における「　A　」に当たるとはいえないとするのが、最高裁判所の判例である。（H27選-A）

A 　A. 労働時間を算定し難いとき

労働基準法関係

20 時事通信社事件 （最判第3小平4.6.23）

長期年次有給休暇の時季変更権

過去問　H24-労基6オ、H22選-労基B、H29選-労基A・B

事案

Y社は通信社であり、官公庁の科学技術記者クラブに1人だけ配置されていた記者である社会部所属のXは、約1カ月間の連続する年次有給休暇を取得する旨申し入れ、時季指定をした。

これに対しY社は、代替勤務できる者の確保が困難であり、2週間ずつ2回に分けて取得して欲しいと回答し、前半部分の約2週間の年次有給休暇は認め、残る後半部分の約2週間の年次有給休暇は、業務の正常な運営を妨げるものとして時季変更権を行使した。

しかしながら、Xは、これを無視して、約1カ月間連続して欠勤し、Y社は、業務命令に違反したことを理由として、けん責処分を行い、賞与を減額して支給した。このため、Xは、会社が行った時季変更権の行使は要件を満たしていない違法なものであるとして訴えた。

争点・結論

争点	労働者が長期かつ連続の年次有給休暇の時季指定をした場合、使用者は時季変更権を行使できるか。
結論	できる。

事前の調整を経ることなく、長期かつ連続の年次有給休暇の時季指定をした場合には、これに対する使用者の時季変更権の行使については、休暇が事業運営にどのような支障をもたらすか、休暇の時期、期間につきどの程度の修正、変更を行うかに関し、使用者にある程度の裁量的判断の余地を認めざるを得ない。

判旨

年次有給休暇の権利は、労働基準法39条1、2項の**要件の充足**により**法律上当然**に生じ、労働者がその有する年次有給休暇の日数の範囲内で始期と終期を特定して休暇の**時季指定**をしたときは、使用者が適法な**時季変更権**を行使しない限り、右の指定によって、年次有給休暇が成立して当該労働日における**就労義務が消滅**するものである。

そして、同条の趣旨は、使用者に対し、できる限り**労働者が指定した時季**に休暇を取得する

ことができるように、状況に応じた**配慮**をすることを要請しているものと解すべきであって、そのような**配慮**をせずに**時季変更権を行使**することは、右の趣旨に反するものといわなければならない。しかしながら、使用者が右のような**配慮**をしたとしても、**代替勤務者を確保**することが困難であるなどの**客観的な事情**があり、指定された時季に休暇を与えることが**事業の正常な運営を妨げる**ものと認められる場合には、使用者の**時季変更権**の行使が適法なものとして**許容**されるべきことは、同条3項（現在は、5項）ただし書の規定により明らかである。

労働者が**長期かつ連続の年次有給休暇**を取得しようとする場合においては、それが長期のものであればあるほど、使用者において**代替勤務者を確保**することの困難さが増大するなど**事業の正常な運営**に支障を来す**蓋然性が高く**なり、使用者の**業務計画**、他の労働者の**休暇予定等**との**事前の調整**を図る必要が生ずるのが通常である。

しかも、使用者にとっては、労働者が**時季指定**をした時点において、その長期休暇期間中の当該労働者の所属する事業場において予想される**業務量の程度**、**代替勤務者確保**の可能性の有無、同じ時季に休暇を指定する他の労働者の人数等の**事業活動の正常な運営**の確保にかかわる諸般の事情について、これを**正確に予測することは困難**であり、当該労働者の休暇の取得がもたらす**事業運営への支障の有無**、**程度**につき、蓋然性に基づく判断をせざるを得ない。

このことを考えると、労働者が、右の**事前の調整を経ることなく**、その有する年次有給休暇の日数の範囲内で始期と終期を特定して**長期かつ連続の年次有給休暇**の**時季指定**をした場合には、これに対する使用者の**時季変更権の行使**については、右休暇が**事業運営にどのような支障をもたらすか**、右休暇の**時期**、**期間**につきどの程度の**修正**、**変更**を行うかに関し、使用者にある程度の**裁量的判断**の余地を認めざるを得ない。

解 説

なお、使用者の時季変更権の行使に関する裁量的判断が、労働基準法39条の趣旨に反し、使用者が労働者に休暇を取得させるための状況に応じた配慮を欠くなど不合理であると認められるときは、時季変更権行使の要件を欠くものとして、その行使を違法と判断すべきとされています。

関連条文

（時季指定権と時季変更権）労働基準法第39条5項
使用者は、第39条1項から4項までの規定（日単位年休、時間単位年休）による有給休暇を労働者の請求する時季に与えなければならない。ただし、請求された時季に有給休暇を与えることが事業の正常な運営を妨げる場合においては、他の時季にこれを与えることができる。

確認問題

Q 労働者が長期かつ連続の年次有給休暇を取得しようとする場合には、使用者との事前の調整を経なければ、時季指定権を行使することができない。（H24-6オ）

A × 事前の調整を必ず経なければならないというものではないが、最高裁判所の判例では、「休暇が事業運営にどのような支障をもたらすか、休暇の時期、期間につきどの程度の修正、変更を行うかに関し、使用者にある程度の裁量的判断の余地を認めざるを得ない」とされている。

労働基準法関係

21 専修大学事件 （最判第2小平27.6.8）

打切補償

過去問　H28選-労基 A・B

事 案

　Xは、頸肩腕症候群と診断され、Y学校法人を長期間にわたり欠勤していたが、この疾病が業務上の疾病にあたるとの認定を受けたため、労災保険法の療養補償給付や休業補償給付を受けることとなった。

　その後、Y学校法人は、欠勤後3年が経過してもXの病状にほとんど変化がなく、就労ができず、さらに2年ほど経過後に求めた復職にも応じなかったため、打切補償金として平均賃金の1,200日分相当額を支払った上で解雇する旨を伝えた。

　すると、Xは、労働基準法での災害補償ではなく労災保険法の保険給付を受けており、労働基準法81条（打切補償）にある同法75条の規定（療養補償）によって補償を受ける労働者には該当しないため、この解雇は同法19条1項ただし書（解雇制限の除外）の場合に該当せず、無効であるなどと主張し訴えた。

争点・結論

争 点	労災保険法の療養補償給付を受ける労働者が、療養開始後3年を経過しても疾病等が治らない場合は、解雇ができるか。
結 論	できる。

　労災保険法12条の8第1項1号の療養補償給付を受ける労働者は、解雇制限に関する労働基準法19条1項の適用に関しては、同項ただし書が打切補償の根拠規定として掲げる同法81条にいう同法75条の規定によって補償を受ける労働者に含まれるものとみるのが相当である。

判 旨

　労災保険法の制定の目的ならびに業務災害に対する補償に係る労働基準法および労災保険法の規定の内容等に鑑みると、業務災害に関する労災保険制度は、労働基準法により使用者が負う**災害補償義務**の存在を前提として、その**補償負担の緩和**を図りつつ被災した労働者の**迅速かつ公正な保護**を確保するため、使用者による**災害補償に代わる保険給付**を行う制度であるとい

うことができ、このような労災保険法に基づく**保険給付**の実質は、使用者の労働基準法上の**災害補償義務**を政府が**保険給付の形式で行う**ものであると解するのが相当である。

このように、労災保険法12条の8第1項1号から5号までに定める各**保険給付**は、これらに対応する労働基準法上の**災害補償に代わるもの**ということができる。

労働基準法81条の定める**打切補償**の制度は、使用者において、相当額の補償を行うことにより、以後の災害補償を打ち切ることができるものとするとともに、同法19条1項ただし書においてこれを同項本文の**解雇制限の除外事由**とし、当該労働者の療養が長期間に及ぶことにより生ずる**負担を免れる**ことができるものとする制度であるといえる。

上記のような労災保険法に基づく**保険給付**の実質および労働基準法上の**災害補償**との関係等によれば、同法において使用者の義務とされている**災害補償**は、これに代わるものとしての労災保険法に基づく**保険給付**が行われている場合にはそれによって実質的に行われているものといえるので、使用者自らの負担により**災害補償**が行われている場合とこれに代わるものとしての同法に基づく**保険給付**が行われている場合とで、同項ただし書の適用の有無につき取扱いを**異にすべきものとはいい難い**。

また、後者の場合には**打切補償**として相当額の支払がされても傷害または疾病が治るまでの間は労災保険法に基づき必要な**療養補償給付**がされることなども勘案すれば、これらの場合につき同項ただし書の適用の有無につき**異なる取扱い**がされなければ**労働者の利益**につきその**保護を欠く**ことになるものともいい難い。

そうすると、労災保険法12条の8第1項1号の**療養補償給付**を受ける労働者は、**解雇制限に関する労働基準法19条1項の適用に関しては、同項ただし書が打切補償の根拠規定として掲げる同法81条にいう同法75条の規定によって補償を受ける労働者に含まれる**ものとみるのが相当である。

解 説

この判例では、労災保険法の療養補償給付を受ける労働者が、療養開始後3年を経過しても疾病等が治らない場合には、労働基準法による療養補償を受ける労働者が上記の状況にある場合と同様に、使用者は、当該労働者につき、労働基準法の規定による打切補償の支払をすることにより、解雇制限が適用されず、解雇が可能であるとされています。

確認問題

Q 労災保険法12条の8第1項1号の療養補償給付を受ける労働者が、療養開始後3年を経過しても疾病等が治らない場合には、労働基準法75条による療養補償を受ける労働者が療養開始後　A　を経過しても疾病等が治らない場合と同様に、使用者は、当該労働者につき、同法81条の規定による　B　の支払をすることにより、解雇制限の除外事由を定める同法19条1項ただし書の適用を受けることができるものと解するのが相当であるとするのが、最高裁判所の判例である。

A A. 3年　B. 打切補償

労働基準法関係

49

22 固定残業代の有効性
医療法人社団康心会事件（最判第2小平29.7.7）

事案

医師であるXは、病院等を運営するY医療法人との間で雇用契約を締結していた。

雇用契約書には、年俸を1,700万円とし、その内訳は本給、諸手当、賞与で構成されていた。そして、時間外勤務に対する給与は、医師時間外勤務給与規程で定められており、通常業務の延長とみなされる時間外業務は時間外手当の対象とならないことなどが規定されていた。

また、雇用契約においては、当該時間外規程に基づき支払われるもの以外の時間外労働等に対する割増賃金については、年俸の1,700万円に含まれることが合意されていたものの、年俸のうち時間外労働等に対する割増賃金に当たる部分は明らかにされていなかった。

このため、Xは、自身の労働に対し割増賃金が支払われていない部分があるのではないかと主張し訴えた。

通常業務の延長➡固定残業代

争点・結論

争点	高額の賃金を支払い、その賃金額に時間外労働等に対する割増賃金を含める旨のいわゆる固定残業代の合意をしていた場合、通常の労働時間の賃金と割増賃金に当たる部分とが判別できなくとも合意は有効となるか。
結論	無効である。

 POINT 割増賃金をあらかじめ基本給等に含める方法で支払う場合においては、労働契約における基本給等の定めにつき、通常の労働時間の賃金に当たる部分と割増賃金に当たる部分とを判別することができることが必要であり、割増賃金に当たる部分の金額が労働基準法37条等に定められた方法により算定した割増賃金の額を下回るときは、使用者がその差額を労働者に支払う義務を負うというべきである。

判旨

労働基準法37条が時間外労働等について**割増賃金**を支払うべきことを**使用者に義務付け**てい

るのは、使用者に**割増賃金**を支払わせることによって、**時間外労働等を抑制**し、もって労働時間に関する同法の規定を遵守させるとともに、**労働者への補償**を行おうとする趣旨によるものであると解される。

　また、**割増賃金**の算定方法は、同条並びに政令及び厚生労働省令の関係規定（労働基準法37条等）に具体的に定められているところ、同条は、労働基準法37条等に定められた方法により算定された額を**下回らない額の割増賃金**を支払うことを義務付けるにとどまるものと解され、労働者に支払われる基本給や諸手当にあらかじめ含めることにより**割増賃金**を支払うという方法自体が直ちに同条に反するものではない。

　他方において、使用者が労働者に対して労働基準法37条の定める**割増賃金**を支払ったとすることができるか否かを判断するためには、**割増賃金**として支払われた金額が、**通常の労働時間の賃金**に相当する部分の金額を基礎として、労働基準法37条等に定められた方法により算定した**割増賃金**の額を**下回らない**か否かを検討することになる。同条の上記趣旨によれば、**割増賃金**をあらかじめ基本給等に含める方法で支払う場合においては、上記の検討の前提として、労働契約における基本給等の定めにつき、**通常の労働時間の賃金**に当たる部分と**割増賃金**に当たる部分とを判別することができることが必要であり、上記**割増賃金**に当たる部分の金額が労働基準法37条等に定められた方法により算定した**割増賃金**の額を下回るときは、使用者がその差額を労働者に支払う義務を負うというべきである。

　事実関係等によれば、ＸとＹ医療法人との間においては、本件時間外規程に基づき支払われるもの以外の時間外労働等に対する**割増賃金**を年俸1,700万円に含める旨の本件合意がされていたものの、このうち時間外労働等に対する**割増賃金**に当たる部分は明らかにされていなかったというのである。

　そうすると、本件合意によっては、Ｘに支払われた賃金のうち時間外労働等に対する**割増賃金**として支払われた金額を確定することすらできないのであり、Ｘに支払われた年俸について、**通常の労働時間の賃金**に当たる部分と**割増賃金**に当たる部分とを判別することはできない。

　したがって、Ｙ医療法人のＸに対する年俸の支払により、Ｘの時間外労働および深夜労働に対する**割増賃金**が支払われたということはできない。

解　説

　なお、この判例のＸには、高額の賃金が支払われていましたが、監督もしくは管理の地位にある者に該当する者でもありませんでした。このため、時間外労働等に対する割増賃金について、年俸に含まれることが合意されていても支払いが必要とされています。

確認問題

Q　労働基準法37条が時間外労働等について割増賃金を支払うべきことを使用者に義務付けているのは、使用者に割増賃金を支払わせることによって、時間外労働等を抑制し、もって労働時間に関する同法の規定を遵守させるとともに、労働者への補償を行おうとするものであるとするのが、最高裁判所の判例である。

A ○

23 労務提供と賃金請求権
片山組事件（最判第1小平10.4.9）
過去問 H26-一般1C

事 案

Xは、Y社に雇用され、長年、本社の工事部に配属されて、建築工事現場における現場監督業務に従事していた。

あるとき、Xは、ビル建築工事現場において現場監督業務に従事していた際、体調に異変を感じ、病院で受診したところ、バセドウ病にり患している旨の診断を受けた。以後、通院して治療を受けていたが、Y社に対して疾病にり患している旨の申出をすることなく、現場監督業務を続けていた。

そして、Xは、次の現場監督業務が生ずるまでの間の臨時的、一時的業務として、Y社の本社内において図面の作成などの事務作業に従事していたが、まもなく、次の現場監督業務に従事すべき旨の業務命令を受けた。しかし、その際にXは、Y社に対して、疾病にり患しているため現場作業に従事することはできない旨の申出をした。

そこで、Y社は、Xが工事現場の現場監督業務に従事することは不可能であり、Xの健康面・安全面でも問題を生ずると判断して、Xに対し、当分の間自宅で疾病を治療すべき旨の命令を発した。

すると、Xは、自宅治療命令が発せられた後に、事務作業を行うことができるとして、主治医作成の診断書を提出したが、Y社は、自宅治療命令を持続し、その間の賃金を支払わなかった。

このため、Xは、この不就労期間の賃金の支払いを求めて訴えた。

争点・結論

争　点	就業を命じられた特定の業務について労務の提供はできないが、他の業務であれば労務の提供ができると申出をした場合、労働者は賃金を請求できるか。
結　論	できる。

 POINT

　労働者が職種や業務内容を特定せずに労働契約を締結した場合においては、現に就業を命じられた特定の業務について労務の提供が十全にはできないとしても、その能力、経験、地位、当該企業の規模、業種、当該企業における労働者の配置・異動の実情および難易等に照らして当該労働者が配置される現実的可能性があると認められる

他の業務について労務の提供をすることができ、かつ、その提供を申し出ているならば、なお債務の本旨に従った履行の提供があると解するのが相当である。

判　旨

　労働者が職種や業務内容を特定せずに労働契約を締結した場合においては、現に就業を命じられた特定の業務について**労務の提供**が十全にはできないとしても、その**能力、経験、地位、当該企業の規模、業種、**当該企業における労働者の**配置・異動の実情および難易**等に照らして当該労働者が配置される**現実的可能性**があると認められる他の業務について**労務の提供**をすることができ、かつ、その提供を申し出ているならば、なお**債務の本旨**に従った履行の提供があると解するのが相当である。

　そのように解さないと、同一の企業における同様の労働契約を締結した労働者の提供し得る労務の範囲に同様の身体的原因による制約が生じた場合に、その**能力、経験、地位**等にかかわりなく、現に就業を命じられている業務によって、**労務の提供**が**債務の本旨**に従ったものになるか否か、また、その結果、**賃金請求権**を取得するか否かが左右されることになり、**不合理**である。

　事実関係によれば、Ｘは、Ｙ社に雇用されて以来21年以上にわたり建築工事現場における現場監督業務に従事してきたものであるが、労働契約上その職種や業務内容が現場監督業務に限定されていたとは認定されていない。また、Ｘ提出の病状説明書の記載に誇張がみられるとしても、本件自宅治療命令を受けた当時、事務作業に係る**労務の提供**は可能であり、かつ、その提供を申し出ていたというべきである。

　そうすると、右事実から直ちにＸが**債務の本旨**に従った**労務の提供**をしなかったものと断定することはできず、Ｘの**能力、経験、地位**、Ｙ社の**規模、業種**、Ｙ社における労働者の**配置・異動の実情および難易**等に照らしてＸが配置される**現実的可能性**があると認められる業務が他にあったかどうかを検討すべきである。

解　説

　この会社の従業員数は、約130名であったようですが、社内に配置転換等ができる他の業務を探すべきであったと判例ではされています。

確認問題

Q 労働者が職種や業務内容を特定せずに労働契約を締結した場合においては、現に就業を命じられた特定の業務について労務の提供が十全にはできないとしても、その能力、経験、地位、当該企業の規模、業種、当該企業における労働者の配置・異動の実情および難易等に照らして当該労働者が配置される現実的可能性があると認められる他の業務について労務の提供をすることができ、かつ、その提供を申し出ているならば、なお債務の本旨に従った履行の提供があると解するのが相当であるとするのが、最高裁判所の判例である。（H26-1C）

A ○

労働基準法関係

53

24 あけぼのタクシー事件 （最判第1小昭62.4.2）

賃金と中間利益の相殺

過去問 H21-労基4D、H23選-労基C、R1選-労基A・B

事 案

　Y社はタクシー業を営んでいた会社であり、Xたちは Y社のタクシー運転手であった。

　また、Xたちは、Y社の従業員で組織される労働組合の役員であった。

　あるとき、Y社は、Xたちが駅前にてY社を誹謗中傷する内容のチラシを配布したことなどを理由に懲戒解雇に付した。

　このため、Xたちは、他のタクシー会社で運転手として収入を得ながら、この解雇はY社が労働組合の活動を嫌悪してなされた解雇であるため、不当労働行為に当たるとして、雇用関係の存続の確認と解雇期間中の賃金の支払いを求めて訴えた。

争点・結論

争点	解雇が無効となったケースにおいて、労働者が解雇期間中に他の職に就いて利益を得たときは、使用者は、労働者に解雇期間中の賃金を支払うに当たり中間利益の額を賃金額から控除することができるか。
結論	できる。

POINT　使用者の責めに帰すべき事由によって解雇された労働者が解雇期間中に他の職に就いて利益を得たときは、使用者は、労働者に解雇期間中の賃金を支払うに当たり中間利益の額を賃金額から控除することができるが、賃金額のうち労働基準法12条1項所定の平均賃金の6割に達するまでの部分については利益控除の対象とすることが禁止されているものと解するのが相当である。

判 旨

　使用者の責めに帰すべき事由によって解雇された労働者が解雇期間中に他の職に就いて利益を得たときは、使用者は、右労働者に解雇期間中の賃金を支払うに当たり右利益（以下「**中間利益**」という。）の額を**賃金額から控除**することができるが、右賃金額のうち労働基準法12条1項所定の**平均賃金の6割**に達するまでの部分については**利益控除**の対象とすることが禁止されているものと解するのが相当である。

したがって、使用者が労働者に対して有する解雇期間中の賃金支払債務のうち**平均賃金額の6割**を超える部分から当該賃金の**支給対象期間**と**時期的に対応**する期間内に得た**中間利益**の額を控除することは許されるものと解すべきである。

右利益の額が**平均賃金額**の**4割**を超える場合には、更に平均賃金算定の基礎に算入されない賃金(労働基準法12条4項所定の賃金)の全額を対象として**利益額を控除**することが許されるものと解せられる。

そして、右のとおり、賃金から控除し得る**中間利益**は、その利益の発生した期間が右賃金の支給の対象となる期間と**時期的に対応**するものであることを要し、ある期間を対象として支給される賃金からそれとは時期的に異なる期間内に得た利益を控除することは許されないものと解すべきである。

解説

この判例では、解雇が無効となった期間中の賃金支払債務のうち平均賃金額の6割を超える部分から(4割まで)であれば、中間利益(他社での収入)の額を控除することは許されるとされています。

なお、中間利益の額が平均賃金額の4割を超え、控除しきれない場合には、更に平均賃金算定の基礎に算入されない賃金(賞与などの一時金)からも控除することが許されるとされています。

関連条文

(平均賃金)労働基準法第12条

1　労働基準法で平均賃金とは、これを算定すべき事由の発生した日(賃金締切日がある場合においては、直前の賃金締切日)以前3カ月間にその労働者に対し支払われた賃金の総額を、その期間の総日数で除した金額をいう。
2　[省略]
3　[省略]
4　1の賃金の総額には、臨時に支払われた賃金および3カ月を超える期間ごとに支払われる賃金ならびに通貨以外のもので支払われた賃金で一定の範囲に属しないものは算入しない。

確認問題

Q　労働基準法第24条第1項の定めるいわゆる賃金全額払の原則は、使用者が労働者に対して有する債権をもって労働者の賃金債権と相殺することを禁止する趣旨をも包含するものであり、使用者の責めに帰すべき事由によって解雇された労働者が解雇無効期間中に他の職に就いて得た利益を、使用者が支払うべき解雇無効期間中の賃金額から控除して支払うことはおよそ許されないとするのが最高裁判所の判例である。(H21-4D)

A　×　解雇期間中の賃金支払債務のうち平均賃金額の6割を超える部分から当該賃金の支給対象期間と時期的に対応する期間内に得た中間利益の額を控除することは許されるとするのが、最高裁判所の判例である。

25 大星ビル管理事件 （最判第1小平14.2.28）

仮眠時間と労働時間

過去問　H19-労基5B、H22-労基4A、H26-労基5D、H27-労基6イ

事　案

ビル管理会社であるY社の従業員のXたちは、技術員としてY社が管理を受託したビル内のボイラーの保守管理やビル内巡回監視の業務などに就いていた。

Xたちは、月に数回24時間勤務に就いていたが、その間に仮眠時間が与えられていた。

その仮眠時間中は、外出が禁止されており、電話の接受や警報に対応した必要な措置をとることなどが義務付けられていた。

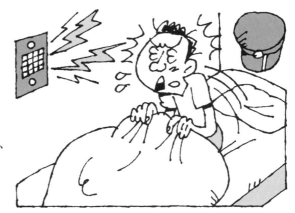

しかし、Y社では、この仮眠時間については、所定労働時間に算入されておらず、泊まり勤務手当のみが支給され、仮眠時間中に突発的な作業が発生したときは、実作業時間に対して時間外勤務手当や深夜就業手当が支給されている状況であった。

このため、Xたちは、Y社に対し仮眠時間の全てが労働時間であるため、賃金を支払うよう求めて訴えた。

争点・結論

争　点	労働者が実作業には従事していないが、当該時間に労働者が労働から離れることを保障されていない場合の時間は、労働時間に当たるか。
結　論	当たる。

POINT　労基法32条の労働時間とは、労働者が使用者の指揮命令下に置かれている時間をいい、実作業に従事していない不活動仮眠時間が労基法上の労働時間に該当するか否かは、労働者が不活動仮眠時間において使用者の指揮命令下に置かれていたものと評価することができるか否かにより客観的に定まるものというべきである。

そして、不活動仮眠時間において、労働者が実作業に従事していないというだけでは、使用者の指揮命令下から離脱しているということはできず、当該時間に労働者が労働から離れることを保障されていて初めて、労働者が使用者の指揮命令下に置かれていないものと評価することができる。

判 旨

　労基法32条の**労働時間**（以下「労基法上の**労働時間**」という。）とは、労働者が使用者の**指揮命令下**に置かれている時間をいい、実作業に従事していない仮眠時間（以下「**不活動仮眠時間**」という。）が労基法上の**労働時間**に該当するか否かは、労働者が**不活動仮眠時間**において使用者の**指揮命令下**に置かれていたものと評価することができるか否かにより**客観的**に定まるものというべきである。

　そして、**不活動仮眠時間**において、労働者が実作業に従事していないというだけでは、使用者の**指揮命令下**から**離脱**しているということはできず、当該時間に労働者が労働から離れることを**保障**されていて初めて、労働者が使用者の**指揮命令下**に置かれていないものと評価することができる。

　したがって、**不活動仮眠時間**であっても労働からの解放が**保障**されていない場合には労基法上の**労働時間**に当たるというべきである。そして、当該時間において労働契約上の**役務の提供**が義務付けられていると評価される場合には、労働からの解放が**保障**されているとはいえず、労働者は使用者の**指揮命令下**に置かれているというのが相当である。

　そこで、本件仮眠時間についてみるに、事実関係によれば、Ｘらは、本件仮眠時間中、労働契約に基づく義務として、仮眠室における待機と警報や電話等に対して直ちに相当の対応をすることを義務付けられているのである。

　実作業への従事がその必要が生じた場合に限られるとしても、その必要が生じることが皆無に等しいなど実質的に上記のような義務付けがされていないと認めることができるような事情も存しないから、本件仮眠時間は全体として労働からの解放が**保障**されているとはいえず、労働契約上の**役務の提供**が義務付けられていると評価することができる。

　したがって、Ｘらは、本件仮眠時間中は**不活動仮眠時間**も含めてＹ社の**指揮命令下**に置かれているものであり、本件仮眠時間は労基法上の**労働時間**に当たるというべきである。

解 説

　この判例では、不活動仮眠時間が労働基準法上の労働時間に該当するのか、休憩時間に該当するのかは、労働者が不活動仮眠時間において使用者の指揮命令下に置かれていたものと評価することができるか否かにより客観的に定まるものとされています。

確認問題

Q 労働基準法第32条の労働時間とは、労働者が使用者の指揮命令下に置かれている時間をいい、実作業に従事していない仮眠時間が労働基準法上の労働時間に該当するか否かは、労働者が実作業に従事していない仮眠時間において使用者の指揮命令下に置かれていたものと評価することができるか否かにより客観的に定まるものというべきであるとするのが最高裁判所の判例である。（H19-5B）

A ○

労働基準法関係

57

26 トーコロ事件 （最判第2小平13.6.22）

36協定の締結当事者

過去問 H23-労基4D

事案

卒業アルバムなどを製作するY社において、Xは当初は写真焼の業務についており、その後、電算写植機のオペレーター業務に従事していた。

また、Y社では役員を含む全従業員によって構成されている親睦団体の友の会の代表者のAを労働者の過半数を代表する者として36協定を締結し、所轄の労働基準監督署に届出をしていた状況であった。

業務の繁忙期に入り、Xは上司から残業をするように命じられたが、眼精疲労などを理由としてこれを拒否するほか、誹謗中傷の手紙を配布したりしたため、Y社は、Xに自己都合退職を勧告したが、これに応じなかったことから、解雇に付した。

そこで、Xは、解雇は無効であり、雇用契約上の地位確認と賃金の支払いを求めて訴えた。

争点・結論

争点	36協定を締結した労働者側の当事者が労働者の過半数を代表する者ではなかったとしても、当該協定を行政官庁に届け出て行政官庁がこれを受理した場合には、当該協定は有効となるか。
結論	無効である。

36協定は、実体上、使用者と、労働者の過半数で組織する労働組合がある場合にはその労働組合、そのような労働組合がない場合には労働者の過半数を代表する者との間において締結されたものでなければならない。

また、「労働者の過半数を代表する者」は当該事業場の労働者により適法に選出されなければならず、適法な選出といえるためには、当該事業場の労働者にとって、選出される者が労働者の過半数を代表して36協定を締結することの適否を判断する機会が与えられ、かつ、当該事業場の過半数の労働者がその候補者を支持していると認められる民主的な手続がとられていることが必要である。

判　旨

　36協定は、実体上、使用者と、労働者の過半数で組織する労働組合がある場合にはその労働組合、そのような労働組合がない場合には労働者の**過半数を代表する者**との間において締結されたものでなければならないことは当然である。

　［……中略……］

　そこで、36協定の締結当事者であるＡが「労働者の**過半数を代表する者**」であったか否かについて検討するに、「労働者の**過半数を代表する者**」は当該事業場の労働者により**適法に選出**されなければならないが、**適法な選出**といえるためには、当該事業場の労働者にとって、選出される者が労働者の過半数を代表して36協定を締結することの**適否を判断する機会**が与えられ、かつ、当該事業場の過半数の労働者がその**候補者を支持**していると認められる**民主的な手続**がとられていることが必要というべきである。

　この点について、Ｙ社は、Ａは「友の会」の代表者であって、「友の会」が労働組合の実質を備えていたことを根拠として、Ａが「労働者の**過半数を代表する者**」であった旨主張するけれども、「友の会」は、原判決判示のとおり、役員を含めた控訴人の全従業員によって構成され（規約一条）、「会員相互の親睦と生活の向上、福利の増進を計り、融和団結の実をあげる」（規約二条）ことを目的とする親睦団体であるから、労働組合でないことは明らかである。このことは、仮に「友の会」が親睦団体としての活動のほかに、自主的に**労働条件の維持改善**その他**経済的地位の向上**を目的とする活動をすることがあることによって変わるものではない。

　したがって、Ａが「友の会」の代表者として自動的に本件36協定を締結したにすぎないときには、Ａは労働組合の代表者でもなく、「労働者の**過半数を代表する者**」でもないから、本件36協定は無効というべきである。

　［……中略……］

　以上によると、本件36協定が有効であるとは認められないから、その余の点について判断するまでもなく、それを前提とする本件残業命令も有効であるとは認められず、Ｘにこれに従う義務があったとはいえない。（高裁判決文より一部引用）

解　説

　この判例では、36協定の締結当事者である「労働者の過半数を代表する者」が民主的な手続のもとに適法に選出されていない場合は、たとえ所轄の労働基準監督署に届出がなされているものであっても無効となるとされています。

確認問題

Q　労働基準法第36条に定めるいわゆる36協定を締結した労働者側の当事者が労働者の過半数を代表する者ではなかったとしても、当該協定を行政官庁に届け出て行政官庁がこれを受理した場合には、当該協定は有効であり、労働者は使用者の時間外労働命令に従う義務を負うとするのが最高裁判所の判例である。（H23-4D）

A　×　協定当事者が労働者の過半数を代表する者ではない36協定が有効であるとは認められず、時間外労働命令に従う義務があったということはできないとするのが、最高裁判所の判例である。

労働基準法関係

27 小島撚糸事件 （最判第1小昭35.7.14）

違法な状況下での時間外労働

過去問 H18-労基5B、H23-労基4E、R2-労基6D

事案

Y社の代表取締役であるAは、法定の除外事由がないにもかかわらず、Y社工場において、女性労働者Xたちに対して時間外労働および休日労働をさせた。

また、この時間外労働および休日労働に対し割増賃金の一部しか支払わなかった。

なお、この時間外労働および休日労働は労働基準法33条（災害等の臨時の時間外労働等）所定の行政官庁の許可を経て行われたものではなく、その事後承認があったわけでもなかった上、さらに、法36条（時間外および休日の労働）における労働者代表等との間に成立した協定に基づいて行われた時間外労働および休日労働でもなかった。

このため、代表取締役Aの労働基準法違反などが争われた。

争点・結論

争点	労働基準法33条（災害等の臨時の時間外労働等）や法36条（時間外および休日の労働）の所定の要件を満たしていない、違法な状況下での時間外労働等の場合に、割増賃金の支払いは必要か。
結論	必要である。

適法な時間外労働等について割増金支払義務があるならば、違法な時間外労働等の場合には一層強い理由でその支払義務あるものと解すべきは事理の当然とすべきである。

このことから、法37条1項は、法33条または36条所定の条件が充足された場合たると否とにかかわらず、時間外労働等に対し割増賃金支払義務を認めた趣意と解するのが相当である。

判旨

法33条または36条所定の条件を充足した時間外労働ないしは休日労働に対して、使用者が**割増賃金支払の義務**あることは法37条1項の明定するところであるが、右条件を充足していない**違法な時間外労働等**の場合はどうであろうか。

法はこの点明示するところがないが、**適法な時間外労働等**について**割増金支払義務**があるならば、**違法な時間外労働等**の場合には一層強い理由でその支払義務あるものと解すべきは事理の当然とすべきである。

このことから、法37条1項は右の条件が充足された場合たると否とにかかわらず、時間外労働等に対し**割増賃金支払義務**を認めた趣意と解するを相当とする。

果して、そうだとすれば、右**割増賃金の支払義務の履行を確保**しようとする法119条1号の**罰則**は時間外労働等が適法たると違法たるとを問わず、適用あるものと解すべきは条理上当然である。

解　説

なお、この判例では、労働基準法37条1項は、法33条または36条所定の条件が充足されている適法なものであっても、充足されていない違法なものであっても、時間外労働等に対し割増賃金支払義務を認めたものであるので、割増賃金の支払義務の履行を確保しようとする法の罰則（119条1号）は時間外労働等が適法たると違法たるとを問わず、当然に適用あるものとされています。

関連条文

> **（罰則）労働基準法第119条**
>
> 次の各号のいずれかに該当する者は、6カ月以下の懲役または30万円以下の罰金に処する。
>
> 一　第3条、第4条、［……中略……］、第37条（時間外、休日および深夜の割増賃金）、［……中略……］の規定に違反した者
>
> 二　［以下省略］

確認問題

Q 労働基準法第37条には、「使用者が、第33条または前条第1項の規定により労働時間を延長し、または休日に労働させた場合においては、その時間またはその日の労働については、通常の労働時間または労働日の賃金の計算額の2割5分以上5割以下の範囲内でそれぞれ政令で定める率以上の率で計算した割増賃金を支払わなければならない。ただし、当該延長して労働させた時間が1カ月について60時間を超えた場合においては、その超えた時間の労働については、通常の労働時間の賃金の計算額の5割以上の率で計算した割増賃金を支払わなければならない」と規定されていることから、同法第37条に規定する割増賃金は、同法第33条または第36条第1項の規定に基づき労働時間を延長し、または休日に労働させた場合に支払うべきものであって、これらの規定による手続を必要とする時間外または休日の労働であっても、これらの規定による手続をとらずに行われたものに対しては割増賃金の支払の必要はない。（H18-5B）

A ✕　適法な時間外労働等について割増金支払義務があるならば、違法な時間外労働等の場合には一層強い理由でその支払義務あるものと解すべきは事理の当然とすべきであるとするのが、最高裁判所の判例である。

労働基準法関係

61

28 日本ケミカル事件 （最判第1小平30.7.19）

みなし時間外手当

過去問 R1-労基6D

事案

Xは、保険調剤薬局の運営を主たる業務とするY社との間で、雇用契約を締結し、Y社が運営する薬局において、薬剤師として勤務し、基本給および業務手当の支払を受けていた。

あるとき、Xは、Y社が固定残業代として支給している業務手当は、みなし時間外手当の要件を満たさず無効であるとして、時間外労働等に対する賃金と付加金等の支払いを求めて訴えた。

なお、XとY社との雇用契約書には、賃金について、「月額562,500円（残業手当含む）」、「給与明細書表示（月額給与461,500円、業務手当101,000円）」との記載があり、採用条件確認書には、「月額給与461,500円」、「業務手当101,000円みなし時間外手当」、「時間外勤務手当の取り扱い……年収に見込み残業代を含む」、「時間外手当は、みなし残業時間を超えた場合はこの限りではない」との記載があった。

また、Y社の賃金規程には、月々支払われる所定賃金のうち業務手当が時間外労働に対する対価として支払われる旨の記載があった。

さらに、Y社とX以外の各従業員との間で作成された確認書には、業務手当月額として確定金額の記載があり、「業務手当は、固定時間外労働賃金（時間外労働30時間分）として毎月支給します。一賃金計算期間における時間外労働がその時間に満たない場合であっても全額支給します。」等の記載があった。

争点・結論

争点	雇用契約に基づき、時間外労働等に対する対価として定額の手当を支払うことにより、労働基準法37条の割増賃金の全部または一部を支払うことができるか。
結論	できる。

割増賃金の算定方法は、労働基準法37条ならびに政令および厚生労働省令の関係規定に具体的に定められているところ、労働基準法37条は、それらに定められた方法により算定された額を下回らない額の割増賃金を支払うことを義務付けるにとどまるものと解され、労働者に支払われる基本給や諸手当にあらかじめ含めることにより割増

賃金を支払うという方法自体が直ちに労働基準法37条に反するものではない。

判　旨

　労働基準法37条が時間外労働等について割増賃金を支払うべきことを使用者に義務付けているのは、使用者に割増賃金を支払わせることによって、時間外労働等を**抑制**し、もって労働時間に関する同法の規定を**遵守**させるとともに、労働者への**補償**を行おうとする趣旨によるものであると解される。

　また、割増賃金の算定方法は、同条並びに政令および厚生労働省令の関係規定（以下、これらの規定を「労働基準法37条等」という。）に具体的に定められているところ、<u>同条は、労働基準法37条等に定められた方法により算定された額を**下回らない額**の割増賃金を支払うことを義務付けるにとどまるものと解され、労働者に支払われる基本給や諸手当にあらかじめ含めることにより割増賃金を支払うという方法自体が直ちに同条に反するものではなく</u>、使用者は、労働者に対し、**雇用契約**に基づき、時間外労働等に対する**対価**として**定額の手当**を支払うことにより、同条の**割増賃金の全部または一部を支払う**ことができる。

　そして、**雇用契約**においてある手当が時間外労働等に対する**対価**として支払われるものとされているか否かは、**雇用契約**に係る契約書等の**記載内容**のほか、具体的事案に応じ、使用者の労働者に対する当該**手当**や**割増賃金**に関する**説明の内容**、労働者の**実際の労働時間等の勤務状況**などの事情を考慮して判断すべきである。

解　説

　なお、Ｘに支払われた業務手当は、Ｙ社の１カ月当たりの平均所定労働時間を基に算定すると、Ｘの実際の時間外労働等に対する割増賃金相当額であり、大きな乖離はありませんでした。このことなどから、業務手当は、時間外労働等に対する対価としての賃金の支払であるとみることができ、最高裁では、業務手当の支払によりＸに対して労働基準法37条の割増賃金が支払われたということができないとした原審の判断を、割増賃金に関する法令の解釈適用を誤った違法なものであると判断しました。

確認問題

Ｑ 「いわゆる定額残業代の支払を法定の時間外手当の全部または一部の支払とみなすことができるのは、定額残業代を上回る金額の時間外手当が法律上発生した場合にその事実を労働者が認識して直ちに支払を請求することができる仕組み（発生していない場合にはそのことを労働者が認識することができる仕組み）が備わっており、これらの仕組みが雇用主により誠実に実行されているほか、基本給と定額残業代の金額のバランスが適切であり、その他法定の時間外手当の不払や長時間労働による健康状態の悪化など労働者の福祉を損なう出来事の温床となる要因がない場合に限られる。」とするのが、最高裁判所の判例である。（R1-6D）

Ａ ×　使用者は、労働者に対し、雇用契約に基づき、時間外労働等に対する対価として定額の手当を支払うことにより割増賃金の全部または一部を支払うことができるとするのが、最高裁判所の判例である。

労働基準法関係

63

29 年次有給休暇の請求
白石営林署事件 (最判第2小昭48.3.2)

過去問 H14-労基5D、H19-労基6B、H20-労基5A、H22-労基6B・E、H24-労基6ア、H26-労基6B、H23選-労基B

事 案

Xは、Y営林署の職員であったが、ある日の仕事の帰り際に翌日と翌々日について、年次有給休暇を取得する旨を休暇簿に記載して請求をした。

そして、承認を得ないうちに仕事を終え、翌日と翌々日は出勤しなかった。

Xは、両日にわたり他の営林署での争議行為に参加したところ、上司である営林署の署長は両日の年次有給休暇の請求を不承認とし、仕事に就かなかった2日分の賃金は欠勤として取り扱われ、賃金が控除されて支払われた。

このため、Xは、年次有給休暇の請求についての不承認は無効であり、賃金の支払いを求めて訴えた。

争点・結論

争 点	年次有給休暇について、労働者から休暇の請求をして、これに対する使用者の承認がなければ取得ができないこととすることは許されるか。
結 論	許されない。

労働基準法は39条5項において「請求」という語を用いているけれども、年次有給休暇の権利は、39条1、2項の要件が充足されることによって法律上当然に労働者に生ずる権利であって、労働者の請求をまって始めて生ずるものではなく、また、39条5項にいう「請求」とは、休暇の時季にのみかかる文言であって、その趣旨は、休暇の時季の「指定」にほかならないものと解すべきである。

判 旨

労基法39条1、2項の要件が充足されたときは、当該労働者は**法律上当然**に各項所定日数の年次有給休暇の権利を取得し、使用者はこれを与える義務を負うのであるが、この年次休暇権を具体的に行使するにあたっては、同法は、まず労働者において**休暇の時季**を「**請求**」すべく、これに対し使用者は、同条3項（現在は5項）ただし書の事由が存する場合には、これを**他の時季に変更**させることができるものとしている。

かくのごとく、労基法は同条3項（現在は5項）において「請求」という語を用いているけれども、年次有給休暇の権利は、前述のように、同条1、2項の要件が充足されることによって**法律上当然**に労働者に生ずる権利であって、労働者の**請求**をまって始めて生ずるものではなく、また、同条3項（現在は5項）にいう「**請求**」とは、**休暇の時季**にのみかかる文言であって、その趣旨は、**休暇の時季**の「**指定**」にほかならないものと解すべきである。

［……中略……］

すなわち、これを端的にいえば、**休暇の時季指定**の効果は、使用者の適法な**時季変更権**の行使を**解除条件**として発生するのであって、年次休暇の成立要件として、労働者による「**休暇の請求**」や、これに対する使用者の「**承認**」の観念を容れる**余地はない**ものといわなければならない。

もし、これに反して、所論のように、労働者の**休暇の請求**（休暇付与の申込み）に対して使用者の**承認**を要するものとすれば、結局、労働者は使用者に対して一定の時季における休暇の付与を請求する債権を有し、使用者はこれに対応する休暇付与の債務を負うにとどまることになるのであるが、かくては、使用者が現実に特定日における年次休暇の**承認**、すなわち、当該労働日における**就労義務免除**の意思表示をしないかぎり、労働者は現実に休暇をとることができず、使用者に対して休暇付与義務の履行を求めるには、改めて年次休暇の**承認**を訴求するという迂遠な方法をとらなければならないことになるのであって、かかる結果が法の趣旨・目的に副う所以でないことは、多言を要しないところである。

［……中略……］

年次有給休暇の権利は、労基法39条1、2項の要件の充足により、**法律上当然**に労働者に生ずるものであって、その具体的な権利行使にあたっても、年次休暇の成立要件として「**使用者の承認**」という観念を容れる**余地のない**ことは、判示したとおりである。年次休暇の利用目的は労基法の**関知しない**ところであり、休暇をどのように利用するかは、使用者の干渉を許さない労働者の**自由**である、とするのが法の趣旨であると解するのが相当である。

解　説

なお、この判例では、年次有給休暇の利用目的は労働基準法の関知しないところであり、休暇をどのように利用するかは、使用者の干渉を許さない労働者の自由であるということも示されています。

確認問題

Q　年次有給休暇の権利は、労働基準法第39条所定の要件を満たすことによって法律上当然に労働者に生ずる権利であって、労働者の請求をまって始めて生ずるものではないとするのが最高裁判所の判例である。（H20-5A）

A　○

労働基準法関係

65

30 津田沼電車区事件 （最判第3小平3.11.19）

年次有給休暇と争議行為

事　案

Xは、日本国有鉄道（旧国鉄）に勤めておりY電車区の運転検修係の職務に従事していた。また、Xは、あわせて労働組合の執行委員をしていた。

Xは、事前にY電車区長に対し、自身の有する年次有給休暇の日数の範囲内で、労働組合のストライキが予定されていた日の前日の午後半日の年次有給休暇を事前に請求をしていた。

すると、その年次有給休暇の請求後に労働組合が当初予定していたストライキの実施時期を半日繰り上げることとし、Xが請求していた半日の年次有給休暇とストライキが重複することとなってしまった。

しかし、Xは、事前に行った半日の年次有給休暇の請求が事実上承認されていることを確認しながら、その請求をそのまま維持し、午後半日は勤務をしなかった。

その後、このXの年次有給休暇は欠勤として扱われ、賃金がカットされたため、その支払いを求めて訴えた。

争点・結論

争　点	既に請求済みであった年次有給休暇中に、事後に決定した争議行為へ参加した場合、年次有給休暇を取得したものと認められるか。
結　論	認められない。

POINT　争議行為に参加しその所属する事業場の正常な業務の運営を阻害する目的をもって、たまたま先にした年次休暇の請求を使用者側が事実上承認しているのを幸い、この請求を維持し、職場を離脱したものである場合、このような職場離脱は、労働基準法の適用される事業場において業務を運営するための正常な勤務体制が存在することを前提としてその枠内で休暇を認めるという年次有給休暇制度の趣旨に反するものというべく、本来の年次休暇権の行使とはいえない。

判　旨

Xは、21日津田沼電車区長に対し、その有する年次休暇の日数の範囲内で、28日の午後半日

の年次休暇の請求をしていたが、27日、労働組合は、当初29日に予定していたストライキを繰り上げて28日正午から実施する旨を決定した。

　このことをXは組合内部の情報により知ると、助役にただして**年次休暇の請求**が**事実上承認**されていることを確認しながら、右請求をそのまま維持した上、28日午後は勤務しなかった。

　その間、Xは、28日午前11時55分ころから労働組合支部事務所わきで開かれた組合員の集会に参加し、28日午後4時過ぎころから同6時過ぎころまでの間にY電車区構内で行われたスト決起集会では、本部執行委員とともに組合員らの前に立ってシュプレヒコールの指揮をした。

　また、28日午後1時過ぎころY電車区指導員詰所において、本部執行委員らとともに助役に対し、当局側が当日のストライキ対策のため指導員を乗務させたことにつき大声で詰問、抗議するなどして、同助役の職務の執行を妨害し、右争議行為に積極的役割を果たした。

　右事実によれば、Xは、前記争議行為に参加しその所属する事業場であるY電車区の**正常な業務の運営**を阻害する目的をもって、たまたま先にした**年次休暇の請求**を当局側が**事実上承認**しているのを幸い、この請求を維持し、**職場を離脱**したものである。

　右のような**職場離脱**は、労働基準法の適用される事業場において業務を運営するための**正常な勤務体制**が存在することを前提としてその枠内で休暇を認めるという年次有給休暇制度の趣旨に反するものというべく、**本来の年次休暇権の行使**とはいえないから、Xの請求に係る時季指定日に年次休暇は成立しないというべきである。

解説

　年次有給休暇を労働者がどのように利用するかは労働者の自由です。したがって、労働者が他の事業場における争議行為に年次有給休暇を取って参加するような場合であっても、使用者は、これを拒否することができません。

　しかしながら、労働者がその所属の事業場において、その業務の正常な運営の阻害を目的として一斉に休暇を請求して職場を放棄する場合などは、年次有給休暇に名をかりた同盟罷業に他ならないから、それは年次有給休暇権の行使ではないと解されています。

確認問題

Q 労働者が争議行為に参加しその所属する事業場の｜　A　｜を阻害する目的をもって、たまたま先にした年次休暇の請求を当局側が事実上承認しているのを幸い、この請求を維持し、｜　B　｜したものであって、右のような｜　B　｜は、労働基準法の適用される事業場において業務を運営するための｜　C　｜が存在することを前提としてその枠内で休暇を認めるという年次有給休暇制度の趣旨に反するものというべく、本来の年次休暇権の行使とはいえないから、当該労働者の請求に係る時季指定日に年次休暇は成立しないというべきである、とするのが最高裁判所の判例である。

A A. 正常な業務の運営　B. 職場離脱　C. 正常な勤務体制

労働基準法関係

31 八千代交通事件（最判第1小平25.6.6）

年次有給休暇の全労働日

過去問 H26選-労基A

事案

Y社は、タクシー乗務員として雇用していたXを解雇する旨の意思表示をして就労を拒んだため、Xは、この解雇は無効であるとして争い、勝訴して約2年4カ月後に職場に復帰した。

Xは、職場復帰後、まもなく年次有給休暇の時季指定をして5日間の労働日について就労しなかった。

これに対し、Y社は、Xが前年度において労働基準法39条2項の要件（全労働日の8割以上出勤）を満たしていないため、就労しなかった5日間について、欠勤扱いとして賃金を支払わなかった。このため、Xは、この未払分の賃金の支払いなどを求めて訴えた。

争点・結論

争点	無効な解雇の場合のように労働者が使用者から正当な理由なく就労を拒まれたために就労することができなかった日は、年次有給休暇における出勤率の算定に当たっては、全労働日に含まれるか。
結論	含まれる。

無効な解雇の場合のように労働者が使用者から正当な理由なく就労を拒まれたために就労することができなかった日は、労働者の責めに帰すべき事由によるとはいえない不就労日であり、このような日は使用者の責めに帰すべき事由による不就労日であっても当事者間の衡平等の観点から出勤日数に算入するのが相当でなく全労働日から除かれるべきものとはいえないから、法39条1項および2項における出勤率の算定に当たっては、出勤日数に算入すべきものとして全労働日に含まれるものというべきである。

判旨

法39条1項および2項における前年度の**全労働日**に係る**出勤率が8割以上**であることという年次有給休暇権の成立要件は、法の制定時の状況等を踏まえ、**労働者の責めに帰すべき事由**による**欠勤率**が特に高い者をその**対象から除外**する趣旨で定められたものと解される。

このような同条1項および2項の規定の趣旨に照らすと、前年度の総暦日の中で、就業規則や労働協約等に定められた休日以外の**不就労日**のうち、**労働者の責め**に帰すべき事由によるとはいえないものは、不可抗力や使用者側に起因する経営、管理上の障害による休業日等のように、**当事者間の衡平等**の観点から**出勤日数に算入**するのが相当でなく**全労働日**から除かれるべきものは別として、上記出勤率の算定に当たっては、**出勤日数に算入**すべきものとして**全労働日に含まれる**ものと解するのが相当である。

無効な解雇の場合のように労働者が使用者から正当な理由なく就労を拒まれたために就労することができなかった日は、**労働者の責め**に帰すべき事由によるとはいえない**不就労日**であり、このような日は**使用者の責め**に帰すべき事由による**不就労日**であっても**当事者間の衡平等**の観点から**出勤日数に算入**するのが相当でなく**全労働日**から除かれるべきものとはいえないから、法39条1項および2項における出勤率の算定に当たっては、**出勤日数に算入**すべきものとして**全労働日に含まれる**ものというべきである。

これを本件についてみると、事実関係によれば、XはY社から無効な解雇によって正当な理由なく就労を拒まれたために本件係争期間中就労することができなかったものであるから、本件係争期間は、法39条2項における出勤率の算定に当たっては、請求の前年度における**出勤日数に算入**すべきものとして**全労働日に含まれる**ものというべきである。

したがって、Xは、請求の前年度において同項所定の年次有給休暇権の成立要件を満たしているものということができる。

解 説

この判例が出る前の行政通達においては、本件のような「使用者の責に帰すべき事由による休業日」は全労働日には含まれないこととされていましたが、判決後に行政通達も解釈が修正されるに至っています。

確認問題

Q 最高裁判所は、労働基準法第39条に定める年次有給休暇権の成立要件に係る「全労働日」（同条第1項、第2項）について、次のように判示した。

「法39条1項および2項における前年度の全労働日に係る出勤率が8割以上であることという年次有給休暇権の成立要件は、法の制定時の状況等を踏まえ、労働者の責めに帰すべき事由による欠勤率が特に高い者をその対象から除外する趣旨で定められたものと解される。このような同条1項および2項の規定の趣旨に照らすと、前年度の総暦日の中で、就業規則や労働協約等に定められた休日以外の不就労日のうち、労働者の責めに帰すべき事由によるとはいえないものは、不可抗力や使用者側に起因する経営、管理上の障害による休業日等のように当事者間の衡平等の観点から出勤日数に算入するのが相当でなく全労働日から除かれるべきものは別として、上記出勤率の算定に当たっては、出勤日数に算入すべきものとして全労働日に　　A　　と解するのが相当である。（H26選-A）

A A. 含まれるもの

労働基準法関係

32 時季指定と代替勤務者
弘前電報電話局事件 (最判第2小昭62.7.10)

過去問 H20-労基5C、H27選-労基B

事案

Xは、六輪番交替服務という勤務体制に組み入れられ、電信電話機械設備の建設・保全等の現場作業に従事していたが、ある日、年次有給休暇の時季指定をした。

すると、上司は、Xがこの日に空港建設反対闘争に参加し、違法行為におよぶおそれがあると考え、あらかじめXの代替勤務を申し出ていた職員を説得して申出を撤回させたうえで、Xが出勤しなければ必要最低配置人員を欠くとして時季変更権を行使した。

これにより、Xは、欠勤扱いとなり、賃金が支払われなかったため、支払等を求めて訴えた。

争点・結論

争点	勤務割による勤務体制がとられている状況で、使用者が代替勤務者の配置の配慮をしないで時季変更権を行使した場合、事業の正常な運営を妨げる場合に当たるということができるか。
結論	できない。

POINT　勤務割による勤務体制がとられている事業場において、使用者としての通常の配慮をすれば、勤務割を変更して代替勤務者を配置することが客観的に可能な状況にあると認められるにもかかわらず、使用者がそのための配慮をしないことにより代替勤務者が配置されないときは、必要配置人員を欠くものとして事業の正常な運営を妨げる場合に当たるということはできないと解するのが相当である。

判旨

年次有給休暇の権利(以下、「年次休暇権」という。)は、労働基準法(以下、「労基法」という。)39条1、2項の要件の充足により**法律上当然**に生じ、労働者がその有する年次休暇の日数の範囲内で始期と終期を特定して休暇の**時季指定**をしたときは、使用者が適法な**時季変更権**を行使しない限り、右の指定によって、年次休暇が成立して当該労働日における**就労義務が消滅**するのであって、そこには、使用者の年次休暇の**承認**なるものを観念する**余地はない**。

この意味において、労働者の年次休暇の**時季指定**に対応する使用者の義務の内容は、労働者

がその権利としての**休暇を享受**することを妨げてはならないという**不作為**を基本とするものにほかならないのではあるが、年次休暇権は労基法が労働者に特に認めた権利であり、その実効を確保するために附加金および刑事罰の制度が設けられていること、および**休暇の時季の選択権**が第一次的に労働者に与えられていることにかんがみると、同法の趣旨は、使用者に対し、できるだけ労働者が指定した時季に休暇を取れるよう状況に応じた**配慮**をすることを要請しているものとみることができる。

そして、**勤務割**を定めあるいは変更するについての使用者の権限といえども、労基法に基づく年次休暇権の行使により結果として制約を受けることになる場合があるのは当然のことであって、**勤務割**によってあらかじめ定められていた勤務予定日につき休暇の**時季指定**がされた場合であってもなお、使用者は、労働者が休暇を取ることができるよう状況に応じた**配慮**をすることが要請されるという点においては、異なるところはない。

労基法39条3項（現在は5項）ただし書にいう「**事業の正常な運営を妨げる場合**」か否かの判断に当たって、**代替勤務者配置**の難易は、判断の一要素となるというべきであるが、特に、**勤務割による勤務体制**がとられている事業場の場合には、**重要な判断要素**であることは明らかである。

したがって、そのような事業場において、使用者としての通常の配慮をすれば、**勤務割**を変更して**代替勤務者を配置**することが**客観的に可能**な状況にあると認められるにもかかわらず、使用者がそのための**配慮**をしないことにより**代替勤務者が配置**されないときは、必要配置人員を欠くものとして**事業の正常な運営を妨げる場合**に当たるということはできないと解するのが相当である。

解　説

また、この判例では、代替勤務者を配置することが可能であるにもかかわらず、休暇の利用目的のいかんによって、そのための配慮をせずに時季変更権を行使することは、利用目的を考慮して年次休暇を与えないことに等しく、許されないとされています。

確認問題

Q　最高裁判所は、労働基準法第39条第5項（当時は第3項）に定める使用者による時季変更権の行使の有効性が争われた事件において、次のように判示した。「労基法39条3項〔現行5項〕ただし書にいう「事業の正常な運営を妨げる場合」か否かの判断に当たって、　A　配置の難易は、判断の一要素となるというべきであるが、特に、勤務割による勤務体制がとられている事業場の場合には、重要な判断要素であることは明らかである。したがって、そのような事業場において、使用者としての通常の配慮をすれば、勤務割を変更して　A　を配置することが客観的に可能な状況にあると認められるにもかかわらず、使用者がそのための配慮をしないことにより　A　が配置されないときは、必要配置人員を欠くものとして事業の正常な運営を妨げる場合に当たるということはできないと解するのが相当である。（H27選-B）

A　A. 代替勤務者

労働基準法関係

71

33 ことぶき事件（最判第2小平21.12.18）

管理監督者の深夜割増賃金

過去問　H25選-労基A・B・C

事案

Xは、美容室・理容室を運営していたY社で勤務しており、総店長であり、店長手当として3万円が支払われ、他の店長と比較すると約1.5倍の給与を得ていた。

退社に際して、Xは、営業秘密記載の顧客カード無断持出し等を行い、他の新勤務先で使用などをした。

このため、Y社は損害賠償を求め、これに対して、Xは在職時の深夜割増賃金等を求めて訴えた。

争点・結論

争点	労働時間等の規定が適用除外とされる管理監督者は、深夜労働の割増賃金を請求できるか。
結論	できる。

POINT　労基法41条2号（労働時間等の規定の適用除外）の規定によって同法37条4項（深夜の割増賃金）の適用が除外されることはなく、管理監督者に該当する労働者は深夜割増賃金を請求することができるものと解するのが相当である。

判旨

労基法における**労働時間**に関する規定の多くは、その**長さ**に関する規制について定めており、同法37条1項は、使用者が**労働時間**を延長した場合においては、延長された時間の労働について所定の**割増賃金**を支払わなければならないことなどを規定している。

他方、同条3項（現在は4項）は、使用者が原則として**午後10時から午前5時**までの間において労働させた場合においては、その時間の労働について所定の**割増賃金**を支払わなければならない旨を規定するが、同項は、労働が1日のうちのどのような**時間帯**に行われるかに着目して**深夜労働**に関し一定の規制をする点で、**労働時間**に関する労基法中の他の規定とはその**趣旨目的を異にする**と解される。

また、労基法41条は、同法第4章、第6章および第6章の2で定める**労働時間**、**休憩**および**休日**に関する規定は、同条各号の一に該当する労働者については適用しないとし、これに該当

する労働者として、同条2号は**管理監督者等**を、同条1号は同法別表第1第6号（林業を除く。）または第7号に掲げる事業に従事する者を定めている。

　一方、同法第6章中の規定であって年少者に係る**深夜業**の規制について定める61条をみると、同条4項は、上記各事業については同条1項ないし3項の**深夜業**の規制に関する規定を**適用しない**旨別途規定している。こうした定めは、同法41条にいう「**労働時間、休憩**および**休日**に関する規定」には、**深夜業**の規制に関する規定は**含まれていない**ことを前提とするものと解される。

　以上によれば、労基法41条2号の規定によって同法37条3項（現在は4項）の適用が除外されることはなく、**管理監督者**に該当する労働者は同項に基づく**深夜割増賃金**を請求することができるものと解するのが相当である。

解　説

　平成25年の選択式試験では、この判例から全ての空欄（労基AからCまでの3つ）が出題されています。なお、管理監督者については、年次有給休暇の規定についても除外とされずに、適用されます。

確認問題

Q　最高裁判所は、労働基準法第41条第2号に定めるいわゆる管理監督者に該当する労働者が、使用者に、同法第37条第3項〔現行同条第4項〕に基づく深夜割増賃金を請求することができるかという点をめぐって、次のように判示した。

　「労基法〔労働基準法〕における労働時間に関する規定の多くは、その　　A　　に関する規制について定めており、同法37条1項は、使用者が労働時間を延長した場合においては、延長された時間の労働について所定の割増賃金を支払わなければならないことなどを規定している。

　他方、同条3項は、使用者が原則として　　B　　の間において労働させた場合においては、その時間の労働について所定の割増賃金を支払わなければならない旨を規定するが、同項は、労働が1日のうちのどのような時間帯に行われるかに着目して深夜労働に関し一定の規制をする点で、労働時間に関する労基法中の他の規定とはその趣旨目的を異にすると解される。

　また、労基法41条は、同法第4章、第6章および第6章の2で定める労働時間、休憩および休日に関する規定は、同条各号の一に該当する労働者については適用しないとし、これに該当する労働者として、同条2号は管理監督者等を、同条1号は同法別表第1第6号（林業を除く。）または第7号に掲げる事業に従事する者を定めている。一方、同法第6章中の規定であって年少者に係る深夜業の規制について定める61条をみると、同条4項は、上記各事業については同条1項ないし3項の深夜業の規制に関する規定を　　C　　旨別途規定している。こうした定めは、同法41条にいう「労働時間、休憩および休日に関する規定」には、深夜業の規制に関する規定は含まれていないことを前提とするものと解される。（H25選-A・B・C）

A　A．長さ　B．午後10時から午前5時まで　C．適用しない

労働基準法関係

73

34 東朋学園事件（最判第1小平15.12.4）

産前産後休業と賞与支給要件

過去問 H22選-労基C

事 案

Y学校において事務職として勤務するXは、産前産後休業を取得し、その後、育児のために勤務時間の短縮を請求して時短勤務をしていた。

Y学校では、給与規程において賞与が支給されるためには90％以上の出勤が必要とする条項（90％条項）があり、Xは、産前産後休業日数や時短勤務時間が欠勤扱いとされ、賞与が不支給となった。

このため、Xは、これらの法律で認められ

ている休業等を欠勤に算入することは、労働基準法や育児・介護休業法の趣旨に反するとして賞与の支払いを求め訴えた。

争点・結論

争 点	賞与を支給するか不支給とするかの要件を判断する際に、育児休業等を取得した日数を欠勤として扱い、賞与自体を不支給とする規定は有効か。
結 論	無効である。

 労働基準法65条および育児休業法10条の趣旨に照らすと、これにより上記権利等の行使を抑制し、ひいては労働基準法等が上記権利等を保障した趣旨を実質的に失わせるものと認められる場合に限り、公序に反するものとして無効となる。

判 旨

産前産後休業を取得し、または勤務時間の短縮措置を受けた労働者は、その間就労していないのであるから、労使間に特段の合意がない限り、その**不就労期間**に対応する**賃金請求権**を有しておらず、当該**不就労期間**を出勤として取り扱うかどうかは原則として**労使間の合意**にゆだねられているというべきである。

ところで、従業員の出勤率の低下防止等の観点から、出勤率の低い者につきある種の**経済的利益**を得られないこととする措置ないし制度を設けることは、一応の**経済的合理性**を有するものである。Y学校の給与規程は、賞与の支給の詳細についてはその都度回覧にて知らせるものとし、回覧に具体的な賞与支給の詳細を定めることを委任しているから、本件各回覧文書は、

給与規程と一体となり、本件90％条項等の内容を具体的に定めたものと解される。

　本件各回覧文書によって具体化された本件90％条項は、労働基準法65条で認められた**産前産後休業**を取る権利および育児休業法10条を受けて育児休職規程で定められた**勤務時間の短縮措置**を請求し得る**法的利益**に基づく**不就労**を含めて出勤率を算定するものであるが、労働基準法65条および育児休業法10条の趣旨に照らすと、これにより上記**権利等の行使**を抑制し、ひいては労働基準法等が上記**権利等**を保障した**趣旨**を**実質的に失わせる**ものと認められる場合に限り、**公序に反する**ものとして無効となると解するのが相当である。

　〔……中略……〕

　前記事実関係によれば、〔……中略……〕上記**権利等の行使**に対する**事実上の抑止力**は相当強いものとみるのが相当である。そうすると、本件90％条項のうち、出勤すべき日数に**産前産後休業**の日数を算入し、出勤した日数に**産前産後休業**の日数および**勤務時間短縮措置**による短縮時間分を含めないものとしている部分は、上記**権利等の行使**を**抑制**し、労働基準法等が上記**権利等を保障**した**趣旨を実質的に失わせる**ものというべきであるから、**公序に反し無効である**というべきである。

　〔……中略……〕

　上記各計算式（賞与額の計算根拠）の適用に当たっては、**産前産後休業**の日数および**勤務時間短縮措置**による短縮時間分は、本件各回覧文書の定めるところに従って欠勤として減額の対象となるというべきである。そして、上記各計算式は、本件90％条項とは異なり、賞与の額を一定の範囲内でその欠勤日数に応じて減額するにとどまるものである。

　加えて、**産前産後休業**を取得し、または育児のための**勤務時間短縮措置**を受けた労働者は、法律上、上記**不就労期間**に対応する**賃金請求権**を有しておらず、Ｙ学校の就業規則においても、上記**不就労期間**は無給とされているのであるから、本件各除外条項は、労働者の上記**権利等の行使**を**抑制**し、労働基準法等が上記**権利等を保障**した**趣旨を実質的に失わせる**ものとまでは認められず、これをもって直ちに**公序に反し無効**なものということはできない。

解　説

　この判例では、賞与が支給してもらえるか、もらえないかの支給要件をみる際には、産前産後休業等の日数を欠勤扱いとするのは無効とされています。ただし、賞与の金額を計算するに当たって、休業等の日数に応じた減額をすることについては有効であるとされています。

確認問題

Ｑ　賞与の対象期間の出勤率が90％以上であることを賞与の支給要件とする就業規則の規定における出勤率の算定に当たり、労働基準法第65条の定める産前産後休業等を出勤日数に含めない取扱いについて、「労働基準法65条〔等〕の趣旨に照らすと、これにより上記権利〔産前産後休業の取得の権利〕等の行使を抑制し、ひいては労働基準法等が上記権利等を保障した趣旨を実質的に失わせるものと認められる場合に限り、　Ａ　として無効となる」とするのが最高裁判所の判例である。（H22選-C）

A　A．公序に反するもの

労働基準法関係

75

35 エヌ・ビー・シー工業事件 （最判第3小昭60.7.16）

生理休暇中の賃金

過去問 H23-労基7E

事 案

Y社で機械織布作業に現場作業員として従事しているXたちは、2日間の生理休暇を請求して取得した。

Y社では、Xたちが所属する労働組合との間で精皆勤手当を支給する旨が合意されていたが、この生理休暇の取得は、精皆勤手当の支給基準に当たる出勤不足日数に該当するとして、Y社は、Xたちの精皆勤手当を減額して支給することとした。

このため、Xたちは精皆勤手当の未払い分の賃金の支払いを求めて訴えた。

争点・結論

争 点	生理日の就業が著しく困難な女性が生理休暇を請求したことにより出勤日数が不足した場合に、精皆勤手当を減額支給することはできるか。
結 論	できる。

労働基準法の趣旨に照らすと、労働協約または労働者との合意により、労働者が生理休暇を取得しそれが欠勤扱いとされることによって何らかの形で経済的利益を得られない結果となるような措置ないし制度は、その趣旨、目的、労働者が失う経済的利益の程度、生理休暇の取得に対する事実上の抑止力の強弱等諸般の事情を総合して、生理休暇の取得を著しく困難とし同法が女子労働者の保護を目的として生理休暇について特に規定を設けた趣旨を失わせるものと認められるのでない限り、違反するものとすることはできないというべきである。

判 旨

労働基準法67条（現在は68条）は、所定の要件を備えた**女子労働者**が生理休暇を請求したときは、その者を就業させてはならない旨規定しているが、**年次有給休暇**については同法39条4項（現在は9項）においてその期間**所定の賃金等**を支払うべきことが定められているのに対し、生理休暇についてはそのような規定が置かれていないことを考慮すると、その趣旨は、当該労働者が生理休暇の請求をすることによりその間の**就労義務を免れ**、その**労務の不提供**につき労

働契約上債務不履行の責めを負うことのないことを定めたにとどまり、生理休暇が**有給である**ことまでをも保障したものではないと解するのが相当である。

したがって、生理休暇を取得した労働者は、その間**就労していない**のであるから、**労使間に特段の合意**がない限り、その**不就労期間**に対応する**賃金請求権を有しない**ものというべきである。

また、労働基準法12条3項および同法39条5項（現在は10項）によると、生理休暇は、同法65条所定の**産前産後の休業**と異なり、**平均賃金**の計算や**年次有給休暇**の基礎となる出勤日の算定について特別の扱いを受けるものとはされていない。

これらの規定に徴すると、同法67条（現在は68条）は、使用者に対し生理休暇取得日を出勤扱いにすることまでも義務づけるものではなく、これを出勤扱いにするか欠勤扱いにするかは原則として**労使間の合意**に委ねられているものと解することができる。

ところで、使用者が、<u>**労働協約**または**労働者との合意**により、労働者が生理休暇を取得しそれが欠勤扱いとされることによって何らかの形で**経済的利益**を得られない結果となるような措置ないし制度を設けたときには、その内容いかんによっては生理休暇の取得が**事実上抑制**される場合も起こりうる。</u>

<u>労働基準法67条（現在は68条）の上述のような趣旨に照らすと、このような措置ないし制度は、その**趣旨**、**目的**、労働者が失う**経済的利益の程度**、生理休暇の取得に対する**事実上の抑止力の強弱**等諸般の事情を総合して、生理休暇の**取得を著しく困難**とし同法が**女子労働者**の保護を目的として生理休暇について特に規定を設けた趣旨を失わせるものと認められるのでない限り、これを同条に違反するものとすることはできないというべきである。</u>

解　説

なお、労働基準法68条の生理休暇は、女性が現実に生理日の就業が著しく困難な状態にある場合に休暇の請求があったときは、その者を就業させてはならないこととしたものであり、生理であることのみをもって休暇を請求できることを認めたものではないものとされています。

また、生理休暇の請求は、暦日単位で行わなければならないものではなく、女性が半日または時間単位で請求した場合には、使用者はその範囲で就業させなければ足りるものとされています。

確認問題

Q 労働基準法第68条は、生理日の就業が著しく困難な女性が休暇を請求したときは、その者を生理日に就業させてはならない旨規定しているが、その趣旨は、当該労働者が当該休暇の請求をすることによりその間の就労義務を免れ、その労務の不提供につき労働契約上債務不履行の責めを負うことのないことを定めたにとどまり、同条は当該休暇が有給であることまでをも保障したものではないとするのが最高裁判所の判例である。（H23-7E）

A ○

労働基準法関係

77

36 電電公社帯広電報電話局事件 （最判第1小昭61.3.13）

就業規則に基づく業務命令

過去問　H17-労基6E

事 案

Xは、Y公社の職員であり、頚肩腕症候群に罹患していた。

Y公社は、Xに対し頚肩腕症候群の総合精密検診を受診するように説得していたが、受診に消極的であったため、その後、受診するようにとの業務命令を発した。

しかし、Xは、Y公社指定の病院は信頼できないという理由等で、この業務命令を拒否した。

このため、Y公社はXを戒告処分に付したところ、Xは受診を命ずる業務命令は無効であり、この処分も無効であると主張して訴えた。

争点・結論

争　点	使用者が就業規則等（健康管理規程）に基づき、労働者に対して、総合精密検診等を受診させるべく発した業務命令は、無効か。
結　論	有効である。

　使用者が業務命令をもって指示、命令することのできる事項であるかどうかは、労働者が労働契約によってその労働力の処分を許諾した範囲内の事項であるかどうかによって定まる。

　また、就業規則が労働者に対し、一定の事項につき使用者の業務命令に服従すべき旨を定めているときは、そのような就業規則の規定内容が合理的なものであるかぎりにおいて、当該具体的労働契約の内容をなしているものということができる。

判 旨

　一般に**業務命令**とは、使用者が**業務遂行**のために労働者に対して行う**指示**または**命令**であり、使用者がその雇用する労働者に対して**業務命令**をもって**指示**、**命令**することができる根拠は、労働者がその**労働力の処分**を使用者に委ねることを約する**労働契約**にあると解すべきである。

　すなわち、労働者は、使用者に対して一定の範囲での**労働力の自由な処分**を許諾して**労働契約**を締結するものであるから、その一定の範囲での**労働力の処分**に関する使用者の**指示**、**命令**

としての**業務命令**に従う義務があるというべきであり、したがって、使用者が**業務命令**をもって**指示**、**命令**することのできる事項であるかどうかは、労働者が当該労働契約によってその**処分を許諾**した範囲内の事項であるかどうかによって定まるものであって、この点は結局のところ当該具体的な**労働契約**の解釈の問題に帰するものということができる。

ところで、労働条件を定型的に定めた**就業規則**は、一種の**社会的規範**としての性質を有するだけでなく、その定めが合理的なものであるかぎり、**個別的労働契約**における労働条件の決定は、その就業規則によるという**事実たる慣習が成立**しているものとして、**法的規範**としての性質を認められるに至っており、当該事業場の労働者は、**就業規則**の存在および内容を現実に知っていると否とにかかわらず、また、これに対して個別的に**同意**を与えたかどうかを問わず、当然にその適用を受けるというべきであるから、使用者が当該具体的**労働契約**上いかなる事項について**業務命令**を発することができるかという点についても、関連する**就業規則**の規定内容が合理的なものであるかぎりにおいてそれが当該**労働契約**の内容となっているということを前提として検討すべきこととなる。

換言すれば、**就業規則**が労働者に対し、一定の事項につき使用者の**業務命令**に服従すべき旨を定めているときは、そのような**就業規則**の規定内容が合理的なものであるかぎりにおいて当該具体的**労働契約**の内容をなしているものということができる。

［……中略……］

右の事情に照らすと、Xは、当時頸肩腕症候群に罹患したことを理由に健康管理規程所定の指導区分の決定がされた要管理者であったのであるから、Xには、Y公社との間の**労働契約**上、健康回復に努める義務があるのみならず、右健康回復に関する健康管理従事者の**指示**に従う義務がある。

したがって、Y公社がXの右疾病の治癒回復のため、頸肩腕症候群に関する総合精密検診を受けるようにとの**指示**をした場合、Xとしては、右検診についてXの疾病の治癒回復という目的との関係で合理性ないし相当性が肯定し得るかぎり、**労働契約**上右の**指示**に従う義務を負っているものというべきである。

解説

なお、就業規則の記載事項の一つである安全および衛生に関する事項については、特に細かい規定となりやすいため、就業規則とは別個に規則を定めることができますが、この判例では、Y公社における健康管理規程は、労働基準法所定の別規則にあたるため、この健康管理規程も就業規則としての性質を有しているものということができるものであるとされています。

確認問題

Q 就業規則が労働者に対し、一定の事項につき使用者の業務命令に服従すべき旨を定めているときは、そのような就業規則の規定内容が合理的なものであるかぎりにおいて当該具体的労働契約の内容をなしているものということができるとするのが最高裁の判例である。(17-6E)

A ○

労働基準法関係

37 競業避止義務

三晃社事件（最判第2小昭52.8.9）

過去問 H30選-労基C

事 案

Xは、広告代理店であるY社に約10年勤務していた従業員であった。

Y社の就業規則では、退職後に同業他社へ転職したときは、自己都合退職の2分の1の乗率で退職金が計算されることとなっていた。

また、Xは、退職に当たり、退職後に同業他社に就職した場合には、退職金の半額を返還する旨の約定などをして自己都合退職し、自己都合退職の場合に支給される金額を退職金として受け取った。

しかし、Xは、まもなく同業他社に就職したため、Y社は、支給された金額のうちの半額の返還を求めて訴えた。

争点・結論

争 点	退職後の同業他社への就職をある程度の期間制限することを目的とした競業避止義務の規定について、これに違反した場合は、退職金の支給額を一般の自己都合による退職の場合の半額と定めることはできるか。
結 論	できる。

退職金規則において、制限に反して同業他社に就職した退職社員に支給すべき退職金につき、その点を考慮して、支給額を一般の自己都合による退職の場合の半額と定めることも、退職金が功労報償的な性格を併せ有することにかんがみれば、合理性のない措置であるとすることはできない。

この場合の退職金の定めは、制限違反の就職をしたことにより勤務中の功労に対する評価が減殺されて、退職金の権利そのものが一般の自己都合による退職の場合の半額の限度においてしか発生しないこととする趣旨であると解すべきである。

判 旨

原審の確定した事実関係のもとにおいては、Y社が営業担当社員に対し退職後の同業他社への就職をある程度の期間制限することをもって直ちに社員の**職業の自由**等を不当に拘束するものとは認められない。

したがって、Ｙ社がその**退職金規則**において、右制限に反して同業他社に就職した退職社員に支給すべき退職金につき、その点を考慮して、支給額を一般の**自己都合**による退職の場合の半額と定めることも、本件退職金が**功労報償的な性格**を併せ有することにかんがみれば、**合理性**のない措置であるとすることはできない。

すなわち、この場合の退職金の定めは、制限違反の就職をしたことにより勤務中の**功労に対する評価が減殺**されて、**退職金の権利**そのものが一般の自己都合による退職の場合の**半額**の限度においてしか**発生しない**こととする趣旨であると解すべきであるから、右の定めは、その退職金が労働基準法上の**賃金**にあたるとしても、所論の労働基準法３条、労働基準法16条、労働基準法24条および民法90条等の規定にはなんら違反するものではない。

解説

労働基準法16条の賠償予定の禁止は、労働者が労働契約の期間の途中において転職したり、帰郷したりすることを防止し足留めを図るために、違約金や損害賠償額の予定の制度を定めた場合、労働の強制にわたるおそれもあることから、このような制度を禁止したものです。

競業避止義務については、足留めを意図して規定されていることもあるでしょうが、この判例のケースでは、競業避止義務に違反しているので、そもそも退職金の権利自体が半分しか発生していないと捉えています。このため、そもそも権利が発生していない部分については、労働基準法の規定などに違反することはないとされています。

関連条文

（賠償予定の禁止）労働基準法第16条
　使用者は、労働契約の不履行について違約金を定め、または損害賠償額を予定する契約をしてはならない。

確認問題

Q 最高裁判所は、同業他社への転職者に対する退職金の支給額を一般の退職の場合の半額と定めた退職金規則の効力が問題となった事件において、次のように判示した。
　「原審の確定した事実関係のもとにおいては、被上告会社が営業担当社員に対し退職後の同業他社への就職をある程度の期間制限することをもって直ちに社員の職業の自由等を不当に拘束するものとは認められず、したがって、被上告会社がその退職金規則において、右制限に反して同業他社に就職した退職社員に支給すべき退職金につき、その点を考慮して、支給額を一般の自己都合による退職の場合の半額と定めることも、本件退職金が　　Ａ　　的な性格を併せ有することにかんがみれば、合理性のない措置であるとすることはできない。」
（H30選-C）

A A．功労報償

労働基準法関係

81

38 権利行使の抑制
日本シェーリング事件 (最判第1小平1.12.14)

過去問 H23-労基6C

事案

Y社は、従業員の稼働率を向上させるために、前年の稼働率が80パーセント以下の者を賃金引上げ対象者から除くという条項を含む賃金引上げに関する協定を労働組合と締結していた。

また、稼働率の算定にあたっては、労働者の責に帰すべき欠勤や遅刻、早退だけでなく、年次有給休暇や産前産後休業などを取得した場合も不就労として扱われ算定が行われていた。これにより、賃金引上げが行われなかった従業員等であったXたちは、

この条項は無効であるとして、賃金の支払いなどを求めて訴えた。

争点・結論

争　点	労働基準法上等の権利に基づく不就労日を含めて勤務の稼働率を算定し、80％以下の場合には、賃金の引上げは行わないとする規定は有効か。
結　論	無効である。

POINT

労基法または労組法上の権利に基づく不就労を含めて稼働率を算定するものである場合においては、基準となっている稼働率の数値との関連において、当該制度が、労基法または労組法上の権利を行使したことにより経済的利益を得られないこととすることによって権利の行使を抑制し、ひいては右各法が労働者に各権利を保障した趣旨を実質的に失わせるものと認められるときに、当該制度を定めた労働協約条項は、公序に反するものとして無効となると解するのが相当である。

判旨

　従業員の出勤率の低下防止等の観点から、稼働率の低い者につきある種の**経済的利益**を得られないこととする制度は、一応の**経済的合理性**を有しており、当該制度が、労基法または労組法上の**権利**に基づくもの以外の不就労を基礎として稼働率を算定するものであれば、それを違法であるとすべきものではない。

　そして、当該制度が、労基法または労組法上の**権利**に基づく不就労を含めて稼働率を算定す

るものである場合においては、基準となっている稼働率の数値との関連において、当該制度が、労基法または労組法上の**権利を行使**したことにより**経済的利益**を得られないこととすることによって**権利の行使を抑制**し、ひいては右各法が労働者に各**権利を保障**した趣旨を実質的に失わせるものと認められるときに、当該制度を定めた労働協約条項は、**公序に反する**ものとして無効となると解するのが相当である。

　これを本件80パーセント条項についてみるに、同条項における稼働率算定の基礎となる不就労には、**労働者の責に帰すべき**原因等によるものばかりでなく、労基法または労組法上の**権利**に基づくものがすべて含まれていることは、前述したとおりである。

　また、本件80パーセント条項に該当した者につき除外される賃金引上げにはベースアップ分も含まれているのであり、しかも、Y社における賃金引上げ額は、毎年前年度の基本給額を基礎として決められるから、賃金引上げ対象者から除外されていったん生じた**不利益**は後続年度の賃金において残存し、ひいては退職金額にも影響するものと考えられるのであり、同条項に該当した者の受ける**経済的不利益**は大きなものである。

　そして、本件80パーセント条項において基準となっている80パーセントという稼働率の数値からみて、従業員が、**産前産後の休業**、**労働災害による休業**などの**比較的長期間**の不就労を余儀なくされたような場合には、それだけで、あるいはそれに加えてわずかの日数の**年次有給休暇**を取るだけで同条項に該当し、翌年度の賃金引上げ対象者から除外されることも十分考えられるのである。こうみると、本件80パーセント条項の制度の下では、一般的に労基法または労組法上の**権利の行使**をなるべく差し控えようとする機運を生じさせるものと考えられ、その**権利行使**に対する**事実上の抑制力**は**相当強い**ものであるとみなければならない。

　以上によれば、本件80パーセント条項は、労基法または労組法上の**権利**に基づくもの以外の不就労を基礎として稼働率を算定する限りにおいては、その効力を否定すべきいわれはないが、反面、同条項において、労基法または労組法上の**権利**に基づく不就労を稼働率算定の基礎としている点は、労基法または労組法上の**権利を行使**したことにより**経済的利益**を得られないこととすることによって**権利の行使を抑制**し、ひいては、右各法が労働者に各**権利を保障**した趣旨を実質的に失わせるものというべきであるから、**公序に反し無効**であるといわなければならない。

解　説

　この判例においては、年次有給休暇、生理休暇、産前産後の休業、育児時間、労働災害による休業ないし通院、同盟罷業等の労働基準法または労働組合法において保障されている各種の権利に基づく不就労を含めて稼働率を算出している部分については、法の権利を行使したことに対し不利益を課すものであり、無効とされています。

確認問題

[Q] 　労働協約において稼働率80%以下の労働者を賃上げ対象から除外する旨の規定を定めた場合に、当該稼働率の算定に当たり労働災害による休業を不就労期間とすることは、経済的合理性を有しており、有効であるとするのが最高裁判所の判例である。（H23-6C）

A 　× 　経済的不利益は大きく、法が労働者に各権利を保障した趣旨を実質的に失わせるものというべきであるから、公序に反し無効であるとするのが、最高裁判所の判例である。

労働基準法関係

39 年次有給休暇と不利益取扱い
沼津交通事件 (最判第2小平5.6.25)

事案

Y社は、タクシー会社であったが、自動車の実働率を高める必要性から、乗務員の出勤率を高める措置として、皆勤手当を支給することとしていた。皆勤手当については、月ごとの勤務予定表どおりに出勤した者に支給しており、勤務予定表作成後に年次有給休暇等を1日取得すると半額支給、2日以上取得すると支給しない取扱いとしていた。

そして、Y社の乗務員であったXは、年次有給休暇を取得したため、皆勤手当が支給されなかったが、この取扱いはおかしいとして、その支払いを求めて訴えた。

争点・結論

争点	年次有給休暇を取得したことにより、皆勤手当を減額または不支給とすることができるか。
結論	できる。

労働基準法136条の規定は、それ自体としては、使用者の努力義務を定めたものであって、労働者の年次有給休暇の取得を理由とする不利益取扱いの私法上の効果を否定するまでの効力を有するものとは解されない。

判旨

労働基準法134条（現在は136条）が、使用者は年次有給休暇を取得した労働者に対して賃金の減額その他**不利益な取扱い**をしないようにしなければならないと規定していることからすれば、使用者が、従業員の出勤率の低下を防止する等の観点から、年次有給休暇の取得を何らかの**経済的不利益**と結び付ける措置を採ることは、その経営上の**合理性を是認**できる場合であっても、できるだけ避けるべきであることはいうまでもないが、右の規定は、それ自体としては、使用者の**努力義務**を定めたものであって、労働者の年次有給休暇の取得を理由とする**不利益取扱いの私法上の効果を否定**するまでの効力を有するものとは解されない。

また、右のような措置は、年次有給休暇を保障した労働基準法39条の精神に沿わない面を有することは否定できないものではあるが、その効力については、その**趣旨**、**目的**、労働者が失

う**経済的利益の程度**、年次有給休暇の取得に対する**事実上の抑止力の強弱**等諸般の事情を総して、年次有給休暇を取得する**権利の行使を抑制**し、ひいては同法が労働者に右権利を保障した趣旨を実質的に失わせるものと認められるものでない限り、**公序に反して**無効となるとすることはできないと解するのが相当である。

[……中略……]

右の事実関係の下においては、Ｙ社は、タクシー業者の経営は運賃収入に依存しているため自動車を効率的に運行させる**必要性が大きく**、交番表が作成された後に乗務員が年次有給休暇を取得した場合には**代替要員の手配が困難**となり、自動車の実働率が低下するという事態が生ずることから、このような形で年次有給休暇を取得することを避ける配慮をした乗務員については皆勤手当を支給することとしたものと解される。右措置は、年次有給休暇の取得を一般的に**抑制する趣旨**に出たものではないと見るのが相当であり、また、乗務員が年次有給休暇を取得したことにより控除される皆勤手当の額が相対的に大きいものではないことなどからして、この措置が乗務員の年次有給休暇の取得を**事実上抑止する力**は大きなものではなかったというべきである。

以上によれば、Ｙ社における年次有給休暇の取得を理由に皆勤手当を控除する措置は、同法39条および134条（現在は136条）の趣旨からして望ましいものではないとしても、労働者の同法上の年次有給休暇取得の**権利の行使を抑制**し、ひいては同法が労働者に右権利を保障した趣旨を実質的に失わせるものとまでは認められないから、**公序に反する**無効なものとまではいえないというべきである。

解　説

労働基準法附則136条では、精勤手当や賞与の算定等において、年次有給休暇を取得した日を欠勤扱いにする等、年次有給休暇の取得を抑制する不利益取扱いは禁止されていますが、本条は訓示規定であり、この違反に対する罰則は設けられていません。

関連条文

（不利益取扱の禁止）労働基準法附則136条

　使用者は、第39条１項から４項までの規定（日単位年休、時間単位年休）による有給休暇を取得した労働者に対して、賃金の減額その他不利益な取扱いをしないようにしなければならない。

確認問題

Q 使用者が、従業員の出勤率の低下を防止する等の観点から、年次有給休暇の取得を何らかの　　A　　と結び付ける措置を採ることは、その経営上の合理性を是認できる場合であっても、できるだけ避けるべきであることはいうまでもないが、労働基準法136条の規定は、それ自体としては、使用者の　　B　　を定めたものであって、労働者の年次有給休暇の取得を理由とする　　C　　の私法上の効果を否定するまでの効力を有するものとは解されない。

A A．経済的不利益　B．努力義務　C．不利益取扱い

労働基準法関係

40 フジ興産事件（最判第2小平15.10.10）

就業規則と周知手続

過去問 H17-労基6A・D、H26-一般1A、H30-一般3エ

事案

Xは、Y社本社とは別の場所にある設計部門のエンジニアリングセンターにおいて、設計業務に従事していた。Y社は、以前から労働者代表の同意を得た上で、就業規則（以下「旧就業規則」という。）を作成し、労働基準監督署長に届け出ていた。この旧就業規則には、所定の事由があった場合に懲戒解雇をすることができる旨を定めていた。

その後、Y社は、旧就業規則を変更した就業規則（以下「新就業規則」という。）を実施することとし、労働者代表の同意を得た上で、労働基準監督署長に届け出たが、新就業規則においても、所定の事由があった場合に懲戒解雇をすることができる旨が定められていた。

Y社は、Xが得意先の担当者らの要望に十分応じず、トラブルを発生させたり、上司の指示に対して反抗的態度をとり、上司に対して暴言を吐くなどして職場の秩序を乱したりしたことなどから、新就業規則を届け出た直後に懲戒解雇に関する規定を適用して、Xを懲戒解雇した。

なお、Xは、上司に対して懲戒解雇以前に、センターに勤務する労働者に適用される就業規則について質問したが、この際には、旧就業規則はセンターに備え付けられていなかった。

このため、Xは、この懲戒解雇はおかしいとして訴えた。

争点・結論

争点	あらかじめ就業規則において懲戒の種別および事由を定め、行政官庁（所轄労働基準監督署長）に届け出ており、就業規則の作成または変更について、労働組合または労働者の過半数を代表する者の意見を聴いていれば、就業規則を周知していなくとも、その効力は生じるか。
結論	生じない。

POINT　使用者が労働者を懲戒するには、あらかじめ就業規則において懲戒の種別および事由を定めておくことを要する。

そして、就業規則が法的規範としての性質を有するものとして、拘束力を生ずるためには、その内容を適用を受ける事業場の労働者に周知させる手続が採られていることを要するものというべきである。

判旨

　使用者が労働者を懲戒するには、あらかじめ**就業規則**において懲戒の種別および事由を定めておくことを要する。

　そして、**就業規則**が**法的規範**としての性質を有するものとして、拘束力を生ずるためには、その内容を適用を受ける事業場の労働者に**周知**させる手続が採られていることを要するものというべきである。

　原審は、Ｙ社が、労働者代表の同意を得て旧就業規則を制定し、これを所轄労働基準監督署長に届け出た事実を確定したのみで、その内容をセンター勤務の労働者に**周知**させる手続が採られていることを認定しないまま、旧就業規則に**法的規範**としての効力を肯定し、本件懲戒解雇が有効であると判断している。原審のこの判断には、審理不尽の結果、法令の適用を誤った違法があり、その違法が判決に影響を及ぼすことは明らかである。

解説

　なお、労働基準法106条の周知は、法令の場合は要旨のみの周知でよいが、就業規則や労使協定等は全文を周知しなければなりません。

関連条文

（作成および届出の義務）労働基準法第89条
　常時10人以上の労働者を使用する使用者は、所定の事項について就業規則を作成し、行政官庁（所轄労働基準監督署長）に届け出なければならない。当該事項を変更した場合においても、同様とする。

（作成の手続）労働基準法第90条
　使用者は、就業規則の作成または変更について、当該事業場に、労働者の過半数で組織する労働組合がある場合においてはその労働組合、労働者の過半数で組織する労働組合がない場合においては労働者の過半数を代表する者の意見を聴かなければならない。

（周知義務）労働基準法第106条
　使用者は、労働基準法および労働基準法に基づく命令の要旨、就業規則ならびに労働基準法に基づく労使協定ならびに労使委員会の決議を、常時各作業場の見やすい場所へ掲示し、または備え付けること、書面を交付することその他の厚生労働省令で定める方法によって、労働者に周知させなければならない。

確認問題

Q　就業規則が法的規範としての性質を有するものとして、拘束力を生ずるためには、その内容を適用を受ける事業場の労働者に周知させる手続が採られていることを要するとするのが最高裁の判例である。（H17-6A）

A　○

41 労使の慣行
商大八戸ノ里ドライビングスクール事件 (最判第1小平7.3.9)

事　案

Y社は、自動車教習所を経営していたが、労働組合との協定で、隔週の月曜日を特定休日とし、その休日に出勤した場合は、加算手当が支給されることとされていた。

また、特定休日が祭日であった場合でも、特定休日の振替は行わないものとされていた。

しかし、実際には、特定休日が祭日であった場合は、翌日の火曜日が特定休日とされ、その火曜日に出勤したときは、休日出勤扱いとして手当が支給されるなどの労働者に有利な慣習が約15年という長い期間継続的に行われていた。

そして、Y社のAが勤労部長となった際に、Y社の代表も勤労部長のAも知らなかった労働者に有利な慣習の取扱いが発覚したため、勤労部長のAは、このような慣習による取扱いを改め、規定、規則に従い賃金の支払いなどを実施することとしていった。

すると、教習指導員であったXたちは、従来どおりの慣習による取扱いでの賃金の支払いを求めて訴えた。

争点・結論

争　点	労使の慣行として、その労働条件等の行為が長期間反復継続して行われており、労使双方が明示的に排除しておらず、労使双方の規範的意識で支えられている場合、労使の慣行として法的効力が認められるか。
結　論	認められる。

法的効力のある労使慣行が成立していると認められるためには、同種の行為または事実が一定の範囲において長期間反復継続して行われていたこと、労使双方が明示的にこれによることを排除・排斥していないことのほか、当該慣行が労使双方の規範意識によって支えられていることを要し、使用者側においては、当該労働条件についてその内容を決定しうる権限を有している者か、またはその取扱いについて一定の裁量権を有する者が規範意識を有していたことを要するものと解される。

判　旨

　民法92条により**法的効力**のある労使慣行が成立していると認められるためには、同種の行為または事実が一定の範囲において**長期間反復継続**して行われていたこと、労使双方が**明示的**にこれによることを排除・排斥していないことのほか、当該慣行が労使双方の**規範意識**によって支えられていることを要し、使用者側においては、当該労働条件についてその内容を決定しうる権限を有している者か、またはその取扱いについて一定の裁量権を有する者が**規範意識**を有していたことを要するものと解される。

　そして、その労使慣行が右の要件を充たし、**事実たる慣習**として**法的効力**が認められるか否かは、その慣行が形成されてきた経緯と見直しの経緯を踏まえ、当該労使慣行の**性質・内容**、**合理性**、**労働協約**や**就業規則**等との関係（当該慣行がこれらの規定に反するものか、それらを補充するものか）、当該慣行の**反復継続性の程度**（継続期間、時間的間隔、範囲、人数、回数・頻度）、**定着の度合い**、労使双方の**労働協約**や**就業規則**との関係についての意識、その間の対応等諸般の事情を総合的に考慮して決定すべきものであり、この理は、右の慣行が労使のどちらに有利であるか不利であるかを問わないものと解する。

　それゆえ、**労働協約**、**就業規則**等に矛盾抵触し、これによって定められた事項を改廃するのと同じ結果をもたらす労使慣行が**事実たる慣習**として成立するためには、その慣行が**相当長期間**、**相当多数回**にわたり**広く反復継続**し、かつ、右慣行についての使用者の**規範意識**が**明確**であることが要求されるものといわなければならない。（高裁判決文より一部引用）

解　説

　なお、この判例においては、この慣行による取扱いは、長期間反復されていたが、特定休日が祭日になる頻度は多くなく、期間の長さの割には実施された回数が少なかったことや、使用者側の慣行についての規範意識が明確ではなかったことなどから、法的効力は認められず、最高裁判所もこれを是認できると判断し賃金の支払いは認められませんでした。

確認問題

Q 労使慣行が要件を充たし、　A　として法的効力が認められるか否かは、その慣行が形成されてきた経緯と見直しの経緯を踏まえ、当該労使慣行の性質・内容、合理性、　B　等との関係（当該慣行がこれらの規定に反するものか、それらを補充するものか）、当該慣行の反復継続性の程度（継続期間、時間的間隔、範囲、人数、回数・頻度）、定着の度合い、労使双方の　B　との関係についての意識、その間の対応等諸般の事情を総合的に考慮して決定すべきものであり、この理は、右の慣行が労使のどちらに有利であるか不利であるかを問わないものと解する。

A A. 事実たる慣習　B. 労働協約や就業規則

労働基準法関係

42 長期無断欠勤と懲戒
日本ヒューレット・パッカード事件 (最判第2小平24.4.27)

事案

Xは、被害妄想などの何らかの精神的な不調から、事実として存在していないにもかかわらず、加害者集団から日常生活を監視され、嫌がらせを受け、その被害により業務に支障が出ていると思うようになっていた。

Xは、その使用者であるY社に調査を依頼したが、自身が納得できる結果が得られなかったため、被害に関する問題が解決されるまでは出勤しないとして年次有給休暇を取得し、その後も出勤を促されたが約40日間欠勤を続けた。

このため、Y社は、Xを諭旨退職として処分をしたところ応じなかったため、解雇として扱ったが、Xはこの処分はおかしいとして訴えた。

争点・結論

争点	精神的な不調のために無断欠勤を続けていると認められる労働者に対して、健康診断や治療を勧めず、その経過を見ずして諭旨退職の懲戒処分を行うことは有効か。
結論	無効である。

POINT
　精神的な不調のために欠勤を続けていると認められる労働者に対しては、精神的な不調が解消されない限り引き続き出勤しないことが予想されるところであるから、使用者としては、その欠勤の原因や経緯が上記のとおりである以上、精神科医による健康診断を実施するなどした上で、その診断結果等に応じて、必要な場合は治療を勧めた上で休職等の処分を検討し、その後の経過を見るなどの対応を採るべきである。

判旨

Xは、被害妄想など何らかの**精神的な不調**により、実際には事実として存在しないにもかかわらず、約3年間にわたり加害者集団からその依頼を受けた専門業者や協力者らによる盗撮や盗聴等を通じて日常生活を子細に監視され、これらにより蓄積された情報を共有する加害者集団から職場の同僚らを通じて自己に関する情報のほのめかし等の嫌がらせを受けているとの認識を有しており、そのために、同僚らの嫌がらせにより自らの業務に支障が生じており自己に関する情報が外部に漏えいされる危険もあると考えている。Y社に上記の被害に係る事実の調

査を依頼したものの納得できる結果が得られず、Ｙ社に**休職**を認めるよう求めたものの認められず出勤を促すなどされたことから、自分自身が上記の被害に係る問題が解決されたと判断できない限り出勤しない旨をあらかじめＹ社に伝えた上で、有給休暇を全て取得した後、約40日間にわたり欠勤を続けたものである。

　このような**精神的な不調**のために欠勤を続けていると認められる労働者に対しては、**精神的な不調**が解消されない限り引き続き出勤しないことが予想されるところであるから、使用者であるＹ社としては、その欠勤の原因や経緯が上記のとおりである以上、精神科医による**健康診断を実施**するなどした上で（記録によれば、Ｙ社の**就業規則**には、必要と認めるときに従業員に対し**臨時に健康診断**を行うことができる旨の定めがあることがうかがわれる。）、その診断結果等に応じて、必要な場合は治療を勧めた上で**休職等の処分**を検討し、その後の経過を見るなどの対応を採るべきである。

　このような対応を採ることなく、Ｘの出勤しない理由が存在しない事実に基づくものであることから直ちにその欠勤を正当な理由なく無断でされたものとして**諭旨退職の懲戒処分**の措置を執ることは、**精神的な不調**を抱える労働者に対する使用者の対応としては適切なものとはいい難い。

　そうすると、以上のような事情の下においては、Ｘの上記欠勤は**就業規則**所定の**懲戒事由**である正当な理由のない無断欠勤に当たらないものと解さざるを得ず、上記欠勤が上記の**懲戒事由**に当たるとしてされた本件処分は、**就業規則**所定の**懲戒事由**を欠き、無効であるというべきである。

解　説

　この判例では、精神疾患の疑いがある者に対して懲戒を行うには、健康診断等を実施した上で、その結果に応じて休職の措置などを検討すべきとされており、いきなり諭旨退職といった処分は適切ではないとされています。

確認問題

Q 最高裁判所の判例によると、精神的な不調のために欠勤を続けていると認められる労働者に対しては、精神的な不調が解消されない限り引き続き出勤しないことが予想されるところであるから、使用者としては、その欠勤の原因や経緯が上記のとおりである以上、　　Ａ　　を実施するなどした上で、その診断結果等に応じて、必要な場合は治療を勧めた上で休職等の処分を検討し、その後の経過を見るなどの対応を採るべきである。このような対応を採ることなく、労働者の出勤しない理由が存在しない事実に基づくものであることから直ちにその欠勤を正当な理由なく無断でされたものとして　　Ｂ　　の措置を執ることは、精神的な不調を抱える労働者に対する使用者の対応としては適切なものとはいい難いとされている。

A A．精神科医による健康診断　B．諭旨退職の懲戒処分

労働基準法関係

43 神奈川信用農業協同組合事件 (最判第1小平19.1.18)

選択定年制による早期退職

事 案

　Y社の就業規則には、満60歳の年度末を定年とする定年退職制度が規定されていた。

　あわせて、退職時点で48歳以上の職員で、かつ勤続年数が15年以上の職員が申し出ることにより、割増退職金が支給されるとする選択定年制度が規定されており、この選択定年制度については、Y社の承認が必要であるとされていた。

　Y社は、経営が悪化していたため、他社への事業譲渡等が不可欠となり、事業譲渡等をする前に退職者が増加し、事業継続が困難となる事態を防ぐために、選択定年制度の廃止をすることとし、対象となる職員に対し、選択定年制度による退職の申出に対しては、既に申出がされているものについても、今後申出がされるものについても承認をしないこととする旨の説明を事前に実施した。

　その後、Y社は、選択定年制度を申し出ていた職員であるXたちに、承認をしない旨を告げたが、Xたちは、選択定年制度により退職したものとして取り扱われるべきであると主張し、割増された退職金の支払いを求めて訴えた。

争点・結論

争 点	労働者の申出と使用者の承認とを前提に、早期退職の代償として特別の利益を付与する選択定年制による退職に伴う割増退職金制度を実施している場合に、使用者が承認をしていないときであっても、割増された退職金を受け取ることができるか。
結 論	できない。

POINT　本件選択定年制による退職に伴う割増退職金は、従業員の申出と使用者の承認とを前提に、早期の退職の代償として特別の利益を付与するものであるところ、本件選択定年制による退職の申出に対し承認がされなかったとしても、その申出をした従業員は、上記の特別の利益を付与されることこそないものの、本件選択定年制によらない退職を申し出るなどすることは何ら妨げられていないのであり、その退職の自由を制限されるものではない。

したがって、従業員がした本件選択定年制による退職の申出に対して使用者が承認をしなければ、割増退職金債権の発生を伴う退職の効果が生ずる余地はない。

判　旨

　本件選択定年制による退職は、従業員がする各個の申出に対し、Ｙ社がそれを**承認**することによって、**雇用契約の終了**や**割増退職金債権の発生**という効果が生ずるものとされており、Ｙ社がその**承認**をするかどうかに関し、Ｙ社の就業規則およびこれを受けて定められた本件要項において特段の制限は設けられていないことは明らかである。

　もともと、本件選択定年制による退職に伴う割増退職金は、従業員の申出とＹ社の**承認**とを前提に、早期の退職の代償として**特別の利益を付与**するものであるところ、本件選択定年制による退職の申出に対し**承認**がされなかったとしても、その申出をした従業員は、上記の**特別の利益を付与**されることこそないものの、本件選択定年制によらない退職を申し出るなどすることは何ら妨げられていないのであり、その**退職の自由**を制限されるものではない。

　したがって、従業員がした本件選択定年制による退職の申出に対してＹ社が**承認**をしなければ、**割増退職金債権の発生**を伴う退職の効果が生ずる**余地はない**。

　［……中略……］

　事実関係によれば、Ｙ社が、本件選択定年制による退職の申出に対し、Ｘらがしたものを含め、すべて**承認**をしないこととしたのは、経営悪化から**事業譲渡**および**解散**が不可避となったとの判断の下に、事業を譲渡する前に退職者の増加によりその**継続が困難**になる事態を防ぐためであったというのであるから、その理由が不十分であるというべきものではない。

　そうすると、本件選択定年制による退職の申出に対する**承認**がされなかったＸらについて、上記退職の効果が生ずるものではないこととなる。

解　説

　この判例では、もともと本件選択定年制に承認の要件を設けた趣旨は、使用者側から見て、事業上失うことのできない人材の流出をとどめることができるようにすることなどを考慮して、承認を必要とすることとされた経緯もあったようです。

確認問題

Ｑ　選択定年制による退職に伴う割増退職金は、従業員の申出と使用者の承認とを前提に、早期の退職の代償として　Ａ　を付与するものである場合には、選択定年制による退職の申出に対し承認がされなかったとしても、その申出をした従業員は、上記の　Ａ　を付与されることこそないものの、選択定年制によらない退職を申し出るなどすることは何ら妨げられていないのであり、その退職の自由を制限されるものではないことから、従業員がした選択定年制による退職の申出に対して使用者が承認をしなければ、割増退職金債権の発生を伴う退職の効果が　Ｂ　、とするのが最高裁判所の判例である。

Ａ　A.　特別の利益　　B.　生ずる余地はない

労働基準法関係

93

44 退職意思の撤回
大隈鐵工所事件 （最判第3小昭62.9.18）

事 案

Xは、学生の頃に日本民主青年同盟（民青）に加盟し、その後Y社に入社した。

入社後は、同僚とともに社内の同盟員拡大等の非公然活動に従事していたが、ある日、その同僚が失踪した。

Y社の調査により、失踪した同僚とXの関係が分かったため、Xは、同僚の失踪に関して事情聴取を受けたが、失踪とは無関係であるとし、退職を願い出て退職願を提出した。

しかし、翌日、Xは、退職の意思表示を撤回したが、Y社は拒否したため、Xはおかしいとして訴えた。

争点・結論

争　点	新規採用の承認の際には、人事部長とそれ以外の役員等の複数人が採用の意思決定に関わっている場合であっても、退職願の承認に際しては、人事部長のみが単独で意思決定しても不合理ではないか。
結　論	不合理ではない。

POINT

労働者の新規採用は、その者の経歴、学識、技能あるいは性格等について会社に十分な知識がない状態において、会社に有用と思われる人物を選択するものであるから、人事部長に採用の決定権を与えることは必ずしも適当ではないとの配慮に基づくものであると解せられる。これに対し、労働者の退職願に対する承認はこれと異なり、採用後の当該労働者の能力、人物、実績等について掌握し得る立場にある人事部長に退職承認についての利害得失を判断させ、単独でこれを決定する権限を与えることとすることも、経験則上何ら不合理なことではない。

判 旨

私企業における労働者からの雇用契約の**合意解約申込**に対する使用者の**承諾**の意思表示は、就業規則等に特段の定めがない限り、辞令書の交付等一定の方式によらなければならないというものではない。

ところで、原判決は、前記のとおり、部長をY社の人事管理の最高責任者であるとし、同部

長がXの退職願を即時受理した事実を認定しながら、右受理をもってXの**解約申込**に対するY社の**承諾**の意思表示があったものと解することができないとしているが、その理由とするところは、「Xが入社するに当たっては、筆記試験の外に面接試験が行われ、その際、副社長、技術系担当取締役2名および人事部長の4名の面接委員からそれぞれ質問があり、これらの結果を総合して採用が決定されたことが認められる。この事実と対比するとき、Xの退職願を**承認**するに当たっても、人事管理の組織上一定の手続を履践した上Y社の**承諾**の意思が形成されるものと解せられるのであって、人事部長の職にあるものであっても、その個人の意思のみによってY社の意思が形成されたと解することはできない。」というに尽きるのである。

原審の右判断は、企業における労働者の新規採用の決定と退職願に対する承認とが企業の**人事管理上同一の比重**を持つものであることを前提とするものであると解せられるところ、そのような前提を採ることは、たやすく**是認し難い**ものといわなければならない。

けだし、Y社において原判決が認定するような採用制度をとっているのは、労働者の新規採用は、その者の経歴、学識、技能あるいは性格等について会社に十分な知識がない状態において、会社に有用と思われる人物を選択するものであるから、人事部長に採用の決定権を与えることは必ずしも適当ではないとの配慮に基づくものであると解せられるのに対し、労働者の退職願に対する**承認**はこれと異なり、採用後の当該労働者の能力、人物、実績等について掌握し得る立場にある人事部長に**退職承認**についての**利害得失**を判断させ、単独でこれを決定する権限を与えることとすることも、**経験則上**何ら不合理なことではないからである。

したがって、Xの採用の際の手続から推し量り、退職願の**承認**について人事部長の意思のみによってY社の意思が形成されたと解することはできないとした原審の認定判断は、**経験則**に反するものというほかはない。

解 説

この判例の場合は、人事部長が退職願を受理したことをもって雇用契約の解約申込に対する即時承諾の意思表示がされ、雇用契約の合意解約が成立したと考えられる旨の判断がされています。

確認問題

Q 労働者の新規採用は、その者の経歴、学識、技能あるいは性格等について会社に十分な知識がない状態において、会社に有用と思われる人物を選択するものであるから、人事部長に採用の決定権を与えることは必ずしも適当ではないとの配慮に基づくものであると解せられるのに対し、労働者の退職願に対する承認はこれと異なり、採用後の当該労働者の能力、人物、実績等について掌握し得る立場にある人事部長に退職承認についての　A　させ、単独でこれを決定する権限を与えることとすることも、　B　何ら不合理なことではないとするのが、最高裁判所の判例である。

A A. 利害得失を判断　B. 経験則上

労働基準法関係

45 所持品検査規定の有効性
西日本鉄道事件 (最判第2小昭43.8.2)

事案

Y社は、陸上運輸業を営む会社であったが、乗務員による乗車賃の不正隠匿を防止等する目的で、所持品の検査を求められたときは、これを拒んではならない旨の規定を就業規則において定めていた。

しかし、所持品検査において、電車運転手であるXは、帽子とポケット内の携帯品は差出したものの、靴については、所持品ではないので検査はできないはずであるとして、検査に応じなかった。

そこで、Y社は、Xの行為は就業規則所定の懲戒事由に該当するとして懲戒解雇に付したため、Xは無効であると訴えた。

争点・結論

争点	合理的理由に基づき、妥当な方法と程度の所持品検査を、就業規則の制度として職員に画一的に実施する場合、労働者は検査を受ける義務が生じるか。
結論	生じる。

POINT

所持品検査は、これを必要とする合理的理由に基づいて、一般的に妥当な方法と程度で、しかも制度として、職場従業員に対して画一的に実施されるものでなければならない。

そして、このようなものとしての所持品検査が、就業規則その他、明示の根拠に基づいて行われるときは、他にそれに代わるべき措置をとりうる余地が絶無でないとしても、従業員は、個別的な場合にその方法や程度が妥当を欠く等、特段の事情がないかぎり、検査を受忍すべき義務がある。

判旨

使用者がその企業の従業員に対して金品の不正隠匿の摘発・防止のために行う、いわゆる所持品検査は、被検査者の**基本的人権**に関する問題であって、その性質上つねに**人権侵害**のおそれを伴うものであるから、たとえ、それが企業の経営・維持にとって必要かつ効果的な措置であり、他の同種の企業において多く行われるところであるとしても、また、それが**労働基準法**

所定の手続を経て作成・変更された**就業規則の条項**に基づいて行われ、これについて従業員組合または当該職場従業員の**過半数の同意**があるとしても、そのことの故をもって、当然に適法視されうるものではない。

問題は、その検査の方法ないし程度であって、所持品検査は、これを必要とする**合理的理由**に基づいて、一般的に**妥当な方法と程度**で、しかも**制度**として、職場従業員に対して**画一的に実施**されるものでなければならない。

そして、このようなものとしての所持品検査が、**就業規則**その他、明示の根拠に基づいて行われるときは、他にそれに代わるべき措置をとりうる余地が絶無でないとしても、従業員は、個別的な場合にその**方法や程度**が妥当を欠く等、特段の事情がないかぎり、**検査を受忍**すべき義務がある。

［……中略……］

そして、脱靴を伴う靴の中の検査は、所論のごとく、ほんらい**身体検査の範疇**に属すべきものであるとしても、右の事実関係のもとにおいては、就業規則8条（「社員が業務の正常な秩序維持のためその所持品の検査を求められたときは、これを拒んではならない。」）の所持品検査には、このような脱靴を伴う靴の中の検査も含まれるものと解して妨げなく、Xが検査を受けた本件の具体的場合において、その**方法や程度**が妥当を欠いたとすべき事情の認められないこと前述のとおりである以上、Xがこれを拒否したことは、右条項に違反するものというほかはない。

また、就業規則58条3号（「職務上の指示に不当に反抗し……職場の秩序をみだしたとき」）にいう「職務上の指示」について、所論のごとく脱靴を伴う所持品検査を受けるべき旨の指示を特に除外する**合理的な根拠**は見出し難い。そして、懲戒解雇処分にいたるまでの経緯、情状等に関する原審確定の事実に徴すれば、Xの脱靴の拒否が就業規則58条3号所定の懲戒解雇事由に該当するとした原審の判断も、所論の違法をおかしたものとは認めえない。

解　説

なお、この判例の会社では、所持品検査場の補導室のコンクリート床上に踏板を敷き並べて、入口の部分を除いて同室を板張りのようにして、検査員から指示がなくても自然に脱靴せざるを得ないような仕組みに改めるなどの工夫や従業員への配慮もしていたようです。

確認問題

Q 使用者がその企業の従業員に対して金品の不正隠匿の摘発・防止のために行う、いわゆる所持品検査は、被検査者の ___A___ に関する問題であって、その性質上つねに人権侵害のおそれを伴うものであるから、たとえ、それが企業の経営・維持にとって必要かつ効果的な措置であり、他の同種の企業において多く行われるところであるとしても、また、それが労働基準法所定の手続を経て作成・変更された ___B___ に基づいて行われ、これについて従業員組合または当該職場従業員の ___C___ があるとしても、そのことの故をもって、当然に適法視されうるものではないとするのが、最高裁判所の判例である。

A A．基本的人権　B．就業規則の条項　C．過半数の同意

労働基準法関係

46 労災法上の労働者
横浜南労基署長（旭紙業）事件 (最判第1小平8.11.28)

過去問 R2選-労基B・C

事 案

　Xは、自己の所有するトラックをA社の工場に持ち込み、A社の運送係の指示に従い、A社の製品の運送業務に従事していた。

　A社のXに対する業務の遂行に関する指示は、原則として、運送物品、運送先および納入時刻に限られ、運転経路、出発時刻、運転方法等には及ばず、1回の運送業務を終えて次の運送業務の指示があるまでは、運送以外の別の仕事が指示されるということはなかった。

　また、勤務時間については、A社の一般の従業員のように始業時刻および終業時刻が定められていたわけではなく、当日の運送業務を終えた後は、翌日の最初の運送業務の指示を受け、その荷積みを終えたならば帰宅することができ、翌日は、出社することなく、直接最初の運送先に対する運送業務を行うこととされていた。

　さらに、報酬については、トラックの積載可能量と運送距離によって定まる運賃表により出来高が支払われていた。

　加えて、Xの所有するトラックの購入代金はもとより、ガソリン代、修理費、運送の際の高速道路料金等も、すべてXが負担し、その上、Xに対する報酬の支払に当たっては、所得税の源泉徴収ならびに社会保険および雇用保険の保険料の控除はされておらず、Xは、この報酬を事業所得として確定申告をしていた。

　あるとき、XはA社の工場で荷積み作業中に負傷し、療養および休業をすることとなったが、Xは、この傷病が業務上の事由によるものとし、Y労基署長に労働者災害補償保険法の療養補償給付および休業補償給付の支給の請求をした。

　しかし、Y労基署長は、Xは、労働者災害補償保険法上の労働者に当たらないとして不支給決定をしたため、これを不服としたXが、その取消しを求めて訴えた。

争点・結論

争　点	車を持ち込み運送業務に従事する運転手は、労働基準法および労働者災害補償保険法上の労働者に当たるか。
結　論	当たらない。

POINT 　業務の遂行に関し、特段の指揮監督を行っていたとはいえず、時間的、場所的な拘束の程度も、一般の従業員と比較してはるかに緩やかであり、指揮監督の下で労務を提供していたと評価するには足りず、報酬の支払方法、公租公課の負担等についてみても、労働基準法上の労働者に該当すると解するのを相当とする事情はないのであれば、労働基準法上の労働者ということはできず、労働者災害補償保険法上の労働者にも該当しないものというべきである。

判　旨

　Xは、業務用機材であるトラックを所有し、自己の危険と計算の下に運送業務に従事していたものである上、A社は、運送という業務の性質上当然に必要とされる運送物品、運送先および納入時刻の指示をしていた以外には、**Xの業務の遂行**に関し、特段の**指揮監督**を行っていたとはいえず、**時間的、場所的な拘束**の程度も、一般の従業員と比較してはるかに緩やかであり、**XがA社の指揮監督の下で労務を提供**していたと評価するには足りないものといわざるを得ない。
　そして、**報酬の支払方法、公租公課の負担**等についてみても、Xが労働基準法上の労働者に該当すると解するのを相当とする事情はない。
　そうであれば、Xは、専属的にA社の製品の運送業務に携わっており、同社の運送係の指示を拒否する自由はなかったこと、毎日の始業時刻および終業時刻は、右運送係の指示内容のいかんによって事実上決定されることになること、右運賃表に定められた運賃は、トラック協会が定める運賃表による運送料よりも1割5分低い額とされていたことなど原審が適法に確定したその余の事実関係を考慮しても、Xは、労働基準法上の労働者ということはできず、労働者災害補償保険法上の労働者にも該当しないものというべきである。

解　説

　この判例では、労災保険法上の労働者は、労働基準法の労働者と同じであるとされています。XはA社との関係において、労働者性が否定されたため、労災保険法の保険給付は不支給とされました。

確認問題

Q　上告人は、業務用機材であるトラックを所有し、自己の危険と計算の下に運送業務に従事していたものである上、F紙業は、運送という業務の性質上当然に必要とされる運送物品、運送先および納入時刻の指示をしていた以外には、上告人の業務の遂行に関し、特段の指揮監督を行っていたとはいえず、　A　の程度も、一般の従業員と比較してはるかに緩やかであり、上告人がF紙業の指揮監督の下で労務を提供していたと評価するには足りないものといわざるを得ない。そして、　B　等についてみても、Xが労働基準法上の労働者に該当すると解するのを相当とする事情はない。(R2選-B・C)

A　A. 時間的、場所的な拘束　　B. 報酬の支払方法、公租公課の負担

労災保険法関係

47 労働災害と業務起因性
横浜南労基署長(東京海上横浜支店)事件 (最判第1小平12.7.17)

事案

Xは、支店長付きの運転手としてA社の支店で自動車運転業務を行っていた。

あるとき、Xは、支店長を迎えに行くために自動車を運転中に、くも膜下出血を発症して休業した。

なお、発症の半年前から、Xの1日平均の時間外労働時間は7時間を上回る非常に長いものであり、1日平均の走行距離も長く、Xにとって勤務の継続が精神的、身体的にかなりの負荷となって慢性的な疲労をもたらしていた。

また、発症の前日、Xは、午前5時50分に自動車を出庫し、午後7時30分頃車庫に戻った後、午後11時頃までオイル漏れの修理をして午前1時頃就寝し、わずか3時間半程度の睡眠の後、午前4時30分頃起床し、午前5時前に当日の業務を開始していた。

そして、Xは、自動車を運転中にくも膜下出血を発症して休業したため、Y労基署長に休業補償給付の請求をしたところ、Y労基署長は業務上の疾病には当たらないとして不支給としたことから、その取消しを求めて訴えた。

争点・結論

争点	業務中に、高血圧症の労働者が、過重労働によりくも膜下出血を発症した場合、業務起因性が認められるか。
結論	認められる。

 POINT
Xの基礎疾患の内容、程度、Xが本件くも膜下出血発症前に従事していた業務の内容、態様、遂行状況等に加えて、脳動脈りゅうの血管病変は慢性の高血圧症、動脈硬化により増悪するものと考えられており、慢性の疲労や過度のストレスの持続が慢性の高血圧症、動脈硬化の原因の一つとなり得る。

判旨

Xの業務は、支店長の乗車する自動車の運転という業務の性質からして**精神的緊張**を伴うものであった上、支店長の業務の都合に合わせて行われる**不規則**なものであり、その時間は早朝

から深夜に及ぶ場合があって**拘束時間が極めて長く**、また、Xの業務の性質および勤務態様に照らすと、待機時間の存在を考慮しても、その**労働密度**は決して**低くはない**というべきである。

　　［……中略……］

　他方で、Xは、くも膜下出血の発症の基礎となり得る疾患（脳動脈りゅう）を有していた**蓋然性が高い**上、くも膜下出血の**危険因子**として挙げられている高血圧症が進行していたが、昭和56年10月および同57年10月当時はなお血圧が正常と高血圧の境界領域にあり、治療の必要のない程度のものであったというのであり、また、Xには、健康に悪影響を及ぼすと認められるし好はなかったというのである。

　以上説示したXの**基礎疾患の内容、程度**、Xが本件くも膜下出血発症前に従事していた**業務の内容、態様、遂行状況**等に加えて、脳動脈りゅうの血管病変は慢性の高血圧症、動脈硬化により増悪するものと考えられており、慢性の疲労や過度のストレスの持続が慢性の高血圧症、動脈硬化の原因の一つとなり得るものであることを併せ考えれば、Xの右基礎疾患が右発症当時その自然の経過によって一過性の血圧上昇があれば直ちに破裂を来す程度にまで増悪していたとみることは困難というべきであり、他に確たる**増悪要因**を見いだせない本件においては、Xが右発症前に従事した業務による**過重な精神的、身体的負荷**がXの右基礎疾患をその**自然の経過**を超えて**増悪**させ、右発症に至ったものとみるのが相当であって、その間に**相当因果関係**の存在を肯定することができる。

　したがって、Xの発症した本件くも膜下出血は労働基準法施行規則35条、別表第1の2第9号にいう「**その他業務に起因することの明らかな疾病**」に該当するというべきである。

解　説

　「労働者の業務上の事由による負傷、疾病、障害または死亡」であると認められるためには、「業務起因性」がなければならず、当該業務起因性が成立するためには、その前提条件として「業務遂行性」がなければならないとされています。

確認問題

Q 　労働者の基礎疾患の内容、程度、労働者がくも膜下出血発症前に従事していた業務の内容、態様、遂行状況等に加えて、脳動脈りゅうの血管病変は慢性の高血圧症、動脈硬化により増悪するものと考えられており、慢性の疲労や過度のストレスの持続が慢性の高血圧症、動脈硬化の原因の一つとなり得るものであることを併せ考えれば、労働者の基礎疾患が発症当時その自然の経過によって一過性の血圧上昇があれば直ちに破裂を来す程度にまで増悪していたとみることは困難というべきであり、他に確たる増悪要因を見いだせない本件においては、労働者が発症前に従事した業務による過重な精神的、身体的負荷が労働者の基礎疾患をその　　A　　させ、発症に至ったものとみるのが相当であって、その間に　　B　　の存在を肯定することができるとするのが、最高裁判所の判例である。

A 　A. 自然の経過を超えて増悪　B. 相当因果関係

労災保険法関係

101

48 小野運送事件 （最判第3小昭38.6.4）

第三者行為災害と示談

過去問 H29-労災6E

事案

A会社の従業員Bは、道路を業務のため通行中、Y社の運転手が運転するトラックと接触し重傷を負った。

このため、Bの代理人とY社との間で、Bに対し、自動車損害賠償責任保険から10万円を支払うほか、慰謝料および治療費として2万円の支払をすることで、その他の損害賠償請求権を一切放棄する旨の示談が成立した。

一方、X（政府）は、Bの負傷が労災保険法による業務上の負傷に当たるとし、Bに対し、保険給付額（約42万円）から示談で成立した12万円を引いて保険給付（約30万円）を行い、同時に、XがBに支払った保険給付額相当分（約30万円）をY社に求償した。

しかし、Y社は、Bとの間に示談が成立しており、Xが代位取得する損害賠償請求権は消滅しているとして、Xの求償には応じなかったため、Xはその支払を求めて訴えた。

争点・結論

争点	第三者行為災害で、労働者が示談により第三者の負担する損害賠償請求権を放棄した場合、政府は、第三者に対して損害賠償を請求することができるか。
結論	できない。

POINT 補償を受けるべき者が、第三者から損害賠償を受けまたは第三者の負担する損害賠償債務を免除したときは、その限度において損害賠償請求権は消滅する。

判旨

労働者が第三者の行為により災害をこうむった場合にその第三者に対して取得する損害賠償請求権は、通常の**不法行為の債権**であり、その災害につき労働者災害補償保険法による保険が付せられているからといって、その性質を異にするものとは解されない。

したがって、他に別段の規定がないかぎり、被災労働者らは、**私法自治の原則**上、第三者が自己に対し負担する**損害賠償債務**の全部または一部を**免除する自由**を有するものといわなければならない。

ところで、労働者災害補償保険法20条（現在は12条の4）は、その1項において、政府は、

補償の原因である事故が、第三者の行為によって生じた場合に**保険給付**をしたときは、その給付の**価額の限度**で、補償を受けた者が第三者に対して有する**損害賠償請求権を取得**する旨を規定するとともに、その２項において、前項の場合において、補償を受けるべきものが、当該第三者より同一の事由につき**損害賠償**を受けたときは、政府は、その**価額の限度**で災害補償の**義務を免れる**旨を規定している。

　右２項は、単に、被災労働者らが第三者から現実に損害賠償を受けた場合には、政府もまた、その限度において**保険給付**をする**義務を免れる**旨を明らかにしているに止まるが、労災保険制度は、もともと、被災労働者らのこうむった損害を補償することを目的とするものであることにかんがみれば、被災労働者ら自らが、第三者の自己に対する**損害賠償債務**の全部または一部を免除し、その限度において**損害賠償請求権を喪失**した場合においても、政府は、その限度において**保険給付**をする**義務を免れる**べきことは、規定をまつまでもない当然のことであって、右２項の規定は、右の場合における政府の**免責**を否定する趣旨のものとは解されないのである。

　そして、補償を受けるべき者が、第三者から損害賠償を受けまたは第三者の負担する損害賠償債務を免除したときは、その限度において**損害賠償請求権は消滅**するのであるから、政府がその後保険給付をしても、その請求権がなお存することを前提とする前示法条２項による**法定代位権**の発生する余地のないことは明らかである。

　補償を受けるべき者が、現実に損害賠償を受けないかぎり、政府は保険給付をする義務を免れず、したがって、政府が保険給付をした場合に発生すべき右**法定代位権**を保全するため、補償を受けるべき者が第三者に対する損害賠償請求権をあらかじめ放棄しても、これをもって政府に対抗しえないと論ずるがごときは、損害賠償請求権ならびに労災保険の性質を誤解したことに基づく本末顛倒の論というほかはない。

解　説

　裁判外の和解解決のことを「示談」といいます。なお、通達によれば、第三者行為災害の解決が、示談によってされた場合には、示談が真正に成立し、その内容が、受給権者の第三者に対して有する損害賠償請求権（保険給付と同一の事由に基づくものに限る。）の全部のてん補を目的としているときは、原則として保険給付は行われないとされています。

確認問題

Q1 労労災保険法に基づく保険給付の原因となった事故が第三者の行為により惹起された場合において、被災労働者が、示談により当該第三者の負担する損害賠償債務を免除した場合でも、政府がその後労災保険給付を行えば、当該第三者に対し損害賠償を請求することができるとするのが、最高裁判所の判例の趣旨である。(H29-6E)

Q2 最高裁判所の判例によると、労働者が第三者の行為により災害をこうむった場合にその第三者に対して取得する損害賠償請求権は、通常の　　A　　であり、その災害につき労働者災害補償保険法による保険が付せられているからといって、その性質を異にするものとは解されないとされている。

A 1　×　補償を受けるべき者が、第三者から損害賠償を受けまたは第三者の負担する損害賠償債務を免除したときは、その限度において損害賠償請求権は消滅するとするのが最高裁判所の判例である。
　　2　A．不法行為の債権

労災保険法関係

103

49 三共自動車事件（最判第3小昭52.10.25）

民事損害賠償と年金給付の調整

事 案

Xは、特殊自動車等の分解整備を業とするY社に整備工として勤務しており、当時、20歳であった。あるとき、XがY社の工場で作業中に、ワイヤーロープに吊り下げられていたバケットが突然、その頭上に落下し、下敷きとなった。

この事故により、Xは脳挫傷、頸骨骨折等の重症を負い、完全に労働することができなくなってしまった。このため、Xは、Y社に対し逸失利益や慰謝料を求めて訴えた。

争点・結論

争点	民事損害賠償額から被災労働者が将来受給する労災保険の年金給付の額を控除することができるか。
結論	できない。

政府が保険給付をしたことによって、受給権者の使用者に対する損害賠償請求権が失われるのは、保険給付が損害の填補の性質をも有する以上、政府が現実に保険金を給付して損害を填補したときに限られ、いまだ現実の給付がない以上、たとえ将来にわたり継続して給付されることが確定していても、受給権者は使用者に対し損害賠償の請求をするにあたり、このような将来の給付額を損害賠償債権額から控除することを要しない。

判 旨

労働者災害補償保険法に基づく保険給付の実質は、使用者の労働基準法上の**災害補償義務**を政府が**保険給付の形式**で行うものであって、厚生年金保険法に基づく保険給付と同様、受給権者に対する**損害の填補**の性質をも有するから、事故が**使用者の行為**によって生じた場合において、受給権者に対し、政府が労働者災害補償保険法に基づく保険給付をしたときは労働基準法84条2項の規定を**類推適用**し、また、政府が厚生年金保険法に基づく保険給付をしたときは**衡平の理念**に照らし、使用者は、同一の事由については、その**価額の限度**において民法による**損害賠償の責を免れる**と解するのが、相当である。

そして、右のように政府が保険給付をしたことによって、受給権者の使用者に対する損害賠償請求権が失われるのは、右保険給付が**損害の填補**の性質をも有する以上、政府が現実に保険金を給付して**損害を填補**したときに限られ、いまだ現実の給付がない以上、たとえ将来にわたり継続して給付されることが確定していても、受給権者は使用者に対し損害賠償の請求をするにあたり、このような将来の給付額を損害賠償債権額から控除することを要しないと解するのが、相当である。

解　説

　判例では、一時金と異なり年金は、将来にわたって給付されることが確実であっても、現実の給付がない以上、受給権者は、将来もらえる年金を考慮せず、使用者に対して損害賠償を請求できるとされています。しかし、それでは、使用者は何のために労災保険制度に加入したのか意味が失われてしまいます。このため、昭和55年の改正で労災保険の将来受けるべき年金と民事上の損害賠償との調整規定が設けられています。

関連条文

（他の法律との関係）労働基準法第84条

1　労働基準法に規定する災害補償の事由について、労働者災害補償保険法または厚生労働省令で指定する法令に基づいて労働基準法の災害補償に相当する給付が行なわれるべきものである場合においては、使用者は、補償の責を免れる。

2　使用者は、労働基準法による補償を行った場合においては、同一の事由については、その価額の限度において民法による損害賠償の責を免れる。

確認問題

Q1　労働者災害補償保険法に基づく保険給付の実質は、使用者の労働基準法上の災害補償義務を政府が保険給付の形式で行うものであって、厚生年金保険法に基づく保険給付と同様、受給権者に対する　　A　　の性質をも有するから、事故が使用者の行為によって生じた場合において、受給権者に対し、政府が労働者災害補償保険法に基づく保険給付をしたときは労働基準法84条2項の規定を　　B　　し、また、政府が厚生年金保険法に基づく保険給付をしたときは　　C　　に照らし、使用者は、同一の事由については、その価額の限度において民法による損害賠償の責を免れると解するのが、相当である。

Q2　政府が保険給付をしたことによって、受給権者の使用者に対する損害賠償請求権が失われるのは、右保険給付が損害の填補の性質をも有する以上、政府が現実に保険金を給付して損害を填補したときに限られ、いまだ現実の給付がない以上、たとえ将来にわたり継続して給付されることが確定していても、受給権者は使用者に対し損害賠償の請求をするにあたり、このような将来の給付額を損害賠償債権額から控除することを要しないと解するのが相当であるとするのが、最高裁判所の判例の趣旨である。

A　1　A. 損害の填補　B. 類推適用　C. 衡平の理念
　　2　○

労災保険法関係

50 改進社事件（最判第3小平9.1.28）

不法就労外国人の逸失利益

事案

　Xは、パキスタン回教共和国の国籍を有する者であり、日本で就労する目的で、同共和国から短期滞在（観光目的）の在留資格で日本に入国し、翌日からY社に雇用された。

　その後、Xは、在留期間経過後も不法に残留し、継続してY社において製本等の仕事に従事していたところ、その作業中に製本機に右手人さし指を挟まれ、その末節部分を切断する事故にあって後遺障害を残すケガをした。

　このため、Xは、労災保険の保険給付を受給したが、Y社とその代表取締役に安全配慮義務違反による損害賠償も請求して訴えた。

逸失利益の算定基礎

争点・結論

争点	外国人労働者について、労災事故等が生じた場合の逸失利益を算定する方法として、予測される日本での就労可能期間の収入等と、その後に想定される出国先での収入等を基礎として算出する方法は合理的か。
結論	合理的である。

POINT

　一時的に我が国に滞在し将来出国が予定される外国人の逸失利益を算定するに当たっては、当該外国人がいつまで我が国に居住して就労するか、その後はどこの国に出国してどこに生活の本拠を置いて就労することになるか、などの点を証拠資料に基づき相当程度の蓋然性が認められる程度に予測し、将来のあり得べき収入状況を推定すべきことになる。

判旨

　財産上の損害としての**逸失利益**は、事故がなかったら存したであろう**利益の喪失分**として評価算定されるものであり、その性質上、種々の証拠資料に基づき相当程度の**蓋然性**をもって推定される当該被害者の将来の収入等の状況を基礎として算定せざるを得ない。

　損害の**填補**、すなわち、あるべき状態への回復という損害賠償の目的からして、右算定は、

被害者個々人の具体的事情を考慮して行うのが相当である。こうした**逸失利益算定**の方法については、被害者が日本人であると否とによって異なるべき理由はない。

　したがって、一時的に我が国に滞在し将来出国が予定される外国人の**逸失利益**を算定するに当たっては、当該外国人がいつまで我が国に居住して就労するか、その後はどこの国に出国してどこに生活の本拠を置いて就労することになるか、などの点を証拠資料に基づき相当程度の**蓋然性**が認められる程度に予測し、将来のあり得べき**収入状況を推定**すべきことになる。

　そうすると、予測される我が国での**就労可能期間**ないし**滞在可能期間**内は我が国での収入等を基礎とし、その後は想定される出国先（多くは母国）での収入等を基礎として**逸失利益**を算定するのが合理的ということができる。

　そして、我が国における**就労可能期間**は、来日目的、事故の時点における本人の意思、在留資格の有無、在留資格の内容、在留期間、在留期間更新の**実績**および**蓋然性**、**就労資格**の有無、**就労の態様**等の**事実的**および**規範的**な諸要素を考慮して、これを認定するのが相当である。

　在留期間を超えて不法に我が国に残留し就労する不法残留外国人は、出入国管理および難民認定法24条４号ロにより、退去強制の対象となり、最終的には我が国からの退去を強制されるものであり、我が国における滞在および就労は不安定なものといわざるを得ない。

　そうすると、事実上は直ちに摘発を受けることなくある程度の期間滞在している不法残留外国人がいること等を考慮しても、在留特別許可等によりその滞在および就労が合法的なものとなる具体的**蓋然性**が認められる場合はともかく、不法残留外国人の我が国における**就労可能期間**を長期にわたるものと認めることはできないものというべきである。

　［……中略……］

　Xが本件事故後に勤めた製本会社を退社した日の翌日から３年間は我が国においてY社から受けていた実収入額と同額の収入を、その後は来日前にパキスタン回教共和国で得ていた収入程度の収入を得ることができたものと認めるのが相当であるとしたが、Xの我が国における**就労可能期間**を右の期間を超えるものとは認めなかった原審の認定判断は、右に説示したところからして不合理ということはできず、原判決に所論の違法があるとはいえない。

解　説

　外国人労働者については、適用事業に使用され、賃金を支払われている場合は、労災保険の適用労働者となります。それは、技能実習生や在留資格を有しない不法就労者であっても、同様です。

確認問題

Q　一時的に日本に滞在し将来出国が予定される外国人の逸失利益を算定する際の日本における就労可能期間は、来日目的、事故の時点における本人の意思、在留資格の有無、在留資格の内容、在留期間、在留期間更新の　A　および　B　、就労資格の有無、就労の態様等の　C　および　D　な諸要素を考慮して、これを認定するのが相当であるとするのが、最高裁判所の判例である。

A　A. 実績　B. 蓋然性　C. 事実的　D. 規範的

労災保険法関係

51 損害賠償元本との調整
フォーカスシステムズ事件 （最判大平27.3.4）

過去問 H29-労災6B

事案

Aは、ソフトウェアの開発等を業とする会社であるY社にシステムエンジニアとして勤務していた。

Aは、長時間の時間外労働や配置転換に伴う業務内容の変化等の業務に起因する心理的負荷の蓄積により、精神障害を発症し、病的な心理状態の下で、自宅を出た後、無断欠勤をして他市に赴き、河川敷のベンチでウイスキー等を過度に摂取する行動に及び、翌日に死亡した。

このため、Aの家族のXたちは、Aが死亡したのは、長時間の時間外労働等による心理的負荷の蓄積によって精神障害を発症し、正常な判断能力を欠く状態で飲酒をしたためであると主張して、Aを雇用していたY社に対し、安全配慮義務違反があるとして損害賠償とその遅延損害金の支払い・計算方法について訴えた。

争点・結論

争点	労働者の過労死により、遺族への損害賠償が認められた場合、元本とではなく遅延損害金と遺族補償年金との相殺調整はできるか。
結論	できない。

 損害賠償額を算定するに当たり、遺族補償年金につき、その填補の対象となる被扶養利益の喪失による損害と同性質であり、かつ、相互補完性を有する逸失利益等の消極損害の元本との間で、損益相殺的な調整を行うべきものと解するのが相当である。

判旨

被害者が**不法行為**によって死亡し、その損害賠償請求権を取得した相続人が**不法行為**と同一の原因によって利益を受ける場合には、損害と利益との間に**同質性**がある限り、**公平の見地**から、その利益の額を相続人が加害者に対して賠償を求める損害額から控除することによって**損益相殺的**な調整を図ることが必要なときがあり得る。

そして、上記の相続人が受ける利益が、被害者の死亡に関する労災保険法に基づく保険給付であるときは、民事上の損害賠償の対象となる損害のうち、当該保険給付による**填補**の対象と

なる損害と**同性質**であり、かつ、**相互補完性**を有するものについて、**損益相殺的**な調整を図るべきものと解される。

　労災保険法に基づく保険給付は、その制度の趣旨目的に従い、特定の損害について必要額を**填補**するために支給されるものであり、遺族補償年金は、労働者の死亡による遺族の**被扶養利益**の喪失を**填補**することを目的とするものであって、その**填補**の対象とする損害は、被害者の死亡による**逸失利益等**の消極損害と**同性質**であり、かつ、**相互補完性**があるものと解される。

　他方、損害の元本に対する遅延損害金に係る債権は、飽くまでも債務者の**履行遅滞**を理由とする損害賠償債権であるから、遅延損害金を債務者に支払わせることとしている目的は、遺族補償年金の目的とは明らかに異なるものであって、遺族補償年金による**填補**の対象となる損害が、遅延損害金と**同性質**であるということも、**相互補完性**があるということもできない。

　したがって、被害者が**不法行為**によって死亡した場合において、その損害賠償請求権を取得した相続人が遺族補償年金の支給を受け、または支給を受けることが確定したときは、損害賠償額を算定するに当たり、上記の遺族補償年金につき、その**填補**の対象となる**被扶養利益**の喪失による損害と**同性質**であり、かつ、**相互補完性**を有する**逸失利益等**の消極損害の**元本**との間で、**損益相殺的**な調整を行うべきものと解するのが相当である。

　　[……中略……]

　以上によれば、被害者が**不法行為**によって死亡した場合において、その損害賠償請求権を取得した相続人が遺族補償年金の支給を受け、または支給を受けることが確定したときは、制度の予定するところと異なってその支給が著しく遅滞するなどの特段の事情のない限り、その**填補**の対象となる損害は**不法行為の時**に**填補**されたものと法的に評価して**損益相殺的**な調整をすることが**公平の見地**からみて相当であるというべきである。

解　説

　なお、損害賠償額について、遺族補償年金の支給分を損害賠償の元本から先に差し引いて計算する場合と、遅延損害金から差し引く場合とで計算比較すると、元本から先に差し引く場合の方が金額は小さくなります。

確認問題

Q1 労働者が使用者の不法行為によって死亡し、その損害賠償請求権を取得した相続人が遺族補償年金の支給を受けることが確定したときは、損害賠償額を算定するにあたり、当該遺族補償年金の填補の対象となる損害は、特段の事情のない限り、不法行為の時に填補されたものと法的に評価して、損益相殺的な調整をすることが相当であるとするのが、最高裁判所の判例の趣旨である。（H29-6B）

Q2 労災保険法に基づく保険給付は、特定の損害について必要額を填補するために支給されるものであり、遺族補償年金は、労働者の死亡による遺族の被扶養利益の喪失を填補することを目的とするものであるが、その填補の対象とする損害は、被害者の死亡による逸失利益等の消極損害と性質が異なり、相互補完性はないものと解されるとするのが、最高裁判所の判例である。

A 1　○
　　2　×　填補の対象とする損害は、被害者の死亡による逸失利益等の消極損害と同性質であり、かつ、相互補完性があるものと解されるとするのが、最高裁判所の判例である。

労災保険法関係

109

52 行橋労基署長(テイクロ九州)事件 (最判第2小平28.7.8)

労働災害と業務遂行性

事案

Xは、親会社からA社に出向し、同社の工場で、営業企画等の業務を担当していた。

ある日、社長業務を代行していた部長の提案により、中国人研修生と従業員との親睦を図る目的で歓送迎会が開催されることとなり、Xにも声が掛けられたが、Xは不参加の回答をした。

歓送迎会当日、Xは部長から歓送迎会に参加するよう再び声を掛けられたものの、資料の提出期限が歓送迎会の翌日に迫っていたため、参加できない旨を伝えた。

しかし、部長から歓送迎会に参加してほしい旨の強い意向を示されたため、歓送迎会の開始後、Xは、工場において資料を作成していたが、その作業を一時中断し、A社の所有する自動車を運転して移動し、途中から歓送迎会に参加した。

歓送迎会の終了後、Xは、当初は部長が送る予定であった研修生たちをアパートまで送った後に工場に戻るため、研修生たちを同乗させて自動車を運転し、アパートに向かう途中、対向車線を進行中の大型貨物自動車と衝突する交通事故に遭い死亡した。

このため、Xの妻は、Y労働基準監督署長に対し、労働者災害補償保険法に基づく遺族補償給付及び葬祭料の支給を請求したが、Xの死亡が業務上の事由によるものに当たらないことを理由に、これらを支給しない旨の決定をしたため、この取消しを求めて訴えた。

争点・結論

争 点	歓送迎会参加後の死亡事故は、業務遂行性があれば業務災害となるか。
結 論	なる。

POINT 労働者の負傷、疾病、障害又は死亡(以下「災害」という。)が労働者災害補償保険法に基づく業務災害に関する保険給付の対象となるには、それが業務上の事由によるものであることを要するところ、そのための要件の一つとして、労働者が労働契約に基づき事業主の支配下にある状態において当該災害が発生したことが必要である。

判 旨

労働者の負傷、疾病、障害又は死亡（以下「災害」という。）が労働者災害補償保険法に基づく業務災害に関する保険給付の対象となるには、それが**業務上の事由**によるものであることを要するところ、そのための要件の一つとして、労働者が**労働契約**に基づき**事業主の支配下**にある状態において当該災害が発生したことが必要であると解するのが相当である

［……中略……］

以上の諸事情を総合すれば、Xは、A社により、その**事業活動に密接に関連**するものである歓送迎会に参加しないわけにはいかない状況に置かれ、工場における自己の業務を一時中断してこれに途中参加することになり、歓送迎会の終了後に当該業務を再開するためA社の所有する自動車を運転して工場に戻るに当たり、併せて部長に代わり研修生らをアパートまで送っていた際に事故に遭ったものということができるから、歓送迎会が事業場外で開催され、アルコール飲料も供されたものであり、研修生らをアパートまで送ることが部長らの明示的な指示を受けてされたものとはうかがわれないこと等を考慮しても、Xは、事故の際、なおA社の**支配下**にあったというべきである。

また、事故によるXの死亡と上記の運転行為との間に**相当因果関係**の存在を肯定することができることも明らかである。

以上によれば、事故によるXの死亡は、労働者災害補償保険法1条、12条の8第2項、労働基準法79条、80条所定の**業務上の事由**による災害に当たるというべきである。

解 説

業務遂行性とは、労働者が労働契約に基づいて事業主の支配下にある状態をいいます。

なお、原審では、歓送迎会は、従業員有志による私的な会合で、Xが途中参加し、送迎のために任意に行った運転行為が事業主の支配下にある状態でされたものとは認められないとして、業務遂行性が否定されていましたが、最高裁判所では業務遂行性が認められています。

確認問題

Q 労働者は、会社により、その　A　ものである歓送迎会に参加しないわけにはいかない状況に置かれ、工場における自己の業務を一時中断してこれに途中参加することになり、歓送迎会の終了後に当該業務を再開するため会社の所有する自動車を運転して工場に戻るに当たり、併せて部長に代わり研修生らをアパートまで送っていた際に事故に遭ったものということができるから、歓送迎会が事業場外で開催され、アルコール飲料も供されたものであり、研修生らをアパートまで送ることが部長らの明示的な指示を受けてされたものとはうかがわれないこと等を考慮しても、労働者は、事故の際、なお　B　にあったというべきである。

A A．事業活動に密接に関連する　B．会社の支配下

労災保険法関係

111

53 東芝うつ病事件 （最判第2小平26.3.24）

精神的健康と安全配慮義務

過去問 H27-一般2B

事 案

電気機械器具製造会社のＹ社の職員であるＸは、製造ラインを短期間で立ち上げるプロジェクトの一工程において、初めてリーダーになるという相応の精神的負荷を伴う職責を担うなど、Ｘの業務の負担は相当過重なものとなり、体調が悪化しうつ病により長期間欠勤等をした。

Ｘは、Ｙ社の実施する時間外超過者健康診断を受診していたが、自身の神経科医院への通院、その診断に係る病名、神経症に適応のある薬剤の処方等の情報を上司や産業医等に申告しなかった。

そこで、Ｙ社は、Ｘにも過失（責任）があるため、安全配慮義務違反等に基づく損害賠償の額を定めるに当たり、過失相殺（減額）できるのではないかと主張して訴えた。

争点・結論

争 点	労働者が自らの精神的健康に関する情報を使用者に申告しなかったことを過失として安全配慮義務違反に基づく損害賠償請求権と相殺できるか。
結 論	できない。

 POINT 労働者にとって過重な業務が続く中で、その体調の悪化が看取される場合には、精神的健康に関する情報については労働者本人からの積極的な申告が期待し難いことを前提とした上で、労働者の心身の健康への配慮に努める必要があるものというべきである。

判 旨

本件の業務の過程において、ＸがＹ社に申告しなかった自らの**精神的健康**（いわゆるメンタルヘルス）に関する情報は、神経科の医院への通院、その診断に係る病名、神経症に適応のある薬剤の処方等を内容とするもので、労働者にとって、**自己のプライバシー**に属する情報であり、人事考課等に影響し得る事柄として通常は職場において**知られることなく就労を継続**しようとすることが想定される性質の情報であったといえる。

使用者は、必ずしも労働者からの申告がなくても、その**健康に関わる労働環境等**に十分な注

意を払うべき**安全配慮義務**を負っているところ、上記のように労働者にとって**過重な業務**が続く中でその**体調の悪化が看取**される場合には、上記のような情報については労働者本人からの**積極的な申告が期待し難い**ことを前提とした上で、必要に応じてその**業務を軽減**するなど労働者の**心身の健康への配慮に努める必要がある**ものというべきである。

また、本件においては、**過重な業務**が続く中で、Xは、時間外超過者健康診断において自覚症状として頭痛、めまい、不眠等を申告し、同僚から見ても体調が悪い様子で仕事を円滑に行えるようには見えず、その後は、頭痛等の体調不良が原因であることを上司に伝えた上で1週間以上を含む相当の日数の欠勤を繰り返して予定されていた重要な会議を欠席し、その前後には上司に対してそれまでしたことのない**業務の軽減**の申出を行い、従業員の健康管理等につきY社に勧告し得る**産業医**に対しても上記欠勤の事実等を伝えている。

さらに、定期健康診断の問診でもいつもより気が重くて憂鬱になる等の多数の項目の症状を申告するなどしていたものである。このように、**過重な業務**が続く中で、Xは、上記のとおり体調が不良であることをY社に伝えて相当の日数の欠勤を繰り返し、**業務の軽減**の申出をするなどしていたものであるから、Y社としては、そのような状態が**過重な業務**によって生じていることを認識し得る状況にあり、その状態の悪化を防ぐためにXの**業務の軽減**をするなどの措置を執ることは可能であったというべきである。

これらの諸事情に鑑みると、Y社がXに対し上記の措置を執らずに本件鬱病が発症し増悪したことについて、XがY社に対して上記の**情報を申告**しなかったことを重視するのは相当でなく、これをXの**責めに帰すべきもの**ということはできない。

解説

なお、Xは、入社以来長年にわたり特段の支障なく勤務を継続しており、通常想定される範囲を外れる個体側のぜい弱性などの特性等を有していたことをうかがわせるに足りる事情があるということはできないと判例ではされています。

関連条文

（労働者の安全への配慮）労働契約法第5条
使用者は、労働契約に伴い、労働者がその生命、身体等の安全を確保しつつ労働することができるよう、必要な配慮をするものとする。

確認問題

Q 使用者は、労働者にとって過重な業務が続く中でその体調の悪化が看取される場合には、神経科の医院への通院、その診断に係る病名、神経症に適応のある薬剤の処方など労働者の精神的健康に関する情報については労働者本人からの積極的な申告が期待し難いことを前提とした上で、必要に応じてその業務を軽減するなど労働者の心身の健康への配慮に努める必要があるものというべきであるとするのが、最高裁判所の判例である。（H27-2B）

A ○

労働契約法関係

113

54 陸上自衛隊八戸車両整備工場事件 （最判第3小昭50.2.25）

安全配慮義務の定義

事　案

陸上自衛隊員であったAは、自衛隊内の車両整備工場で車両の整備等の業務に就いていた。

ある日、Aが車両の整備中に、後退してきた大型トラックの後部車輪で頭部をひかれて死亡した事故が発生した。

これに対し、Aの両親であるXたちは、国に対し、国は使用者として、自衛隊員の服務について、その生命に危険が生じないように注意し、人的物的環境

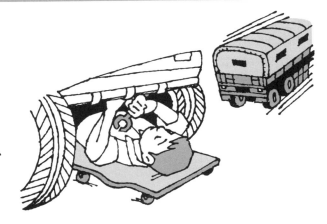

を整備し、隊員の安全管理に万全を期すべき義務を負うにもかかわらず、これを怠ったとして、債務不履行に基づく損害賠償を求めて訴えた。

争点・結論

争　点	国（使用者）は、公務員（労働者）に対し安全配慮義務を負い、これを尽くすことが必要か。
結　論	必要である。

POINT　安全配慮義務は、ある法律関係に基づいて特別な社会的接触の関係に入った当事者間において、当該法律関係の付随義務として当事者の一方または双方が相手方に対して信義則上負う義務として一般的に認められるべきものであって、国と公務員との間においても別異に解すべき論拠はなく、公務員が前記の義務を安んじて誠実に履行するためには、国が、公務員に対し安全配慮義務を負い、これを尽くすことが必要不可欠である。

判　旨

思うに、国と国家公務員（以下「公務員」という。）との間における主要な義務として、法は、公務員が職務に専念すべき義務ならびに法令および上司の命令に従うべき義務を負い、国がこれに対応して公務員に対し給与支払義務を負うことを定めているが、国の義務は右の給付義務にとどまらず、国は、公務員に対し、国が公務遂行のために設置すべき**場所**、**施設**もしくは**器具**等の**設置管理**または公務員が国もしくは上司の指示のもとに遂行する公務の管理にあ

たって、公務員の**生命**および**健康**等を**危険**から**保護**するよう**配慮すべき義務**（以下「**安全配慮義務**」という。）を負っているものと解すべきである。

　もとより、右の**安全配慮義務**の具体的内容は、公務員の職種、地位および**安全配慮義務**が問題となる当該具体的状況等によって異なるべきものであり、自衛隊員の場合にあっては、更に当該勤務が通常の作業時、訓練時、防衛出動時、治安出動時または災害派遣時のいずれにおけるものであるか等によっても異なりうべきものであるが、国が、不法行為規範のもとにおいて私人に対しその**生命**、**健康**等を保護すべき義務を負っているほかは、いかなる場合においても公務員に対し**安全配慮義務**を負うものではないと解することはできない。

　けだし、右のような**安全配慮義務**は、ある法律関係に基づいて特別な**社会的接触の関係**に入った当事者間において、当該**法律関係の付随義務**として当事者の一方または双方が相手方に対して**信義則上負う義務**として一般的に認められるべきものであって、国と公務員との間においても別異に解すべき論拠はなく、公務員が前記の義務を安んじて誠実に履行するためには、国が、公務員に対し**安全配慮義務**を負い、これを尽くすことが必要不可欠である。

　また、国家公務員法およびこれに基づく国家公務員災害補償法ならびに防衛庁職員給与法等の災害補償制度も国が公務員に対し**安全配慮義務**を負うことを当然の前提とし、この義務が尽くされたとしてもなお発生すべき公務災害に対処するために設けられたものと解されるからである。

解　説

　この判例は、使用者側の安全配慮義務を認めた最初の最高裁判所の判例で、労働契約法5条の参考となった判例の一つです。

　なお、通常の場合、労働者は、使用者の指定した場所に配置され、使用者の供給する設備、器具等を用いて労働に従事するものであることから、判例において、労働契約の内容として具体的に定めずとも、労働契約に伴い信義則上当然に、使用者は、労働者を危険から保護するよう配慮すべき安全配慮義務を負っているものとされています。しかし、これは民法等の規定からは明らかになっていないところです。

　このため、労働契約法第5条において、使用者は当然に安全配慮義務を負うことが規定されています。

確認問題

Q1　安全配慮義務は、ある法律関係に基づいて特別な社会的接触の関係に入った当事者間において、当該法律関係の付随義務として当事者の一方または双方が相手方に対して信義則上負う義務として一般的に認められるべきものであるとするのが、最高裁判所の判例である。

Q2　最高裁判所の判例では、国と公務員との間における主要な義務として、法は、公務員が職務に専念すべき義務ならびに法令および上司の命令に従うべき義務を負い、国がこれに対応して公務員に対し給与支払義務を負うことを定めているが、国の義務は右の給付義務にとどまらず、公務員の　　A　　するよう配慮すべき義務（「　　B　　」という。）を負っているものと解すべきであるとされている。

A　1　○
　　　2　A．生命および健康等を危険から保護　B．安全配慮義務

労働契約法関係

115

55 宿直中の安全配慮義務
川義事件（最判第3小昭59.4.10）

事案

Y社の従業員であった新入社員のAが宿直勤務中にY社の元従業員が訪れ侵入してきた。その際、Aは、冷たい態度を示し、退去を促したため、元従業員は立腹し、さらに、商品を盗もうとしていたことがAにばれていることが分かると元従業員はAを殺害した。

このため、Aの両親であるXたちは、Y社の安全配慮義務違反でAが殺害されたとして、損害賠償の請求を訴えた。

争点・結論

争点	使用者は、労働契約に特段の根拠規定がなくとも、労働契約上の付随的義務として当然に安全配慮義務を負うか。
結論	負う。

POINT　労働契約は、労働者の労務提供と使用者の報酬支払をその基本内容とする双務有償契約である。しかし、使用者は、報酬支払義務にとどまらず、労働者が労務提供のため設置する場所、設備もしくは器具等を使用しまたは使用者の指示のもとに労務を提供する過程において、労働者の生命および身体等を危険から保護するよう配慮すべき安全配慮義務を負っているものと解するのが相当である。

判旨

雇傭契約は、労働者の労務提供と使用者の報酬支払をその基本内容とする**双務有償契約**であるが、通常の場合、労働者は、使用者の指定した場所に配置され、使用者の供給する設備、器具等を用いて労務の提供を行うものであるから、使用者は、右の報酬支払義務にとどまらず、労働者が労務提供のため設置する**場所**、**設備**もしくは**器具**等を使用しまたは使用者の指示のもとに労務を提供する過程において、労働者の**生命**および**身体**等を危険から保護するよう配慮すべき義務（以下「**安全配慮義務**」という。）を負っているものと解するのが相当である。

もとより、使用者の右**安全配慮義務**の具体的内容は、労働者の**職種**、労務**内容**、労務**提供場所**等**安全配慮義務**が問題となる当該具体的状況等によって異なるべきものであることはいう

までもないが、これを本件の場合に即してみれば、Y社は、A一人に対し24時間の宿直勤務を命じ、宿直勤務の場所を本件社屋内、就寝場所を同社屋1階商品陳列場と指示したのであるから、宿直勤務の場所である本件社屋内に、宿直勤務中に盗賊等が容易に侵入できないような**物的設備**を施し、かつ、万一盗賊が侵入した場合は盗賊から加えられるかも知れない危害を免れることができるような**物的施設**を設けるとともに、これら**物的施設**等を十分に整備することが困難であるときは、宿直員を増員するとか宿直員に対する**安全教育**を十分に行うなどし、もって右**物的施設**等と相まって労働者たるAの**生命、身体等**に危険が及ばないように配慮する義務があったものと解すべきである。

そこで、以上の見地に立って本件をみるに、前記の事実関係からみれば、Y社の本件社屋には、昼夜高価な商品が多数かつ開放的に陳列、保管されていて、休日または夜間には盗賊が侵入するおそれがあったのみならず、当時、Y社では現に商品の紛失事故や盗難が発生したり、不審な電話がしばしばかかってきていたというのである。しかも侵入した盗賊が宿直員に発見されたような場合には宿直員に危害を加えることも**十分予見する**ことができたにもかかわらず、Y社では、盗賊侵入防止のためののぞき窓、インターホン、防犯チェーン等の**物的設備**や侵入した盗賊から危害を免れるために役立つ防犯ベル等の**物的設備**を施さず、また、盗難等の危険を考慮して休日または夜間の宿直員を新入社員一人としないで適宜増員するとか宿直員に対し十分な**安全教育**を施すなどの措置を講じていなかったというのであるから、Y社には、Aに対する前記の**安全配慮義務**の**不履行**があったものといわなければならない。

そして、前記の事実からすると、Y社において前記のような**安全配慮義務**を履行しておれば、本件のようなAの殺害という事故の発生を未然に防止しえたというべきであるから、右事故は、Y社の右**安全配慮義務**の不履行によって発生したものということができ、Y社は、右事故によって被害を被った者に対しその**損害を賠償すべき義務**があるものといわざるをえない。

解 説

この判例は、民間企業の労働者について最高裁判所が初めて安全配慮義務を認めたものとなり、労働契約法5条の参考となった判例のうちの一つです。労働契約に特段の根拠規定がなくとも、労働契約上の付随的義務として当然に、使用者は安全配慮義務を負うことを明らかにし、労働者の職種、労務内容、労務提供場所等の具体的な状況に応じて、必要な配慮をすることが求められています。

確認問題

Q 雇傭契約は、労働者の労務提供と使用者の報酬支払をその基本内容とする　A　であるが、通常の場合、労働者は、使用者の指定した場所に配置され、使用者の供給する設備、器具等を用いて労務の提供を行うものであるから、使用者は、右の報酬支払義務にとどまらず、労働者が労務提供のため設置する場所、設備もしくは器具等を使用しまたは使用者の指示のもとに労務を提供する過程において、労働者の　B　等を危険から保護するよう配慮すべき義務（　C　）を負っているものと解するのが相当であるとするのが、最高裁判所の判例である。

A A. 双務有償契約　B. 生命および身体　C. 安全配慮義務

労働契約法関係

56 電通事件 （最判第2小平12.3.24）

過労による自殺と健康配慮義務

過去問 H16選-安衛D・E、H25-一般1B

事 案

Y社に4月に新入社員として入社したAは、新入社員研修を終え6月にラジオ推進部に配属された。

Aは、11月末頃までは、遅くとも出勤した翌日の4時、5時頃には帰宅していたが、この頃以降は帰宅しない日があるようになった。

ラジオ推進部には、入社2年目にあたる翌年の7月まで新入社員の補充はなく、Aは、心身ともに疲労困ぱいした状態になり、翌月8月に自宅で自殺した。

このため、Aの両親であるXたちは、Y社に損害賠償を求めて訴えた。

深夜まで残業 → 翌日朝から出勤
使用者の配慮は必要？

争点・結論

争 点	使用者は、業務の遂行に伴い、労働者が心身の健康を損なうことがないよう注意する義務を負うか。
結 論	負う。

使用者は、その雇用する労働者に従事させる業務を定めてこれを管理するに際し、業務の遂行に伴う疲労や心理的負荷等が過度に蓄積して労働者の心身の健康を損なうことがないよう注意する義務を負うと解するのが相当であり、使用者に代わって労働者に対し業務上の指揮監督を行う権限を有する者は、使用者の右注意義務の内容に従って、その権限を行使すべきである。

判 旨

労働者が労働日に**長時間**にわたり業務に従事する状況が継続するなどして、疲労や**心理的負荷**等が過度に蓄積すると、労働者の**心身の健康を損なう**危険のあることは、周知のところである。労働基準法は、**労働時間に関する制限**を定め、労働安全衛生法65条の3は、作業の内容等を特に限定することなく、同法所定の事業者は労働者の**健康に配慮**して労働者の**従事する作業**を**適切に管理**するように努めるべき旨を定めているが、それは、右のような危険が発生するのを防止することをも目的とするものと解される。

これらのことからすれば、<u>使用者は、その雇用する労働者に従事させる業務を定めてこれを</u>

管理するに際し、業務の遂行に伴う疲労や**心理的負荷**等が過度に蓄積して労働者の**心身の健康を損なう**ことがないよう**注意する義務を負う**と解するのが相当であり、使用者に代わって労働者に対し業務上の**指揮監督**を行う権限を有する者は、使用者の右**注意義務**の内容に従って、その権限を行使すべきである。

　［……中略……］　身体に対する加害行為を原因とする被害者の損害賠償請求において、**裁判所**は、加害者の賠償すべき額を決定するに当たり、損害を**公平に分担**させるという損害賠償法の理念に照らし、民法722条2項の**過失相殺**の規定を**類推適用**して、損害の発生または拡大に寄与した**被害者の性格等**の**心因的要因**を一定の限度でしんしゃくすることができる。この趣旨は、労働者の**業務の負担が過重**であることを原因とする損害賠償請求においても、基本的に同様に解すべきものである。

　しかしながら、企業等に雇用される**労働者の性格が多様**のものであることはいうまでもないところ、ある業務に従事する特定の労働者の性格が同種の業務に従事する労働者の**個性の多様さ**として通常想定される範囲を外れるものでない限り、その**性格**およびこれに基づく**業務遂行の態様**等が**業務の過重負担**に起因して当該労働者に生じた損害の発生または拡大に寄与したとしても、そのような事態は使用者として予想すべきものということができる。

　しかも、使用者またはこれに代わって労働者に対し業務上の**指揮監督**を行う者は、各労働者がその従事すべき業務に適するか否かを判断して、その配置先、遂行すべき業務の内容等を定めるのであり、その際に、**各労働者の性格**をも考慮することができるのである。

　したがって、**労働者の性格**が前記の範囲を外れるものでない場合には、**裁判所**は、**業務の負担が過重**であることを原因とする損害賠償請求において使用者の賠償すべき額を決定するに当たり、その**性格**およびこれに基づく**業務遂行の態様**等を、**心因的要因**としてしんしゃくすることはできないというべきである。

解　説

　この判例では、Y社においては、従業員が長時間にわたり残業を行うことが恒常的に見られ、36協定上の上限を超える残業時間を申告する者も存在して、労働組合との間の協議の席等において問題とされ、さらに、残業時間については、従業員が現に行ったところよりも少なく申告することも常態化していたとされています。

確認問題

Q いわゆる過労自殺に関する最高裁判所のある判決によれば、「労働者が労働日に長時間にわたり業務に従事する状況が継続するなどして、疲労や心理的負荷等が過度に蓄積すると、労働者の心身の健康を損なう危険のあることは、周知のところである。労働基準法は、労働時間に関する制限を定め、労働安全衛生法65条の3は、作業の内容等を特に限定することなく、同法所定の事業者は労働者の健康に配慮して労働者　　A　　を適切に　　B　　するように努めるべき旨を定めているが、それは、右のような危険が発生するのを防止することをも目的とするものと解される。」と述べられている。（H16選-D・E）

A A．の従事する作業　B．管理

労働契約法関係

119

57 福原学園事件 (最判第1小平28.12.1)

無期労働契約への転換

事案

　Xは、Y学園との間で契約期間を1年間とする有期労働契約を締結して短期大学の教員として勤務していた。

　Y学園の契約職員規程では、雇用期間は、3年を限度に更新することがあり、また、契約職員のうち、勤務成績を考慮して、Y学園がその者の任用を必要と認め、当該者が希望した場合は、契約期間が満了するときに、期間の定めのない職種に異動（無期転換）することができると定められていた。

　しかし、Xは、最初の契約期間1年が経過した時点（平成24年3月末）で雇止めとなったため、その雇止めは許されないものであると主張した。なお、訴訟が長期化したため、その訴訟係属中に、Y学園は、2年目と3年目に予備的な雇止め（平成25年3月末、平成26年3月末いずれも更新せず、無期転換しない趣旨）を行っていた。

争点・結論

争点	使用者が必要であると認めた場合に有期労働契約から無期労働契約へ転換することが明確に定められ、労働者も十分に認識しているときの転換は、使用者の判断に委ねられるか。
結論	委ねられる。

　有期労働契約の満了時に労働契約を期間の定めのないものとすることができるのは、勤務成績を考慮して使用者が必要であると認めた場合である旨が明確に定められ、労働者もこのことを十分に認識しているとき、その労働契約が期間の定めのないものとなるか否かについては、使用者の判断に委ねられているというべきである。

判旨

　本件労働契約は、期間1年の**有期労働契約**として締結されたものであるところ、その内容となる本件規程には、**契約期間の更新限度**が3年であり、その満了時に労働契約を期間の定めのないものとすることができるのは、これを希望する契約職員の勤務成績を考慮してY学園が**必要であると認めた場合**である旨が明確に定められていたのであり、Xもこのことを**十分に認識**

した上で本件労働契約を締結したものとみることができる。

　上記のような本件労働契約の定めに加え、Xが大学の教員としてY学園に雇用された者であり、大学の教員の雇用については一般に**流動性**のあることが想定されていることや、Y学園の運営する三つの大学において、3年の**更新限度期間**の満了後に労働契約が期間の定めのないものとならなかった契約職員も複数に上っていたことに照らせば、本件労働契約が期間の定めのないものとなるか否かは、Xの勤務成績を考慮して行うY学園の判断に委ねられているものというべきであり、本件労働契約が3年の**更新限度期間**の満了時に当然に**無期労働契約**となることを内容とするものであったと解することはできない。

解　説

　なお、この判例では、有期労働契約の期間の定めのない労働契約への転換について定める労働契約法18条の要件を満たしていないことも明らかであり、他に、事実関係の下において、労働契約が期間の定めのないものとなったと解すべき事情を見いだすことはできない状況であったとされています。

関連条文

（労働契約の成立）労働契約法第6条
　労働契約は、労働者が使用者に使用されて労働し、使用者がこれに対して賃金を支払うことについて、労働者および使用者が合意することによって成立する。

（有期労働契約の期間の定めのない労働契約への転換）労働契約法第18条
　同一の使用者との間で締結された二以上の有期労働契約（契約期間の始期の到来前のものを除く。以下同じ。）の契約期間を通算した期間（通算契約期間）が5年を超える労働者が、当該使用者に対し、現に締結している有期労働契約の契約期間が満了する日までの間に、当該満了する日の翌日から労務が提供される期間の定めのない労働契約の締結の申込みをしたときは、使用者は当該申込みを承諾したものとみなす。この場合において、当該申込みに係る期間の定めのない労働契約の内容である労働条件は、現に締結している有期労働契約の内容である労働条件（契約期間を除く。）と同一の労働条件（当該労働条件（契約期間を除く。）について別段の定めがある部分を除く。）とする。

確認問題

Q 契約期間の更新限度が3年であり、その満了時に労働契約を期間の定めのないものとすることができるのは、これを希望する契約職員の勤務成績を考慮して使用者が必要であると認めた場合である旨が明確に定められており、労働者もこのことを十分に認識した上で労働契約を締結したものとみることができるときに、この労働契約が期間の定めのないものとなるか否かは、労働者の勤務成績を考慮して行う使用者の判断に委ねられるとするのが、最高裁判所の判例である。

A ○

労働契約法関係

58 日本郵便事件（最判第2小平30.9.14）

上限年齢での雇止め

事案

Y社は、平成19年10月の郵政民営化に関連して発足した会社であり、Xたちは、Y社と期間雇用社員として有期労働契約を締結し、その後、7回から9回契約を更新していた。

Y社の期間雇用社員就業規則には、「会社の都合による特別な場合のほかは、満65歳に達した日以後における最初の雇用契約期間の満了の日が到来したときは、それ以後、雇用契約を更新しない。」と上限条項が定められていたが、郵政民営化前の公社の規程等には、このような規程は定められていなかった。

そして、Y社は、Xたちを含む期間雇用社員に、上限条項を適用して雇止めを行ったが、Xたちは、雇止めは無効であると主張し訴えた。

争点・結論

争 点	就業規則において、上限年齢に達したときは雇用契約を更新しない旨を定め、それを周知させていた場合、上限年齢による雇止めはできるか。
結 論	できる。

POINT 労働者および使用者が労働契約を締結する場合において、使用者が合理的な労働条件が定められている就業規則を労働者に周知させていた場合には、当該労働条件は、当該労働契約の内容になる。

判旨

労働者および使用者が労働契約を締結する場合において、使用者が**合理的な労働条件**が定められている**就業規則**を労働者に**周知**させていた場合には、当該労働条件は、当該**労働契約の内容になる**（労働契約法7条）。

本件上限条項は、期間雇用社員が屋外業務等に従事しており、高齢の期間雇用社員について契約更新を重ねた場合に事故等が懸念されること等を考慮して定められたものであるところ、高齢の期間雇用社員について、屋外業務等に対する適性が加齢により逓減し得ることを前提に、

その雇用管理の方法を定めることが**不合理**であるということはできず、Y社の事業規模等に照らしても、加齢による影響の有無や程度を労働者ごとに検討して有期労働契約の更新の可否を個別に判断するのではなく、一定の年齢に達した場合には契約を更新しない旨をあらかじめ**就業規則に定めておく**ことには相応の**合理性**がある。

　そして、高年齢者等の雇用の安定等に関する法律は、定年を定める場合には**60歳**を下回ることができないとした上で、**65歳**までの雇用を確保する措置を講ずべきことを事業主に義務付けているが、本件上限条項の内容は、同法に抵触するものではない。

　［……中略……］

　これらの事情に照らせば、本件上限条項は、Y社の期間雇用社員について、労働契約法7条にいう**合理的な労働条件**を定めるものであるということができる。

　［……中略……］

　本件各雇止めは、本件上限条項により本件各有期労働契約を更新しないというものであるところ、XらとY社との間の各有期労働契約は6回から9回更新されているが、上記のとおり、本件上限条項の定める労働条件が**労働契約の内容**になっており、Xらは、本件各雇止めの時点において、いずれも満65歳に達していたのであるから、本件各有期労働契約は、更新されることなく**期間満了によって終了**することが予定されたものであったというべきである。

　これらの事情に照らせば、XらとY社との間の各有期労働契約は、本件各雇止めの時点において、実質的に**無期労働契約**と**同視し得る状態**にあったということはできない。

　また、前記事実関係等によれば、本件上限条項については、あらかじめ労働者に**周知**させる措置がとられていたほか、［……中略……］そうすると、本件の事実関係の下においては、Xらにつき、本件各雇止めの時点において、本件各有期労働契約の期間満了後もその雇用関係が継続されるものと**期待**することに**合理的な理由**があったということはできない。

　したがって、本件各雇止めは適法であり、本件各有期労働契約は**期間満了によって終了**したものというべきである。

解　説

　一般的に、個別に締結される労働契約では詳細な労働条件は定められず、就業規則によって統一的に労働条件を設定することが広く行われていますが、就業規則で定める労働条件と個別の労働者の労働契約の内容である労働条件との法的関係については、法令上必ずしも明らかではないため、労働契約法7条で、就業規則と労働契約との法的関係についての規定がされています。

確認問題

Q 労働者および使用者が労働契約を締結する場合において、使用者が合理的な労働条件が定められている就業規則を労働者に周知させていなくとも、労働契約の内容は、その就業規則で定める労働条件によるものとする。

A　×　使用者が合理的な労働条件が定められている就業規則を労働者に周知させていた場合に、労働契約の内容は、その就業規則で定める労働条件によるものとなる。

労働契約法関係

59 山梨県民信用組合事件（最判第2小平28.2.19）

不利益変更の同意

過去問　H29-一般1B

事案

Xたちが勤務していたA社は、経営破綻を回避するために、Y社に吸収合併されることとなり、退職金の規程（旧規程）の見直しがされた。

合併後の新規程での退職金については、計算の基礎給与額が2分の1となり、基礎給与額に乗じる支給倍数に上限が付けられるなどの変更があった。

また、退職金総額から厚生年金給付額や企業年金還付額を控除するという内枠方式について、従前のとおり行われる規程であったため、新規程により支給される退職金は、旧規程により支給される額と比べて著しく低いものとなったが、Xたちは、これらの変更などについて、同意書に署名押印した。これらのことなどにより、Xたちは退職時に退職金が0円となるなどの不利益を受けたため、旧規程での退職金の支払いを求めて訴えた。

争点・結論

争点	賃金や退職金に関する労働条件の変更に対する労働者の同意の有無については、当該行為が労働者の自由な意思に基づいてされたものか否かは問わず、変更を受け入れる旨の労働者の行為の有無だけで足りるか。
結論	足りない。

POINT　就業規則に定められた賃金や退職金に関する労働条件の変更に対する労働者の同意の有無については、当該変更を受け入れる旨の労働者の行為の有無だけでなく、当該変更により労働者にもたらされる不利益の内容および程度、労働者により当該行為がされるに至った経緯およびその態様、当該行為に先立つ労働者への情報提供または説明の内容等に照らして、当該行為が労働者の自由な意思に基づいてされたものと認めるに足りる合理的な理由が客観的に存在するか否かという観点からも、判断されるべきものと解するのが相当である。

判旨

労働契約の内容である労働条件は、労働者と使用者との**個別の合意**によって変更することが

できるものであり、このことは、就業規則に定められている労働条件を労働者の**不利益に変更**する場合であっても、その合意に際して就業規則の変更が必要とされることを除き、異なるものではないと解される。

　もっとも、使用者が提示した労働条件の変更が賃金や退職金に関するものである場合には、当該変更を受け入れる旨の**労働者の行為**があるとしても、労働者が使用者に使用されてその**指揮命令**に服すべき立場に置かれており、自らの**意思決定**の基礎となる情報を収集する能力にも限界があることに照らせば、当該行為をもって直ちに**労働者の同意**があったものとみるのは相当でなく、当該変更に対する**労働者の同意**の有無についての判断は慎重にされるべきである。

　そうすると、就業規則に定められた賃金や退職金に関する労働条件の変更に対する**労働者の同意**の有無については、当該変更を受け入れる旨の**労働者の行為**の有無だけでなく、当該変更により労働者にもたらされる**不利益の内容**および**程度**、労働者により当該行為がされるに至った**経緯**およびその**態様**、当該行為に先立つ労働者への**情報提供**または**説明**の内容等に照らして、当該行為が労働者の**自由な意思**に基づいてされたものと認めるに足りる**合理的な理由**が**客観的に存在する**か否かという観点からも、判断されるべきものと解するのが相当である。

　［……中略……］

　上記のような本件基準変更による**不利益の内容**等および本件同意書への署名押印に至った**経緯**等を踏まえると、管理職Ｘらが本件基準変更への同意をするか否かについて自ら検討し判断するために必要十分な情報を与えられていたというためには、同人らに対し、旧規程の支給基準を変更する必要性等についての**情報提供**や**説明**がされるだけでは足りず、自己都合退職の場合には支給される退職金額が０円となる可能性が高くなることや、Ｙ社の従前からの職員に係る支給基準との関係でも上記の同意書案の記載と異なり**著しく均衡を欠く**結果となることなど、本件基準変更により管理職Ｘらに対する退職金の支給につき生ずる具体的な**不利益の内容**や**程度**についても、**情報提供**や**説明**がされる必要があったというべきである。

解　説

　なお、この判例では、Ａ社の常務理事や監事らは、管理職Ｘたちを含む20名の管理職員に対し、同意書を示し、これに同意しないと合併を実現することができないなどと告げて本件同意書への署名押印を求め、上記の管理職員全員がこれに応じて署名押印をした経緯もあったこととされています。

確認問題

Ｑ　「労働契約の内容である労働条件は、労働者と使用者との個別の合意によって変更することができるものであるが、就業規則に定められている労働条件に関する条項を労働者の不利益に変更する場合には、労働者と使用者との個別の合意によって変更することはできない。」とするのが、最高裁判所の判例である。（29-1B）

A　×　労働者の不利益に変更する場合であっても、その合意に際して就業規則の変更が必要とされることを除き、異なるものではないとするのが、最高裁判所の判例である。

60 第四銀行事件 （最判第2小平9.2.28）

就業規則変更の合理性

過去問 H25-一般1D

事案

Y銀行では、職員の定年は55歳とされており、その後3年間を限度とする定年後在職制度があったが、Y銀行は、就業規則を変更して55歳から60歳への定年延長を行った。

Xは、この変更により従前の58歳までの定年後在職制度の下で期待することができた賃金を60歳まで勤務しなければ得られなくなるなど、既得権を侵害され、労働条件に実質的な不利益を被ることに至ったとして、この就業規則の不利益変更について効力が生じないと訴えた。

争点・結論

争点	就業規則の作成または変更によって労働者の既得の権利を奪い、労働者に不利益な労働条件が課された場合に、個々の労働者において、これに同意しないことを理由として、その適用を拒むことはできるか。
結論	できない。

 労働条件の集合的処理、特にその統一的かつ画一的な決定を建前とする就業規則の性質からいって、当該規則条項が合理的なものである限り、個々の労働者において、これに同意しないことを理由として、その適用を拒むことは許されない

判旨

新たな**就業規則**の作成または変更によって労働者の**既得の権利**を奪い、労働者に**不利益な労働条件**を一方的に課することは、原則として許されないが、**労働条件**の**集合的処理**、特にその**統一的**かつ**画一的**な決定を建前とする**就業規則**の性質からいって、当該規則条項が**合理的**なものである限り、**個々の労働者**において、これに**同意しない**ことを理由として、その適用を拒むことは許されない。

そして、右にいう当該規則条項が合理的なものであるとは、当該**就業規則**の作成または変更が、その**必要性**および**内容**の両面からみて、それによって労働者が被ることになる**不利益の程度を考慮**しても、なお当該労使関係における当該条項の**法的規範性**を是認することができるだ

けの**合理性を有するもの**であることをいい、特に、**賃金、退職金**など労働者にとって**重要な権利、労働条件**に関し**実質的な不利益**を及ぼす**就業規則**の作成または変更については、当該条項が、そのような**不利益を労働者に法的に受忍させる**ことを**許容**することができるだけの**高度の必要性**に基づいた**合理的な内容**のものである場合において、その**効力を生ずる**ものというべきである。

右の**合理性**の有無は、具体的には、**就業規則**の変更によって労働者が被る**不利益の程度**、使用者側の**変更の必要性の内容・程度**、変更後の**就業規則の内容自体の相当性**、**代償措置**その他関連する他の**労働条件の改善状況**、**労働組合等との交渉の経緯**、他の労働組合または他の従業員の対応、同種事項に関する我が国**社会における一般的状況等**を総合考慮して判断すべきである。

［……中略……］以上によれば、本件就業規則の変更は、それによる**実質的な不利益**が大きく、55歳まで1年半に迫っていたXにとって、いささか酷な事態を生じさせたことは想像するに難くないが、原審の認定に係るその余の諸事情を総合考慮するならば、なお、そのような**不利益を法的に受忍**させることもやむを得ない程度の**高度の必要性**に基づいた**合理的**な内容のものであると認めることができないものではない。

解　説

なお、変更後の就業規則に基づく55歳以降の労働条件の内容は、55歳定年を60歳に延長した多くの地方銀行の例とほぼ同様の態様であって、その賃金水準も、他行の賃金水準や社会一般の賃金水準と比較して、かなり高いものであったようです。

関連条文

労働契約法第10条

使用者が就業規則の変更により労働条件を変更する場合において、変更後の就業規則を労働者に周知させ、かつ、就業規則の変更が、労働者の受ける不利益の程度、労働条件の変更の必要性、変更後の就業規則の内容の相当性、労働組合等との交渉の状況その他の就業規則の変更に係る事情に照らして合理的なものであるときは、労働契約の内容である労働条件は、当該変更後の就業規則に定めるところによるものとする。

確認問題

Q 使用者が社内の多数労働組合の同意を得て就業規則を変更し、55歳以降の賃金を54歳時よりも引き下げつつ、定年年齢を引き上げた事案について、本件就業規則の変更は、多数労働組合との交渉、合意を経て労働協約を締結した上で行われたものであるから、変更後の就業規則の内容は、労働者の受ける不利益の程度、労働条件の変更の必要性等にかかわらず、労使間の利益調整がされた結果として合理的なものとみなすことができるとするのが最高裁判所の判例である。（H25-1D）

A ✕　就業規則の変更によって労働者が被る不利益の程度、使用者側の変更の必要性の内容・程度、変更後の就業規則の内容自体の相当性などを総合考慮して判断すべきであるとするのが、最高裁判所の判例である。

労働契約法関係

61 みちのく銀行事件 （最判第1小平12.9.7）

就業規則変更の必要性

事案

Y社の人事制度では、年功序列型賃金体系を維持していたが、経営低迷等を理由に専任職制度を創設し、労働組合との合意を得て、55歳以上の職員の基本給を55歳到達直前の額で凍結する変更（第一次変更）が行われた。

その後、2年後には基本給の構成要素である業績給を減額する等の変更（第二次変更）が行われた。

このため、職員であったXたちは、削減された賃金等の支払いを求めて訴えた。

争点・結論

争点	中堅層の労働条件の改善をする代わり55歳以降の賃金水準を大幅に引き下げた賃金体系の変更は、有効か。
結論	無効である。

企業においては、企業体質の改善や経営の一層の効率化、合理化をする必要に迫られ、賃金の低下を含む労働条件の変更をせざるを得ない事態となることがあり、そのような就業規則の変更も、やむを得ない合理的なものとしてその効力を認めるべきときもあり得る。

しかし、中堅層の労働条件の改善をする代わり55歳以降の賃金水準を大幅に引き下げた賃金体系の変更は、差し迫った必要性に基づく総賃金コストの大幅な削減を図ったものなどではなく、右のような場合に当たらない。

判旨

就業規則条項が**合理的**なものであるとは、当**就業規則**の作成または変更が、その**必要性**および**内容**の両面からみて、それによって労働者が被ることになる**不利益の程度**を考慮しても、なお当該労使関係における当該条項の**法的規範性**を**是認**することができるだけの**合理性を有する**ものであることをいい、特に、**賃金、退職金**など労働者にとって**重要な権利、労働条件**に関し**実質的な不利益**を及ぼす**就業規則**の作成または変更については、当該条項が、そのような**不利益を労働者に法的に受忍**させることを**許容**することができるだけの**高度の必要性**に基づいた**合**

理的な内容のものである場合において、その**効力を生ずる**ものというべきである。

　　［……中略……］

　企業においては、社会情勢や当該企業を取り巻く経営環境等の変化に伴い、企業体質の改善や経営の一層の効率化、合理化をする必要に迫られ、その結果、賃金の低下を含む**労働条件の変更**をせざるを得ない事態となることがあることはいうまでもなく、そのような**就業規則**の変更も、**やむを得ない合理的なもの**としてその効力を認めるべきときもあり得るところである。

　特に、当該企業の存続自体が危ぶまれたり、経営危機による雇用調整が予想されるなどといった状況にあるときは、**労働条件の変更**による人件費抑制の必要性が**極度に高い**上、労働者の被る**不利益**という観点からみても、失職したときのことを思えばなお**受忍**すべきものと判断せざるを得ないことがあるので、各事情の総合考慮の結果次第では、**変更の合理性**があると評価することができる場合があるといわなければならない。

　しかしながら、本件では、前示のとおり、本件**就業規則**等変更を行う経営上の**高度の必要性**が認められるとはいっても、賃金体系の変更は、中堅層の労働条件の改善をする代わり55歳以降の賃金水準を大幅に引き下げたものであって、**差し迫った必要性**に基づく総賃金コストの大幅な削減を図ったものなどではなく、右のような場合に当たらないことは明らかである。

　そうすると、以上に検討したところからすれば、専任職制度の導入に伴う本件**就業規則**等変更は、それによる賃金に対する影響の面からみれば、Ｘらのような高年層の行員に対しては、専ら大きな**不利益**のみを与えるものであって、他の諸事情を勘案しても、変更に同意しないＸらに対しこれを**法的に受忍**させることもやむを得ない程度の**高度の必要性**に基づいた**合理的な内容**のものであるということはできない。

　したがって、本件**就業規則**等変更のうち賃金減額の効果を有する部分は、Ｘらにその効力を及ぼすことができないというべきである。

解　説

　なお、この判例では、職員の約73％を組織する労働組合が第一次変更および第二次変更に同意しています。

　しかし、本件の場合は、Ｘらの被る不利益性の程度や内容を勘案すると、賃金面における変更の合理性を判断する際に労働組合の同意を大きな考慮要素と評価することは相当ではないというべきであるとされています。

確認問題

Q 賃金、退職金など労働者にとって重要な権利、労働条件に関し実質的な不利益を及ぼす就業規則の作成または変更については、当該条項が、そのような不利益を労働者に　　Ａ　　させることを許容することができるだけの　　Ｂ　　に基づいた合理的な内容のものである場合において、その効力を生ずるとするのが、最高裁判所の判例である。

A A.　法的に受忍　　B.　高度の必要性

労働契約法関係

62 大曲市農協事件 （最判第3小昭63.2.16）

不利益変更の代償措置

事案

　Y社は、A社を含む7つの組織が合併したことにより設立された会社であった。

　合併に伴い、他の組織との労働条件の統一を図るため、規程類の改訂が実施されたが、A社に在籍していた職員に関しては、退職金規程の支給倍率の改訂が行われ、率が低減される変更等があった。

　このため、A社から引き続きY社に在籍していたXたちは、低減される前の旧規程での率等で計算された退職金の支払いを求めて訴えた。

争点・結論

争点	労働者に不利益な退職金規程の変更をした場合に、あわせて変更が行われた休日等の有利な取扱いへの変更や、定年の引上げの措置は、代償として行われたものでなくとも退職金規程の変更に合理性があるか否かの判断事情の一つとできるか。
結論	できる。

 　合併後、従前の在職中に比べて、休日・休暇、諸手当、旅費等の面において有利な取扱いを受けるようになり、定年は男子が1年間、女子が3年間延長されているのであって、これらの措置は、退職金の支給倍率の低減に対する直接の見返りないし代償としてとられたものではないとしても、同じく合併に伴う格差是正措置の一環として、新規程への変更と共通の基盤を有するものであるから、新規程への変更に合理性があるか否かの判断に当たって考慮することのできる事情である。

判旨

　当裁判所は、他の判決において、「新たな**就業規則**の作成または変更によって、**既得の権利**を奪い、労働者に**不利益な労働条件**を一方的に課することは、原則として、許されないと解すべきであるが**労働条件の集合的処理**、特にその**統一的かつ画一的**な決定を建前とする**就業規則**の性質からいって、当該規則条項が合理的なものであるかぎり、**個々の労働者**において、これに**同意しない**ことを理由として、その適用を拒否することは許されない」との判断を示した。

右の判断は、現在も維持すべきものであるが、[……中略……]

これを本件についてみるに、まず、新規程への変更によってXらの退職金の支給倍率自体は低減されているものの、反面、Xらの給与額は、本件合併に伴う給与調整等により、合併の際延長された定年退職時までに通常の昇給分を超えて相当程度増額されているのであるから、実際の退職時の基本月俸額に所定の支給倍率を乗じて算定される退職金額としては、支給倍率の低減による見かけほど低下しておらず、**金銭的に評価**しうる**不利益**は、本訴におけるXらの前記各請求額よりもはるかに低額のものであることは明らかであり、新規程への変更によってXらが被った**実質的な不利益**は、仮にあるとしても、決して原判決がいうほど大きなものではないのである。

他方、一般に、従業員の**労働条件**が異なる複数の農協、会社等が合併した場合に、**労働条件の統一的画一的処理**の要請から、旧組織から引き継いだ従業員相互間の**格差を是正**し、単一の**就業規則**を作成、適用しなければならない必要性が高いことはいうまでもないところ、[……中略……]、本件合併に際してその**格差を是正**しないまま放置するならば、合併後のY社の人事管理等の面で著しい支障が生ずることは見やすい道理である。

加えて、本件合併に伴ってX人らに対してとられた給与調整の退職時までの累積額は、賞与および退職金に反映した分を含めると、おおむね本訴におけるXらの前記各請求額程度に達していることを窺うことができ、また、本件合併後、Xらは、旧A社在職中に比べて、休日・休暇、諸手当、旅費等の面において**有利な取扱い**を受けるようになり、定年は男子が1年間、女子が3年間延長されているのであって、これらの措置は、退職金の支給倍率の低減に対する直接の**見返り**ないし**代償**としてとられたものではないとしても、同じく本件合併に伴う**格差是正措置**の一環として、新規程への変更と共通の基盤を有するものであるから、新規程への変更に**合理性**があるか否かの判断に当たって考慮することのできる事情である。

右のような新規程への変更によってXらが被った**不利益の程度、変更の必要性の高さ**、その内容、および関連するその他の**労働条件の改善状況**に照らすと、本件における新規程への変更は、それによってXらが被った**不利益**を考慮しても、なおY社の労使関係においてその**法的規範性を是認**できるだけの**合理性**を有するものといわなければならない。したがって、新規程への変更はXらに対しても効力を生ずるものというべきである。

解 説

なお、この判例の退職金の支給倍率について、格差が生じていた理由は、もともと労働組合等の反対があった旧A社のみが県の組合中央会の指導・勧告に従わなかったことによって生じていたものであるという過去のいきさつがあったようです。

確認問題

Q 従業員の労働条件が異なる複数の会社等が合併した場合に、労働条件の統一的画一的処理の要請から、旧組織から引き継いだ従業員相互間の格差を是正し、単一の就業規則を作成、適用しなければならない必要性が低いことはいうまでもないとするのが、最高裁判所の判例である。

A × 単一の就業規則を作成、適用しなければならない必要性が高いことはいうまでもないとするのが、最高裁判所の判例である。

労働契約法関係

63 東亜ペイント事件 （最判第2小昭61.7.14）

転勤命令と権利濫用

事案

Y社は、大阪に本店、全国に支店、営業所がある会社で、Y社の就業規則には、業務の都合により異動を命ずることがあることが規定されており、営業部員を中心に転勤が行われていた。

Xは、入社後、大阪近辺で営業部員として勤務していたが、広島営業所への転勤の内示について、高齢の母親がいること、妻も仕事を辞めるのは困難であることなどの家庭事情から転勤を拒否した。

このため、Y社は、他の従業員を代わりに赴任させ、その後任としてXに名古屋営業所への転勤を内示したところ、Xは、これも拒否した。

Y社は、Xを説得したが応じないため懲戒解雇に付したことから、Xは、この転勤命令は権利濫用であると主張し訴えた。

争点・結論

争点	労働協約および就業規則には、業務上の都合により従業員に転勤を命ずることができる旨の定めがあり、現に転勤を頻繁に行っている場合に、個別的同意なしに転勤を命じて労務の提供を求めることができるか。
結論	できる。

POINT

使用者は業務上の必要に応じ、その裁量により労働者の勤務場所を決定することができるものというべきである。転勤命令につき業務上の必要性が存しない場合または業務上の必要性が存する場合であっても、当該転勤命令が他の不当な動機・目的をもってなされたものであるとき、もしくは労働者に対し通常甘受すべき程度を著しく超える不利益を負わせるものであるとき等、特段の事情の存する場合でない限りは、当該転勤命令は権利の濫用になるものではない。

判旨

Y社の**労働協約**および**就業規則**には、Y社は**業務上の都合**により従業員に**転勤**を命ずることができる旨の定めがあり、現にY社では、全国に十数か所の営業所等を置き、その間において

従業員、特に営業担当者の**転勤**を頻繁に行っており、Xは大学卒業資格の営業担当者としてY社に入社したもので、両者の間で**労働契約**が成立した際にも勤務地を大阪に限定する旨の合意はなされなかったという前記事情の下においては、Y社は**個別的同意なし**にXの勤務場所を決定し、これに**転勤**を命じて**労務の提供**を求める権限を有するものというべきである。

そして、使用者は<u>業務上の必要</u>に応じ、その**裁量**により労働者の勤務場所を決定することが<u>できるものというべきである</u>が、**転勤**、特に転居を伴う**転勤**は、一般に、労働者の生活関係に少なからぬ影響を与えずにはおかないから、使用者の**転勤命令権**は**無制約に行使**することができるものではなく、これを**濫用することの許されないことはいうまでもないところ、<u>当該**転勤**命令につき**業務上の必要性**が存しない場合または**業務上の必要性**が存する場合であっても、当該**転勤命令**が他の**不当な動機・目的**をもってなされたものであるときもしくは労働者に対し**通常甘受すべき程度を著しく超える不利益を負わせる**ものであるとき等、特段の事情の存する場合でない限りは、当該**転勤命令**は**権利の濫用**</u>になるものではないというべきである。

右の**業務上の必要性**についても、当該転勤先への異動が余人をもっては容易に替え難いといった**高度の必要性**に限定することは相当でなく、労働力の**適正配置**、業務の**能率増進**、労働者の**能力開発**、**勤務意欲の高揚**、**業務運営の円滑化**など企業の合理的運営に寄与する点が認められる限りは、**業務上の必要性**の存在を肯定すべきである。

解　説

なお、Xは、大学卒業の資格で入社し、入社当初から営業を担当していた者で、業務上の必要に基づき将来転勤のあることが当然に予定されていたようです。

関連条文

労働契約法第7条
　労働者および使用者が労働契約を締結する場合において、使用者が合理的な労働条件が定められている就業規則を労働者に周知させていた場合には、労働契約の内容は、その就業規則で定める労働条件によるものとする。

確認問題

Ｑ　就業規則に業務上の都合により従業員に転勤を命ずることができる旨の定めがある場合においては、転勤命令につき業務上の必要性が存しない場合、業務上の必要性が存する場合であっても転勤命令が他の不当な動機・目的をもってなされたものであるとき、または労働者に対し通常甘受すべき程度を著しく超える　　A　　を負わせるものであるとき等、特段の事情の存する場合でない限りは、当該転勤命令は　　B　　になるものではないとするのが、最高裁判所の判例である。

Ａ　A. 不利益　B. 権利の濫用

労働契約法関係

133

64 新日本製鐵事件 （最判第2小平15.4.18）

出向命令と権利濫用

過去問　H28-一般1ウ

事 案

Y社は、製鐵所の構内輸送業務のうち、鉄道輸送部門の一定の業務を協力会社である株式会社A運輸に業務委託することとし、この委託業務に従事していたXたちに3年間のA運輸への在籍出向を命じた。

Xたちの入社時、本件出向命令発令時のY社の就業規則には、業務上の必要性によって社外勤務がある旨が定められており、Xたちに適用される労働協約にも同旨の規定があった。

そして、その労働協約には、社外勤務の定義、出向期間、出向中の社員の地位、賃金、退職金、各種の出向手当、昇格・昇給等の査定その他処遇等に関して出向労働者の利益に配慮した詳細な定めもあった。これに対し、Xたちは、本件の出向命令は無効であると主張し訴えた。

争点・結論

争　点	就業規則、労働協約に在籍出向をさせることがあるという規定があるという事情の下では、個別的同意なしに出向を命ずることができるか。
結　論	できる。

POINT

就業規則には、業務上の必要によって社外勤務をさせることがあるという規定があり、労働協約にも社外勤務条項として同旨の規定がある事情の下においては、その個別的同意なしに、従業員としての地位を維持しながら出向先においてその指揮監督の下に労務を提供することを命ずる出向命令を発令することができる。

判 旨

原審の適法に確定した事実関係等によれば、①本件各**出向命令**は、Y社が製鐵所の構内輸送業務のうち鉄道輸送部門の一定の業務を協力会社である株式会社A運輸（以下「A運輸」という。）に業務委託することに伴い、委託される業務に従事していたXらにいわゆる**在籍出向**を命ずるものであること、②Xらの入社時および本件各**出向命令発令時**のY社の**就業規則**には、「会社は従業員に対し**業務上の必要**によって社外勤務をさせることがある。」という規定があること、③Xらに適用される**労働協約**にも社外勤務条項として同旨の規定があり、**労働協約**であ

る社外勤務協定において、**社外勤務の定義**、**出向期間**、出向中の**社員の地位**、**賃金**、**退職金**、各種の**出向手当**、**昇格・昇給等の査定その他処遇等**に関して**出向労働者**の利益に配慮した**詳細な規定**が設けられていること、という事情がある。

以上のような事情の下においては、Ｙ社は、Ｘらに対し、その**個別的同意なしに**、Ｙ社の従業員としての地位を維持しながら出向先であるＡ運輸においてその**指揮監督の下**に**労務を提供**することを命ずる本件各**出向命令を発令**することができるというべきである。

［……中略……］本件各**出向命令**が**権利の濫用**に当たるかどうかについて、原審の適法に確定した事実関係等によれば、Ｙ社が構内輸送業務のうち鉄道輸送部門の一定の業務をＡ運輸に委託することとした経営判断が**合理性を欠く**ものとはいえず、これに伴い、委託される業務に従事していたＹ社の従業員につき**出向措置**を講ずる必要があったということができ、**出向措置**の対象となる者の**人選基準**には**合理性**があり、**具体的な人選**についてもその**不当性**をうかがわせるような事情はない。

また、本件各**出向命令**によってＸらの労務提供先は変わるものの、その従事する業務内容や勤務場所には何らの変更はなく、上記社外勤務協定による出向中の**社員の地位**、**賃金**、**退職金**、各種の**出向手当**、**昇格・昇給等の査定その他処遇等**に関する規定等を勘案すれば、Ｘらがその**生活関係**、**労働条件等**において**著しい不利益を受けるものとはいえない**。そして、本件各**出向命令の発令**に至る**手続に不相当な点**があるともいえない。これらの事情にかんがみれば、本件各**出向命令**が**権利の濫用**に当たるということはできない。

解　説

なお、この判例の場合は、出向措置の対象となる者の人選基準についても合理性があり、具体的な人選についてもその不当性をうかがわせるような事情はなかったため、出向命令が権利の濫用には当たりませんでした。

関連条文

（出向）労働契約法第14条
　使用者が労働者に出向を命ずることができる場合において、当該出向の命令が、その必要性、対象労働者の選定に係る事情その他の事情に照らして、その権利を濫用したものと認められる場合には、当該命令は、無効とする。

確認問題

Q いわゆる在籍出向においては、就業規則に業務上の必要によって社外勤務をさせることがある旨の規定があり、さらに、労働協約に社外勤務の定義、出向期間、出向中の社員の地位、賃金、退職金その他の労働条件や処遇等に関して出向労働者の利益に配慮した詳細な規定が設けられているという事情の下であっても、使用者は、当該労働者の個別的同意を得ることなしに出向命令を発令することができないとするのが、最高裁判所の判例である。（H28-1ウ）

A　✕　設問のような事情の下においては、在籍出向について、使用者は、当該労働者の個別的同意を得ることなしに出向命令を発令することができるとするのが、最高裁判所の判例である。

労働契約法関係

65 古河電気工業・原子燃料工業事件 (最判第2小昭60.4.5)

復職命令と同意

事案

　Y社は他社と共同して、両社の核燃料部門の業務を、物的、人的施設ともに引き継がせるために、A工業を新規設立し、当座の操業に支障が生じないようにY社の労働者を在籍出向させた。そして、Y社の従業員であったXは、このA工業の設立に伴い、出向を命じられた。

　ところが、Xについては、入社以来Y社勤務中も、病気やその他の理由による欠勤、遅刻等が多かったが、A工業に出向後も、この状況は変わらなかった。

　そこで、Y社は、A工業については他社との合弁会社であったため、Y社としては、このままXを出向させておくのは、他社との関係上問題があると考え、XにY社への復職を命じたがXが応じなかったため、Y社はXを懲戒解雇に付した。このため、Xは解雇の処分は無効であると訴えた。

争点・結論

争点	在籍出向を解消して復職を命ずるにあたっては、労働者本人の同意を得る必要はあるか。
結論	必要はない。

POINT　労働者が使用者（出向元）との間の雇用契約に基づく従業員たる身分を保有しながら第三者（出向先）の指揮監督の下に労務を提供するという形態の出向（いわゆる在籍出向）が命じられた場合において、その後出向元が、出向先の同意を得た上、出向関係を解消して労働者に対し復帰を命ずるについては、特段の事由のない限り、当該労働者の同意を得る必要はないものと解すべきである。

判旨

　労働者が使用者（出向元）との間の雇用契約に基づく従業員たる**身分を保有**しながら第三者（出向先）の**指揮監督**の下に労務を提供するという形態の出向（いわゆる**在籍出向**）が命じられた場合において、その後出向元が、出向先の**同意**を得た上、右出向関係を解消して労働者に

対し**復帰を命ずる**については、特段の事由のない限り、当該**労働者の同意**を得る必要はないものと解すべきである。

　けだし、右の場合における**復帰命令**は、**指揮監督**の主体を出向先から出向元へ変更するものではあるが、労働者が出向元の**指揮監督の下**に労務を提供するということは、もともと出向元との当初の雇用契約において**合意**されていた事柄であって、**在籍出向**においては、出向元へ復帰させないことを予定して出向が命じられ、労働者がこれに**同意**した結果、将来労働者が再び出向元の**指揮監督の下**に労務を提供することはない旨の**合意**が成立したものとみられるなどの特段の事由がない限り、労働者が出向元の**指揮監督の下**に労務を提供するという当初の雇用契約における合意自体には何らの変容を及ぼさず、右合意の存在を前提とした上で、一時的に出向先の**指揮監督の下**に労務を提供する関係となっていたにすぎないものというべきであるからである。

　［……中略……］

　事実関係によれば、XのA工業への出向は、Y社またはA工業の業務上の都合によりY社へ**復帰を命ずる**ことがあることを予定して行われたものであって、XがY社の**指揮監督**の下において労務を提供するという当初の雇用契約における合意がその後変容を受けるに至ったとみるべき特段の事情の認められない本件においては、Y社はXに対し**復帰を命ずる**際に改めてXの**同意**を得る必要はないものというべきである。

解　説

　なお、この判例では、発足後間もない時期においては、人員調整だけでなく、適材適所等の観点からの適切な人員配置をする必要があり、その結果、一部の出向者をそれぞれの出向元に復帰させるという事態の生じ得ることも予想されたため、出向者が出向先の従業員として定着することとなるのか、出向元に復帰することとなるのかは、極めて流動的な状態にあったとされています。なお、復帰の命令は、A工業設立後、半年程度の時期に行われたものであったようです。

確認問題

Q　復帰命令は、　A　の主体を出向先から出向元へ変更するものではあるが、労働者が出向元の　A　の下に労務を提供するということは、もともと出向元との当初の雇用契約において合意されていた事柄であって、在籍出向においては、出向元へ復帰させないことを予定して出向が命じられ、労働者がこれに同意した結果、将来労働者が再び出向元の　A　の下に労務を提供することはない旨の合意が成立したものとみられるなどの特段の事由がない限り、労働者が出向元の　A　の下に労務を提供するという当初の雇用契約における合意自体には何らの変容を及ぼさず、右合意の存在を前提とした上で、一時的に出向先の　A　の下に労務を提供する関係となっていたにすぎないものというべきであるとするのが、最高裁判所の判例である。

A　A．指揮監督

労働契約法関係

66 ネスレ日本事件（最判第2小平18.10.6）

懲戒処分と権利濫用

過去問 H29-一般1D

事案

欠勤を振り替える有給休暇申請を管理職の上司が認めなかったことなどから、Y社に勤務していたXたちが、上司に暴行を加える事件が発生した。

上司は、事件について警察および検察庁に被害届や告訴状を提出していたが、約6年後に不起訴処分となった。そして、Y社は、7年以上経過後にXたちに諭旨退職処分を通告したが、Xたちは、期限日までに退職願を提出しなかった。

そこで、Y社は、就業規則所定の懲戒事由に当たるとしてXたちを懲戒解雇処分とした。このため、Xたちは、懲戒解雇処分は権利の濫用で無効であると訴えた。

争点・結論

争点	事件が発生して長期間経過後に、実質的には懲戒解雇処分に等しい諭旨退職処分のような重い懲戒処分を行うことは有効か。
結論	無効である。

 POINT　就業規則所定の懲戒事由に該当する事実が存在する場合であっても、当該具体的事情の下において、それが客観的に合理的な理由を欠き、社会通念上相当なものとして是認することができないときには、権利の濫用として無効となる。

判旨

使用者の**懲戒権の行使**は、**企業秩序維持**の観点から**労働契約関係**に基づく使用者の**権能**として行われるものであるが、**就業規則**所定の**懲戒事由**に該当する事実が存在する場合であっても、**当該具体的事情の下**において、それが**客観的に合理的な理由を欠き、社会通念上相当なものとして是認**することができないときには、**権利の濫用**として**無効**になると解するのが相当である。

前記事実関係によれば、本件**諭旨退職処分**は本件各事件から7年以上が経過した後にされたものであるところ、Y社においては、課長代理が事件について警察および検察庁に被害届や告訴状を提出していたことから、これらの捜査の結果を待って処分を検討することとしたというのである。

しかしながら、本件各事件は職場で就業時間中に管理職に対して行われた暴行事件であり、被害者である管理職以外にも目撃者が存在したのであるから、上記の捜査の結果を待たずともY社においてXらに対する処分を決めることは十分に可能であったものと考えられ、本件において上記のように**長期間**にわたって**懲戒権の行使**を**留保**する**合理的な理由**は見いだし難い。

しかも、使用者が従業員の**非違行為**について捜査の結果を待ってその処分を検討することとした場合においてその捜査の結果が**不起訴処分**となったときには、使用者においても**懲戒解雇処分**のような重い**懲戒処分**は行わないこととするのが通常の対応と考えられるところ、上記の捜査の結果が**不起訴処分**となったにもかかわらず、Y社がXらに対し実質的には**懲戒解雇処分**に等しい本件**諭旨退職処分**のような重い**懲戒処分**を行うことは、その対応に**一貫性を欠く**ものといわざるを得ない。

［……中略……］

以上の諸点にかんがみると、本件各事件から７年以上経過した後にされた本件**諭旨退職処分**は、原審が事実を確定していない本件各事件以外の**懲戒解雇事由**についてY社が主張するとおりの事実が存在すると仮定しても、処分時点において**企業秩序維持**の観点からそのような重い**懲戒処分を必要とする客観的に合理的な理由を欠く**ものといわざるを得ず、**社会通念上相当なもの**として**是認**することはできない。そうすると、本件**諭旨退職処分は権利の濫用**として**無効**というべきであり、本件**諭旨退職処分**による**懲戒解雇**はその**効力を生じない**というべきである。

解　説

この判例では、事件から７年以上の長期間にわたって懲戒権の行使を留保する合理的な理由もなかったため、処分時点において企業秩序維持の観点からそのような重い懲戒処分を必要とする客観的に合理的な理由を欠くとの判断に至っています。

確認問題

Q1 従業員が職場で上司に対する暴行事件を起こしたことなどが就業規則所定の懲戒解雇事由に該当するとして、使用者が捜査機関による捜査の結果を待った上で当該事件から７年以上経過した後に諭旨退職処分を行った場合において、当該事件には目撃者が存在しており、捜査の結果を待たずとも使用者において処分を決めることが十分に可能であったこと、当該諭旨退職処分がされた時点で企業秩序維持の観点から重い懲戒処分を行うことを必要とするような状況はなかったことなど判示の事情の下では、当該諭旨退職処分は、権利の濫用として無効であるとするのが、最高裁判所の判例の趣旨である。(H29-1D)

Q2 使用者の懲戒権の行使は、　Ａ　の観点から労働契約関係に基づく使用者の権能として行われるものであるが、就業規則所定の懲戒事由に該当する事実が存在する場合であっても、当該具体的事情の下において、それが客観的に合理的な理由を欠き、社会通念上相当なものとして是認することができないときには、　Ｂ　として無効になると解するのが相当であるとするのが、最高裁判所の判例である。

A 1　○
2　A．企業秩序維持　B．権利の濫用

労働契約法関係

139

67 関西電力事件（最判第1小昭58.9.8）

企業秩序と懲戒

事 案

電力会社であるY社の発電所において勤務するXは、就業時間外の元日の深夜に職場外であるY社の従業員社宅において、ビラ350枚を配布した。

そのビラには、「昨年、会社は、常識と法では許されないやり方で労働者をしめあげた、今年も、会社は、以前にもましてみにくい汚いやり方をするでしょう」といった旨のY社を非難攻撃し中傷誹謗する内容の記載がされていた。

そこで、Y社は、Xのビラを配布した行為に対して、就業規則の懲戒事由に定められている「その他特に不都合な行為があったとき」に当たるものとして、就業規則の懲戒事由のうち最も軽い譴責の処分をすることとした。

このため、Xは、当該譴責の処分は無効であるとして訴えた。

争点・結論

争 点	就業時間外に職場外において職務遂行に関係なく会社を中傷誹謗するビラを配布した労働者の行為に対して、就業規則の懲戒事由である譴責の処分を課することはできるか。
結 論	できる。

 企業秩序は、通常、労働者の職場内または職務遂行に関係のある行為を規制することにより維持しうるのであるが、職場外でされた職務遂行に関係のない労働者の行為であっても、企業の円滑な運営に支障を来すおそれがあるなど企業秩序に関係を有するものもあるのであるから、使用者は、企業秩序の維持確保のために、そのような行為をも規制の対象とし、これを理由として労働者に懲戒を課することも許される。

判 旨

労働者は、労働契約を締結して雇用されることによって、使用者に対して**労務提供義務**を負うとともに、**企業秩序**を遵守すべき義務を負い、使用者は、広く**企業秩序**を維持し、もって企業の円滑な運営を図るために、その雇用する労働者の**企業秩序**違反行為を理由として、当該労

働者に対し、一種の制裁罰である**懲戒を課する**ことができるものである。

　右**企業秩序**は、通常、労働者の職場内または職務遂行に関係のある行為を規制することにより維持しうるのであるが、職場外でされた職務遂行に関係のない労働者の行為であっても、企業の円滑な運営に支障を来すおそれがあるなど**企業秩序**に関係を有するものもあるのであるから、使用者は、**企業秩序**の維持確保のために、そのような行為をも規制の対象とし、これを理由として労働者に**懲戒を課する**ことも許されるのであり、右のような場合を除き、労働者は、その職場外における職務遂行に関係のない行為について、使用者による規制を受けるべきいわれはないものと解するのが相当である。

　これを本件についてみるのに、右ビラの内容が大部分事実に基づかず、または事実を誇張歪曲してY社を非難攻撃し、全体としてこれを中傷誹謗するものであり、右ビラの配布により労働者の会社に対する不信感を醸成して**企業秩序**を乱し、またはそのおそれがあったものとした原審の認定判断は、原判決挙示の証拠関係に照らし、是認することができないではなく、その過程に所論の違法があるものとすることはできない。

　そして、原審の右認定判断に基づき、上に述べ来ったところに照らせば、Xによる本件ビラの配布は、就業時間外に職場外であるY社の従業員社宅において職務遂行に関係なく行われたものではあるが、前記就業規則所定の懲戒事由にあたると解することができ、これを理由としてXに対して懲戒として譴責を課したことは**懲戒権者**に認められる**裁量権の範囲**を超えるものとは認められない。

解　説

　この判例では、ビラの内容の大部分が事実に基づかず、事実を誇張歪曲して会社を非難攻撃し、全体としてこれを中傷誹謗するものであったため、ビラの配布により労働者の会社に対する不信感を醸成して企業秩序を乱し、またはそのおそれがあったことなどから、職場外での行為ではありましたが、懲戒処分が認められています。

確認問題

Q 労働者は、労働契約を締結して雇用されることによって、使用者に対して　A　を負うとともに、　B　を遵守すべき義務を負い、使用者は、広く　B　を維持し、もって企業の円滑な運営を図るために、その雇用する労働者の　B　違反行為を理由として、当該労働者に対し、一種の制裁罰である懲戒を課することができるものである。

　右　B　は、通常、労働者の職場内または職務遂行に関係のある行為を規制することにより維持しうるのであるが、職場外でされた職務遂行に関係のない労働者の行為であっても、企業の円滑な運営に支障を来すおそれがあるなど　B　に関係を有するものもあるのであるから、使用者は、　B　の維持確保のために、そのような行為をも規制の対象とし、これを理由として労働者に懲戒を課することも　C　とするのが、最高裁判所の判例である。

A A. 労務提供義務　B. 企業秩序　C. 許される

労働契約法関係

141

68 高知放送事件（最判第2小昭52.1.31）

解雇権の濫用

事 案

Y社のアナウンサーであったXは、他の担当者と宿直勤務に従事したが、早朝の10分間のニュースの時間に仮眠していて寝過ごしたため、放送することができなかった（第1事故）。

また、その約2週間後、再び宿直勤務に従事していたが、寝過ごしにより今度は約5分間放送することができなかった（第2事故）。

このため、Y社は、Xの第2事故後の対応も良くなかったことなどから、懲戒解雇事由

に該当するとしたが、Xの再就職や将来を考慮して普通解雇に付することとした。しかし、Xは、解雇は無効であるとして訴えた。

争点・結論

争点	就業規則所定の普通解雇事由に該当する場合は、当該事由に該当することのみをもって解雇することができるか。
結論	できない。

POINT　普通解雇事由がある場合においても、使用者は常に解雇しうるものではなく、当該具体的な事情のもとにおいて、解雇に処することが著しく不合理であり、社会通念上相当なものとして是認することができないときには、当該解雇の意思表示は、解雇権の濫用として無効になるものというべきである

判 旨

就業規則所定の懲戒事由にあたる事実がある場合において、本人の再就職など将来を考慮して、**懲戒解雇**に処することなく、**普通解雇**に処することは、それがたとえ懲戒の目的を有するとしても、必ずしも許されないわけではない。そして、右のような場合に、**普通解雇**として解雇するには、**普通解雇**の要件を備えていれば足り、**懲戒解雇**の要件まで要求されるものではないと解すべきである。

［……中略……］しかしながら、**普通解雇事由**がある場合においても、使用者は常に解雇しうるものではなく、当該具体的な事情のもとにおいて、解雇に処することが**著しく不合理**であ

り、**社会通念上相当**なものとして是認することができないときには、当該解雇の意思表示は、**解雇権の濫用**として無効になるものというべきである。

　本件においては、Xの起こした第1、第2事故は、定時放送を使命とするY社の対外的信用を**著しく失墜**するものであり、また、Xが寝過しという**同一態様**に基づき特に2週間内に二度も同様の事故を起こしたことは、アナウンサーとしての責任感に欠け、更に、第2事故直後においては卒直に自己の非を認めなかった等の点を考慮すると、Xに非がないということはできない。

　しかし、他面、原審が確定した事実によれば、本件事故は、いずれもXの寝過しという**過失行為**によって発生したものであって、**悪意ないし故意**によるものではなく、また、通常は、ファックス担当者が先に起きアナウンサーを起こすことになっていたところ、本件第1、第2事故ともファックス担当者においても寝過し、定時にXを起こしてニュース原稿を手交しなかったのであり、事故発生につきXのみを責めるのは酷であること、Xは、第1事故については直ちに謝罪し、第2事故については起床後一刻も早くスタジオ入りすべく努力したこと、第1、第2事故とも寝過しによる放送の空白時間はさほど長時間とはいえないこと、Y社において早朝のニュース放送の万全を期すべき何らの措置も講じていなかったこと、事実と異なる事故報告書を提出した点についても、一階通路ドアの開閉状況にXの誤解があり、また短期間内に二度の放送事故を起こし気後れしていたことを考えると、右の点を強く責めることはできないこと、Xはこれまで放送事故歴がなく、平素の勤務成績も別段悪くないこと、第2事故のファックス担当者はけん責処分に処せられたにすぎないこと、Y社においては従前放送事故を理由に解雇された事例はなかったこと、第2事故についても結局は自己の非を認めて謝罪の意を表明していること、等の事実があるというのであって、右のような事情のもとにおいて、Xに対し解雇をもってのぞむことは、いささか苛酷にすぎ、**合理性**を欠くうらみなしとせず、必ずしも**社会的に相当**なものとして是認することはできないと考えられる余地がある。したがって、本件解雇の意思表示を**解雇権の濫用**として無効とした原審の判断は、結局、正当と認められる。

解　説

　この判例では、Xの行為自体は、就業規則所定の普通解雇事由にも該当する行為であると認めてはいます。しかし、最終的には、その他の事情を含め総合的にみると、解雇が合理性を欠き社会的に相当ではないとの判断に至っています。

確認問題

Q 就業規則所定の懲戒事由にあたる事実がある場合において、本人の再就職など将来を考慮して、　**A**　に処することなく、　**B**　に処することは、それがたとえ懲戒の目的を有するとしても、必ずしも許されないわけではない。そして、右のような場合に、　**B**　として解雇するには、　**B**　の要件を備えていれば足り、　**A**　の要件まで要求されるものではないと解すべきであるとするのが、最高裁判所の判例である。

A A. 懲戒解雇　B. 普通解雇

労働契約法関係

143

69 大日本印刷事件（最判第2小昭54.7.20）

採用内定の法的性質

過去問 H25-一般1C、H30-一般3A

事案

綜合印刷を業とするY社は、大学卒業予定者に対する求人募集をしていた。Xは、自身の在学する大学の推薦を得て、この求人募集に応募し、その試験等に合格したため、7月頃にY社から文書で採用内定の通知を受け取った。

ところが、Y社は、翌年の2月頃に突然Xに対して採用内定を取り消す旨の通知をし、その取消通知書には、取消理由は示されていなかったが、取消理由の中心をなすものは、Xがグルーミー（陰気）な印象であるという点であった。

このため、Xは、この採用内定の取消しには合理的な理由がないため無効であると主張し訴えた。

争点・結論

争点	採用内定の法的性質について一義的に論断して、採用内定を取り消すことはできるか。
結論	できない。

採用内定の制度は、その実態は多様であるため、採用内定の法的性質について一義的に論断することは困難である。したがって、具体的事案につき、採用内定の法的性質を判断するにあたっては、当該企業の当該年度における採用内定の事実関係に即してこれを検討する必要がある。

また、採用内定の取消事由は、採用内定を取り消すことが解約権留保の趣旨、目的に照らして客観的に合理的と認められ社会通念上相当として是認することができるものに限られると解するのが相当である。

判旨

企業が大学の新規卒業者を採用するについて、早期に採用試験を実施して採用を内定する、いわゆる**採用内定**の制度は、従来わが国において広く行われているところであるが、その**実態は多様**であるため、**採用内定**の**法的性質**について**一義的に論断**することは困難というべきであ

る。したがって、具体的事案につき、**採用内定**の**法的性質**を判断するにあたっては、当該企業の当該年度における**採用内定**の**事実関係に即して**これを検討する必要がある。

［……中略……］

以上の事実関係のもとにおいて、本件**採用内定通知**のほかには**労働契約締結**のための特段の**意思表示**をすることが予定されていなかったことを考慮するとき、Y社からの**募集**（申込みの**誘引**）に対し、Xが**応募**したのは、**労働契約の申込み**であり、これに対するY社からの**採用内定通知**は、**申込みに対する承諾**であって、Xの誓約書の提出とあいまって、これにより、XとY社との間に、Xの就労の始期を大学卒業直後とし、それまでの間、**誓約書記載**の項目の**採用内定取消事由**に基づく**解約権を留保**した**労働契約が成立**したと解するのが相当である。

［……中略……］思うに、わが国の雇用事情に照らすとき、大学新規卒業予定者で、いったん特定企業との間に**採用内定**の関係に入った者は、このように**解約権留保付**であるとはいえ、卒業後の就労を期して、他企業への就職の機会と可能性を**放棄**するのが通例であるから、就労の有無という違いはあるが、**採用内定者の地位**は、一定の試用期間を付して雇用関係に入った者の**試用期間中の地位**と基本的には異なるところはないとみるべきである。

［……中略……］

したがって、**採用内定**の**取消事由**は、採用内定当時知ることができず、また知ることが期待できないような事実であって、これを理由として**採用内定を取り消すことが解約権留保**の趣旨、目的に照らして**客観的に合理的と認められ社会通念上相当**として**是認**することができるものに限られると解するのが相当である。

解　説

なお、この判例では、不適格性を打ち消す材料が出なかったとして留保解約権に基づき採用内定を取り消すことは、解約権留保の趣旨、目的に照らして社会通念上相当として是認することができず、解約権の濫用にあたるものとして無効であるとされています。

関連条文

（解雇）労働契約法第16条
　解雇は、客観的に合理的な理由を欠き、社会通念上相当であると認められない場合は、その権利を濫用したものとして、無効とする。

確認問題

Q いわゆる採用内定の制度は、多くの企業でその実態が類似しているため、いわゆる新卒学生に対する採用内定の法的性質については、当該企業における採用内定の事実関係にかかわらず、新卒学生の就労の始期を大学卒業直後とし、それまでの間、内定企業の作成した誓約書に記載されている採用内定取消事由に基づく解約権を留保した労働契約が成立しているものとするのが、最高裁判所の判例である。（H30-3A）

A ×　採用内定の制度は、その実態は多様であるため、採用内定の法的性質を判断するにあたっては、当該企業の当該年度における採用内定の事実関係に即して検討する必要があるとするのが、最高裁判所の判例である。

労働契約法関係
145

70 東芝柳町工場事件 （最判第1小昭49.7.22）

雇止めの意思表示

事案

Xたちは、Y社で1回の契約期間が2カ月の臨時工として雇われていた。

また、Xたちは、Y社の基幹作業に従事しており、仕事の内容や種類については、期間の定めのない正社員と差は無かった。

さらに、臨時工は、Y社では本人が希望すると長期間の雇用が継続されている状況であり、Xたちのうち最大のものは23回の契約更新をしていた。ところが、Y社は、Xたちを勤務不良や業務量の減少等を理由に契約更新しないこととし、雇止めをしたため、Xたちは、この雇止めは無効であると訴えた。

争点・結論

争点	労働契約の期間は一応定められてはいるが、期間の定めのない契約と同視できる場合の雇止めの意思表示は、解雇の意思表示に当たるか。
結論	当たる。

実質において、当事者双方とも、期間は一応定められてはいるが、いずれかから格別の意思表示がなければ当然更新されるべき労働契約を締結する意思であったものと解するのが相当である場合、期間の定めのない契約と実質的に異ならない状態で存在していたものといわなければならず、雇止めの意思表示は、実質において解雇の意思表示に当たる。

判旨

原判決は、以上の事実関係からすれば、本件各労働契約においては、Y社としても景気変動等の原因による労働力の過剰状態を生じないかぎり**契約が継続**することを予定していたものであって、実質において、当事者双方とも、期間は一応2カ月と定められてはいるが、いずれかから格別の意思表示がなければ当然更新されるべき労働契約を締結する意思であったものと解するのが相当であり、したがって、本件各労働契約は、期間の満了毎に当然更新を重ねてあたかも**期間の定めのない契約**と**実質的に異ならない**状態で存在していたものといわなければならず、本件各**雇止めの意思表示**は右のような契約を終了させる趣旨のもとにされたのであるから、

実質において**解雇の意思表示**に当たるとするのであり、また、そうである以上、本件各**雇止め**
の効力の判断にあたっては、その実質にかんがみ、**解雇に関する法理を類推**すべきであるとす
るものであることが明らかであって、上記の事実関係のもとにおけるその認定判断は、正当と
して首肯することができ、その過程に所論の違法はない。

　［……中略……］本件労働契約においては、単に期間が満了したという理由だけではＹ社に
おいて**雇止め**を行わず、Ｘらもまたこれを**期待**、**信頼**し、このような相互関係のもとに労働契
約関係が**存続**、**維持**されてきたものというべきである。そして、このような場合には、経済事
情の変動により剰員を生じる等Ｙ社において従来の取扱いを変更して右条項を発動してもやむ
をえないと認められる特段の事情の存しないかぎり、**期間満了を理由**として**雇止め**をすること
は、**信義則上**からも許されないものといわなければならない。

解　説

　この判例の考え方は、労働契約法19条に取り入れられているものです。

関連条文

> **（有期労働契約の更新等）労働契約法第19条**
>
> 　有期労働契約であって次の①、②のいずれかに該当するものの契約期間が満了する日まで
> の間に労働者が当該有期労働契約の更新の申込みをした場合、または当該契約期間の満了後
> 遅滞なく有期労働契約の締結の申込みをした場合であって、使用者が当該申込みを拒絶する
> ことが、客観的に合理的な理由を欠き、社会通念上相当であると認められないときは、使用
> 者は、従前の有期労働契約の内容である労働条件と同一の労働条件で当該申込みを承諾した
> ものとみなす。
> ①　当該有期労働契約が過去に反復して更新されたことがあるものであって、その契約期間
> 　の満了時に当該有期労働契約を更新しないことにより当該有期労働契約を終了させること
> 　が、期間の定めのない労働契約を締結している労働者に解雇の意思表示をすることにより
> 　当該期間の定めのない労働契約を終了させることと、社会通念上同視できると認められる
> 　こと。
> ②　当該労働者において当該有期労働契約の契約期間の満了時に当該有期労働契約が更新さ
> 　れるものと期待することについて合理的な理由があるものであると認められること。

確認問題

Q　労働契約において、単に期間が満了したという理由だけでは雇止めを行わず、労働者もま
　たこれを[　A　]し、このような相互関係のもとに労働契約関係が[　B　]されているような
　場合においては、経済事情の変動により剰員を生じる等の従来の取扱いを変更してもやむを
　えないと認められる特段の事情の存しないかぎり、期間満了を理由として雇止めをすること
　は、[　C　]からも許されないとするのが、最高裁判所の判例である。

A　A. 期待、信頼　B. 存続、維持　C. 信義則上

労働契約法関係

147

71 解雇法理の類推適用
日立メディコ事件 (最判第1小昭61.12.4)

事案

Y社の工場の臨時員制度については、景気変動に伴う受注の変動に応じて雇用量の調整を図る目的で設けられたものである。

臨時員の採用に当たっては、学科試験や技能試験等は行われず、簡易な方法で採用が決定されていた。

そして、Xは、期間を定めてY社の工場に臨時員として雇用され、期間2カ月の労働契約が5回更新されてきた。しかし、Y社は、不況に伴う業務上の都合を理由に、契約の更新を拒絶した。

このため、Xは、この雇止めが無効であるとして訴えた。

争点・結論

争点	労働契約の期間の定めがある臨時員の雇止めと、期間の定めない正社員の解雇との判断基準には、差異が生じるか。
結論	生じる。

POINT 雇用関係の継続が期待されている労働者を契約期間満了によって雇止めにするに当たっては、解雇に関する法理が類推される。しかし、臨時員の雇用関係は比較的簡易な採用手続で締結された短期的有期契約を前提とするものである以上、雇止めの効力を判断すべき基準は、いわゆる終身雇用の期待の下に期間の定めのない労働契約を締結しているいわゆる本工を解雇する場合とはおのずから合理的な差異があるべきである。

判旨

原審の確定した右事実関係の下においては、本件労働契約の期間の定めを民法90条に違反するものということはできず、また、5回にわたる**契約の更新**によって、本件労働契約が期間の定めのない契約に転化したり、あるいはXとY社との間に期間の定めのない労働契約が存在する場合と**実質的に異ならない関係**が生じたということもできないというべきである。

［……中略……］

Y社工場の臨時員は、季節的労務や特定物の製作のような臨時的作業のために雇用されるものではなく、その雇用関係はある程度の継続が期待されていたものであり、Ｘとの間においても5回にわたり**契約が更新**されている。このような労働者を**契約期間満了**によって**雇止め**にするに当たっては、**解雇に関する法理が類推**され、解雇であれば**解雇権の濫用**、**信義則違反**または**不当労働行為**などに該当して**解雇無効**とされるような事実関係の下に使用者が新契約を締結しなかったとするならば、期間満了後における使用者と労働者間の法律関係は**従前の労働契約が更新**されたのと同様の法律関係となるものと解せられる。

　しかし、右臨時員の雇用関係は比較的簡易な採用手続で締結された**短期的有期契約**を前提とするものである以上、**雇止めの効力**を判断すべき基準は、いわゆる**終身雇用**の期待の下に期間の定めのない労働契約を締結しているいわゆる本工を**解雇**する場合とはおのずから合理的な差異があるべきである。

　したがって、後記のとおり独立採算制がとられているＹ社の工場において、事業上やむを得ない理由により**人員削減**をする必要があり、その余剰人員を他の事業部門へ配置転換する余地もなく、臨時員全員の**雇止め**が必要であると判断される場合には、これに先立ち、期間の定めなく雇用されている従業員につき希望退職者募集の方法による**人員削減**を図らなかったとしても、それをもって不当・不合理であるということはできず、右希望退職者の募集に先立ち臨時員の**雇止め**が行われてもやむを得ないというべきである。

解　説

　なお、この判例では、Ｙ社では、8月から12月までの間に採用した臨時員90名のうち、翌年の10月頃まで雇用関係が継続していた者は、Ｘを含む14名程度の更新状況であり、また、臨時員の業務に関しては、一般的には前作業的要素の作業、単純な作業、精度がさほど重要視されていない作業に従事させる方針をとっており、Ｘも比較的簡易な作業に従事していたほか、臨時員の契約更新に当たっては、更新期間の約1週間前に本人の意思を確認し、労働契約書に順次雇用期間を記入し、臨時員の印を押させていたものであり、ＸとＹ社との間の5回にわたる労働契約の更新は、いずれも期間満了の都度、新たな契約を更新する旨を合意することによってされてきたものであるとされています。

確認問題

Q 季節的労務や特定物の製作のような臨時的作業のために雇用されるものではなく、その雇用関係はある程度の継続が期待されていたものであり、使用者との間においても複数回にわたり契約が更新されているような労働者を契約期間満了によって雇止めにするに当たっては、　Ａ　に関する法理が類推され、　Ａ　であれば　Ａ　権の濫用、信義則違反または不当労働行為などに該当して　Ａ　無効とされるような事実関係の下に使用者が新契約を締結しなかったとするならば、期間満了後における使用者と労働者間の法律関係は　Ｂ　が更新されたのと同様の法律関係となるものと解せられるとするのが、最高裁判所の判例である。

A A. 解雇　B. 従前の労働契約

労働契約法関係

149

72 労働組合費納付の協力義務
国労広島地本事件 (最判第3小昭50.11.28)

過去問 H25-一般2D

事案

Y労働組合は、旧国鉄の職員によって結成されていた組合であり、Xたちは旧国鉄の職員としてY労働組合に加入していた。

Xたちは、Y労働組合を脱退したが、その際に、未納であった一般組合費と臨時組合費の支払いを求められた。

しかし、Xたちは、政治的活動に関する費用などが含まれる臨時組合費の部分については、支払いの義務はないのではないかと主張し訴えた。

争点・結論

争点	総選挙に際し特定の立候補者支援のためにその所属政党に寄付する資金に関する費用について、組合員は臨時組合費の納入の協力義務を負うか。
結論	負わない。

POINT 労働組合が組織として支持政党またはいわゆる統一候補を決定し、その選挙運動を推進すること自体は自由である。しかし、組合員に対してこれへの協力を強制することは許されないというべきであり、その費用の負担についても同様に解すべきである。

判旨

労働組合の組合員は、組合の構成員として留まる限り、組合が正規の手続に従って決定した**活動に参加**し、また、組合の**活動を妨害する**ような**行為を避止する義務**を負うとともに、右活動の**経済的基礎**をなす**組合費を納付する義務**を負うものであるが、これらの義務（以下「**協力義務**」という。）は、もとより**無制限**のものではない。

労働組合は、労働者の**労働条件**の維持改善その他経済的地位の**向上を図る**ことを主たる目的とする団体であって、組合員はかかる目的のための**活動に参加**する者としてこれに加入するのであるから、その**協力義務**も当然に目的達成のために必要な**団体活動**の範囲に限られる。しかし、いうまでもなく、労働組合の活動は、必ずしも対使用者との関係において有利な労働条件を獲得することのみに限定されるものではない。

[……中略……]

労働組合の活動が多様化するにつれて、**組合による統制**の範囲も拡大し、組合員が一個の市民または人間として有する**自由や権利**と**矛盾衝突**する場合が増大し、しかも今日の社会的条件のもとでは、組合に加入していることが労働者にとって重要な利益で、**組合脱退の自由**も事実上大きな制約を受けていることを考えると、労働組合の活動として許されたものであるというだけで、そのことから直ちにこれに対する組合員の**協力義務**を無条件で肯定することは、**相当でない**というべきである。

　それゆえ、この点に関して格別の立法上の規制が加えられていない場合でも、問題とされている具体的な**組合活動の内容・性質**、これについて組合員に求められる**協力の内容・程度・態様等**を**比較考量**し、**多数決原理**に基づく組合活動の**実効性**と組合員個人の**基本的利益の調和**という観点から、**組合の統制力**とその反面としての組合員の**協力義務**の範囲に**合理的**な限定を加えることが必要である。

　［……中略……］

　政治意識昂揚資金について、右資金は、総選挙に際し特定の立候補者支援のためにその所属政党に寄付する資金であるが、政党や選挙による議員の活動は、各種の政治的課題の解決のために労働者の**生活利益**とは関係のない広範な領域にも及ぶものであるから、選挙においてどの政党またはどの候補者を支持するかは、**投票の自由**と表裏をなすものとして、組合員各人が市民としての個人的な政治的思想、見解、判断ないしは感情等に基づいて**自主的に決定**すべき事柄である。

　したがって、労働組合が組織として支持政党またはいわゆる統一候補を決定し、その<u>**選挙運動を推進**すること自体は自由であるが、組合員に対してこれへの**協力を強制**することは許されない</u>というべきであり、その**費用の負担**についても同様に解すべきことは、既に述べたところから明らかである。

解　説

　なお、労働組合法において「労働組合」とは、労働者が主体となって自主的に労働条件の維持改善その他経済的地位の向上を図ることを主たる目的として組織する団体等をいいますが、主として政治運動または社会運動を目的とするものは除かれています。

確認問題

Q1　労働組合が、総選挙に際し特定の立候補者支援のためにその所属政党に寄付する資金を集める目的で組合員にその費用を負担することを強制することは、労働組合の連帯の昂揚や存立基盤の確立のために必要不可欠なものであり、組合自治の原則に基づいて許されるとするのが、最高裁判所の判例である。（H25-2D）

Q2　労働組合は、労働者の　A　その他　B　ことを主たる目的とする団体であって、組合員はかかる目的のための活動に参加する者としてこれに加入するのであるから、その協力義務も当然に右目的達成のために必要な団体活動の範囲に限られる。

　1　×　労働組合が選挙運動を推進すること自体は自由であるが、組合員に対して協力を強制することは許されず、その費用の負担についても同様に解すべきとするのが最高裁判所の判例である。
　2　A．労働条件の維持改善　B．経済的地位の向上を図る

73 東芝労働組合小向支部事件 （最判第2小平19.2.2）

労働組合脱退の自由

過去問 H24-一般2C

事 案

Xは、過去にY労働組合の対応に不満を持ち、別のA労働組合に加入した上で、Y労働組合の脱退を申し出たが、脱退受理が保留されたことがあった。

その別に加入したA労働組合と会社との団体交渉に関しての労働委員会の救済申立ての和解および覚書の作成に当たり、会社とXとA労働組合との間において、

① Xは、Y労働組合に復帰するが、A労働組合の籍もそのままにする。
② 会社がXを不当に扱うなど、特段の事情があれば、A労働組合はXがその組合員であることを主張することができるようになる。

という合意（以下「本件付随合意」という。）が成立していた経緯があった。

その後、Xは、別の案件でY労働組合の対応に不満を持ち、再び脱退を申し出て、会社に対して組合費のチェック・オフの中止を申し入れたが、会社はこれに応じなかった。

このため、Xは、Y労働組合の組合員ではないので、チェック・オフされた金額を返済してほしいと主張し訴えた。

争点・結論

争 点	労働組合からの脱退の自由が認められていない状況下で、労働組合は、組合員に対する統制権の保持が法律上認められるか。
結 論	認められない。

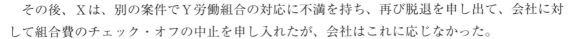

POINT 労働組合は、組合員に対する統制権の保持を法律上認められ、組合員はこれに服し、組合の決定した活動に加わり、組合費を納付するなどの義務を免れない立場に置かれるものであるが、それは、組合からの脱退の自由を前提として初めて容認されることである。

判 旨

一般に、労働組合の組合員は、**脱退の自由**、すなわち、その**意思**により組合員としての地位を離れる自由を有するものと解される。

そうすると、事実関係によれば、本件**付随合意**は、上記の**脱退の自由**を制限し、XがY組合から**脱退する権利**をおよそ行使しないことを、会社に対して約したものであることとなる。

　本件**付随合意**は、Xと会社との間で成立したものであるから、その効力は、原則として、Xと**合意**の相手方である会社との間において発生するものであり、Xが本件**付随合意**に違反してY組合から**脱退する権利**を行使しても、会社との間で債務不履行の責任等の問題を生ずるにとどまる。

　前記事実関係の下においては、**合意**の相手方でないY組合との間でもそのような問題を生ずると解すべき特別の根拠となる事由は認められない。

　また、労働組合は、組合員に対する**統制権の保持**を法律上認められ、組合員はこれに服し、組合の決定した活動に加わり、**組合費を納付**するなどの**義務を免れない立場**に置かれるものであるが、それは、組合からの**脱退の自由**を前提として初めて**容認**されることである。

　そうすると、本件**付随合意**のうち、Y組合から**脱退する権利**をおよそ行使しないことをXに義務付けて、**脱退の効力**そのものを生じさせないとする部分は、**脱退の自由**という**重要な権利**を奪い、**組合の統制への永続的な服従を強いる**ものであるから、**公序良俗**に反し、**無効**であるというべきである。

解　説

　この判例では、Y労働組合を脱退しないと合意していたのは、あくまでXと会社との間での合意であって、XとY労働組合との合意ではない上、脱退する権利を行使しないことを義務付けて、脱退の効力そのものを生じさせないとする部分は、脱退の自由という重要な権利を奪うこととなるので無効となり、Xがチェック・オフの中止を求めることは許されないとすることもできないとされています。

関連条文

> **（不当労働行為）労働組合法第7条**
> 　使用者は、次の各号に掲げる行為をしてはならない。
> 1　労働者が労働組合の組合員であること、労働組合に加入し、もしくはこれを結成しようとしたこと、もしくは労働組合の正当な行為をしたことの故をもって、その労働者を解雇し、その他これに対して不利益な取扱いをすること、または労働者が労働組合に加入せず、もしくは労働組合から脱退することを雇用条件とすること。（以下、略）

確認問題

Q　労働組合は、組合員に対する統制権の保持を法律上認められ、組合員はこれに服し、組合の決定した活動に加わり、組合費を納付するなどの義務を免れない立場に置かれるものであるが、それは、組合からの脱退の自由を前提として初めて容認されることであるとするのが、最高裁判所の判例である。（H24-2C）

A　○

74 労働協約の不利益変更
朝日火災海上保険（石堂）事件（最判第1小平9.3.27）

過去問 H28-一般2E

事案

Xは、もともとA社で雇用されていたが、A社の業務がY社に引き継がれたことを契機に、それまでどおりのA社での労働条件でY社に雇用されることとなり、Y社出身の社員より高い条件で雇用されていた。

その後、労働組合との間でA社出身の労働者と、それ以外のY社出身の労働者の労働条件の統一に関する交渉が続けられ、定年年齢が57歳に統一されたことにより、Xの定年と退職金の支給率が引き下がることとなる労働協約が締結された。

このため、Xは、労働条件の引下げに反対し、従前の労働条件が適用されるようにと主張し訴えた。

争点・結論

争点	労働協約が特定のまたは一部の組合員を殊更不利益に取り扱うことを目的として締結されたなど労働組合の目的を逸脱して締結された労働協約でない場合、定年、退職金算定方法を不利益に変更する労働協約に規範的効力はあるか。
結論	ある。

POINT 労働協約に定める基準が労働条件を不利益に変更するものであることの一事をもってその規範的効力を否定することはできず、また、個別の同意または組合に対する授権がない限り、その規範的効力を認めることができないものと解することもできない。

判旨

本件**労働協約**は、Xの定年および退職金算定方法を**不利益に変更**するものであり、昇給があることを考慮しても、これによりXが受ける**不利益**は決して小さいものではない。

しかし、同協約が締結されるに至った**経緯**、当時のY社の**経営状態**、同協約に定められた基準の**全体としての合理性**に照らせば、同協約が特定のまたは一部の組合員を**殊更不利益に取り扱う**ことを目的として締結されたなど労働組合の**目的を逸脱して締結**されたものとはいえず、その**規範的効力**を否定すべき理由はない。

これと同旨の原審の判断は、正当として是認することができる。本件**労働協約**に定める基準がXの**労働条件**を**不利益に変更**するものであることの一事をもってその**規範的効力**を否定することはできない。

また、Xの**個別の同意**または**組合に対する授権**がない限り、その**規範的効力**を認めることができないものと解することもできない。

解説

労働協約に定める労働条件その他の労働者の待遇に関する基準について、労働者にとって有利な労働条件を引き上げるような労働協約を締結したときだけでなく、この判例では、労働者にとって不利益にあたる労働条件の変更する場合にも、労働協約の規範的効力を否定することはできないこととされています。

なお、この判例のY社は、決算において実質17億7,000万円の赤字を計上するという経営危機に直面し、従来からの懸案事項であった定年の統一と併せて退職金算定方法を改定することを会社再建の重要な施策と位置付け、労働組合との交渉を重ねるようになった経緯もあるようです。

関連条文

（基準の効力）労働組合法第16条
　労働協約に定める労働条件その他の労働者の待遇に関する基準に違反する労働契約の部分は、無効とする。この場合において無効となった部分は、基準の定めるところによる。労働契約に定がない部分についても、同様とする。

確認問題

Q1 労働条件を不利益に変更する内容の労働協約を締結したとき、当該協約の規範的効力が労働者に及ぶのかについて、「同協約が締結されるに至った以上の経緯、当時の被上告会社の経営状態、同協約に定められた基準の全体としての合理性に照らせば、同協約が特定のまたは一部の組合員を殊更不利益に取り扱うことを目的として締結されたなど労働組合の目的を逸脱して締結されたもの」とはいえない場合は、その規範的効力を否定すべき理由はないとするのが、最高裁判所の判例である。（H28-2E）

Q2 労働協約に定める基準が労働者の労働条件を不利益に変更するものであることの一事をもってその　A　を否定することはできない。また、労働者の個別の同意または組合に対する授権がない限り、その　A　を認めることができないものと解することもできないとするのが、最高裁判所の判例である。

A 1　○
　　2　A．規範的効力

労働組合法関係

155

75 日本食塩製造事件 （最判第2小昭50.4.25）

ユニオン・ショップ協定と解雇

事案

Y社は、労働組合執行委員のXが労働組合運動としては行き過ぎた行為があったため、Xを懲戒解雇に付した。

このため、労働組合は地方労働委員会に救済申立てをし、懲戒解雇の撤回とXが和解日で退職する旨の内容のあっせんにより和解した。

しかし、その後Xは、和解に従い退職することを拒否したため、Y社との関係改善を図ろうとしていた労働組合は、行き過ぎた行為の労働組合運動をしたXを労働組合からの除名処分を行った。

Y社と労働組合の間には、ユニオン・ショップ条項が含まれた労働協約が締結されていたため、Y社は、これに基づきXを解雇することとした。

このため、Xは、労働組合からの除名は無効であり、これに基づく解雇も無効であるとして訴えた。

争点・結論

争点	労働組合からの除名が無効となった場合、使用者がユニオン・ショップ協定に基づき行った解雇は、無効となるか。
結論	無効である。

労働組合から除名された労働者に対しユニオン・ショップ協定に基づく労働組合に対する義務の履行として使用者が行う解雇は、ユニオン・ショップ協定によって使用者に解雇義務が発生している場合にかぎり、客観的に合理的な理由があり社会通念上相当なものとして是認することができる。除名が無効な場合には、前記のように使用者に解雇義務が生じないから、かかる場合には、客観的に合理的な理由を欠き社会的に相当なものとして是認することはできず、他に解雇の合理性を裏づける特段の事由がないかぎり、解雇権の濫用として無効である。

判旨

使用者の**解雇権の行使**も、それが**客観的に合理的な理由**を欠き**社会通念上相当**として是認す

ることができない場合には、**権利の濫用**として無効になると解するのが相当である。

　ところで、ユニオン・ショップ協定は、労働者が労働組合の組合員たる資格を取得せずまたはこれを失った場合に、使用者をして当該労働者との**雇用関係を終了**させることにより間接的に労働組合の**組織の拡大強化**をはかろうとする制度であり、このような制度としての正当な機能を果たすものと認められるかぎりにおいてのみその**効力を承認**することができるものである。

　このことから、ユニオン・ショップ協定に基づき使用者が労働組合に対し**解雇義務**を負うのは、当該労働者が正当な理由がないのに労働組合に加入しないために組合員たる資格を取得せずまたは労働組合から有効に脱退しもしくは除名されて組合員たる資格を喪失した場合に限定され、除名が無効な場合には、使用者は**解雇義務**を負わないものと解すべきである。

　そして、労働組合から除名された労働者に対しユニオン・ショップ協定に基づく労働組合に対する**義務の履行**として使用者が行う解雇は、ユニオン・ショップ協定によって使用者に**解雇義務**が発生している場合にかぎり、**客観的に合理的な理由**があり**社会通念上相当**なものとして是認することができるのであり、右除名が無効な場合には、前記のように使用者に**解雇義務**が生じないから、かかる場合には、**客観的に合理的な理由**を欠き**社会的に相当**なものとして是認することはできず、他に解雇の合理性を裏づける特段の事由がないかぎり、**解雇権の濫用**として無効であるといわなければならない。

　本件についてこれをみるに、原審が適法に確定した事実によれば、［……中略……］Ｘが、本件離籍は無効であり、したがって右ユニオン・ショップ条項に基づいてした解雇は無効であると主張したのに対し、原審が、本件離籍（除名）の効力について審理判断することなく、除名の有効無効はユニオン・ショップ協定に基づく解雇の効力になんら影響を及ぼすものではないとして、Ｘの主張を排斥したのは、ユニオン・ショップ協定に基づく**解雇の法理**の解釈を誤り、そのため審理不尽におちいり、ひいては理由不備の違法をおかしたものというべきである。したがって、論旨は理由があり、原判決は破棄を免れない。

解　説

　この判例では、Ｙ社と労働組合の間で、「会社は組合を脱退し、または除名された者を解雇する。」とのユニオン・ショップ条項を含む包括的労働協約が締結されていましたが、この解雇義務を負うのは、当該労働者が正当な理由がないのに労働組合に加入しないときや、有効に脱退や除名された場合に限定されるとされています。

確認問題

Q　ユニオン・ショップ協定に基づき使用者が労働組合に対し解雇義務を負うのは、当該労働者が正当な理由がないのに労働組合に加入しないために組合員たる資格を取得せずまたは労働組合から有効に脱退しもしくは除名されて組合員たる資格を喪失した場合に限定されず、除名が無効な場合であっても、使用者は解雇義務を負うものと解すべきであるとするのが最高裁判所の判例である。

A　×　除名が無効な場合には、使用者は解雇義務を負わないものと解すべきであるとするのが最高裁判所の判例である。

労働組合法関係

157

76 INAXメンテナンス事件 （最判第3小平23.4.12）

業務委託契約と労働者性

事案

住宅設備機器の修理補修を行うY社は、修理補修を行うカスタマーエンジニア（以下、「CE」という。）との間で業務委託契約を締結していた。

あるとき、Y社は、CEが加入する労働組合から、CEの労働条件の変更を議題とする団体交渉の申入れを受けた。

しかし、Y社は、CEはY社の労働者に当たらないとして団体交渉を拒否した。このため、労働組合は、これは不当労働行為に当たるとして訴えた。

争点・結論

争点	会社と個人業務委託契約を締結して業務に従事するCE（カスタマーエンジニア）は、会社との関係において労働組合法上の労働者に当たるか。
結論	当たる。

POINT　①事業の遂行に不可欠な労働力として、組織に組み入れられている、②契約内容が一方的に決定されている、③報酬が労務の提供の対価としての性質である、④会社からの業務の依頼に応ずべき関係にある、⑤会社の指定する業務遂行方法に従い、その指揮監督の下に労務の提供を行い、場所的にも時間的にも一定の拘束を受けているような場合は、労働組合法上の労働者に当たる。

判旨

Y社は、CEをライセンス制度やランキング制度の下で管理し、全国の担当地域に配置を割り振って日常的な修理補修等の業務に対応させていたものである上、各CEと調整しつつその業務日および休日を指定し、日曜日および祝日についても各CEが交替で業務を担当するよう要請していたというのであるから、CEは、Y社の上記事業の遂行に不可欠な**労働力**として、その**恒常的**な確保のためにY社の組織に組み入れられていたものとみるのが相当である。

また、CEとY社との間の業務委託契約の内容は、Y社の定めた「業務委託に関する覚書」によって規律されており、個別の修理補修等の依頼内容をCEの側で変更する余地がなかった

ことも明らかであるから、Y社がCEとの間の契約内容を**一方的に決定**していたものというべきである。

さらに、CEの報酬は、CEがY社による個別の業務委託に応じて修理補修等を行った場合に、Y社が商品や修理内容に従ってあらかじめ決定した顧客等に対する請求金額に、当該CEにつきY社が決定した級ごとに定められた一定率を乗じ、これに時間外手当等に相当する金額を加算する方法で支払われていたのであるから、**労務の提供の対価**としての性質を有するものということができる。

［……中略……］

CEの報酬額は当該CEにつきY社が毎年決定する級によって差が生じており、その担当地域もY社が決定していたこと等にも照らすと、たといCEが承諾拒否を理由に**債務不履行責任**を追及されることがなかったとしても、各当事者の認識や契約の実際の運用においては、CEは、基本的にY社による個別の修理補修等の依頼に応ずべき関係にあったものとみるのが相当である。

［……中略……］

修理補修等の作業手順やY社への報告方法に加え、CEとしての心構えや役割、接客態度等までが記載された各種のマニュアルの配布を受け、これに基づく業務の遂行を求められていたというのであるから、CEは、Y社の指定する業務遂行方法に従い、その**指揮監督**の下に**労務の提供**を行っており、かつ、その業務について場所的にも時間的にも**一定の拘束**を受けていたものということができる。

［……中略……］以上の諸事情を総合考慮すれば、CEは、Y社との関係において労働組合法上の労働者に当たると解するのが相当である。

解説

この判例のCEは、会社との関係で、労働組合法の労働者であると判断されたので、CEが加入する労働組合は、労働組合法2条に規定される労働組合となります。

このため、Y社が、労働組合からの団体交渉に応じなかったのは、正当な理由なく労働組合との団体交渉を拒否するものとなり、Y社の対応は、労働組合法7条2号に該当する不当労働行為に該当することとなりました。

確認問題

Q 会社と業務委託契約を締結してその業務に従事する受託者が、①事業の遂行に不可欠な　　A　　として組織に組み入れられていたこと、②契約内容が一方的に決定されていたこと、③報酬が　B　の対価としての性質であったこと、④会社からの業務の依頼に応ずべき関係にあったこと、⑤会社の指定する業務遂行方法に従い、その　　C　　の下に　B　を行い、場所的にも時間的にも一定の拘束を受けていた場合、労働組合法上の労働者に当たると解するのが相当であるとするのが、最高裁判所の判例である。

A A. 労働力　B. 労務の提供　C. 指揮監督

労働組合法関係

77 自由出演契約と労働者性
CBC管弦楽団労組事件（最判第1小昭51.5.6）

事案

Y社は、放送会社であり、自社の放送に出演させるために管弦楽団を創り、楽団員と放送出演契約を締結していた。

その契約は、当初は、「専属出演契約」であったが、その後、「優先出演契約」へと改められ、さらに「自由出演契約」へと切り替えられていった。

契約が切り替えられる中、楽団員たちはX労働組合を結成し、Y社に団体交渉の申し入れを行ったが、Y社はこれを拒否した。

このため、X労働組合は、これが不当労働行為に当たると主張して訴えた。

争点・結論

争点	会社と自由出演契約をしている楽団員は、労働組合法の適用を受けるべき労働者に当たるか。
結論	当たる。

自由出演契約に基づき楽団員に支払われる契約金は、楽団員に生活の資として一応の安定した収入を与えるための最低保障給たる性質を有するものと認めるべきである。楽団員は、自由出演契約のもとにおいてもなお、会社に対する関係において労働組合法の適用を受けるべき労働者に当たると解すべきである。

判旨

本件の自由出演契約が、会社において放送の都度演奏者と出演条件等を交渉して**個別的に契約**を締結することの**困難さ**と**煩雑さ**とを**回避**し、楽団員をあらかじめ会社の事業組織のなかに組み入れておくことによって、放送事業の遂行上不可欠な**演奏労働力**を**恒常的に確保**しようとするものであることは明らかであり、この点においては専属出演契約および優先出演契約と異なるところがない。このことと、自由出演契約締結の際における会社および楽団員の前記のような認識とを合わせ考慮すれば、右契約の文言上は楽団員が会社の出演発注を断わることが禁止されていなかったとはいえ、そのことから直ちに、右契約が所論のいうように出演について楽団員になんらの義務も負わせず、単にその任意の協力のみを期待したものであるとは解され

ず、むしろ、原則としては発注に応じて出演すべき義務のあることを前提としつつ、ただ個々の場合に他社出演等を理由に出演しないことがあっても、当然には契約違反等の責任を問わないという趣旨の契約であるとみるのが相当である。

　楽団員は、演奏という**特殊な労務を提供**する者であるため、必ずしも会社から日日一定の**時間的拘束**を受けるものではなく、出演に要する時間以外の時間は事実上その自由に委ねられているが、右のように、会社において必要とするときは随時その一方的に指定するところによって楽団員に出演を求めることができ、楽団員が原則としてこれに従うべき基本的関係がある以上、たとえ会社の都合によって現実の出演時間がいかに減少したとしても、楽団員の**演奏労働力**の処分につき会社が**指揮命令**の権能を有しないものということはできない。

　また、自由出演契約に基づき楽団員に支払われる出演報酬のうち契約金が不出演によって減額されないことは前記のとおりであるが、楽団員は、いわゆる有名芸術家とは異なり、演出についてなんら**裁量**を与えられていないのであるから、その出演報酬は、演奏によってもたらされる芸術的価値を評価したものというよりは、むしろ、演奏という**労務の提供**それ自体の対価であるとみるのが相当であって、その一部たる契約金は、楽団員に生活の資として一応の安定した収入を与えるための**最低保障給**たる性質を有するものと認めるべきである。

　以上の諸点からすれば、楽団員は、自由出演契約のもとにおいてもなお、会社に対する関係において労働組合法の適用を受けるべき**労働者に当たる**と解すべきである。

解　説

　労働組合法３条では、「この法律で労働者とは、職業の種類を問わず、賃金、給料その他これに準ずる収入によって生活する者をいう。」とされています。一方、労働基準法９条では、「この法律で労働者とは、職業の種類を問わず、事業または事務所に使用される者で、賃金を支払われる者をいう。」とし、それぞれ労働者の定義は相違しています。

　この判例では、Y社が楽団員に支払う契約金が最低保障給の性質を有していることから、楽団員は、労働組合法上の「労働者」に当たり、労働組合との団体交渉を拒むことはできないとされています。

確認問題

Q 楽団員は、いわゆる有名芸術家とは異なり、演出についてなんら　A　を与えられていないのであるから、その出演報酬は、演奏によってもたらされる芸術的価値を評価したものというよりは、むしろ、演奏という　B　それ自体の対価であるとみるのが相当であって、その一部たる契約金は、楽団員に生活の資として一応の安定した収入を与えるための　C　と認めるべきである。以上の諸点からすれば、楽団員は、自由出演契約のもとにおいてもなお、会社に対する関係において労働組合法の適用を受けるべき労働者に当たるとするのが、最高裁判所の判例である。

A A. 裁量　B. 労務の提供　C. 最低保障給たる性質を有するもの

労働組合法関係

78 請負関係での使用者
朝日放送事件（最判第3小平7.2.28）

事案

X労働組合は、民間放送会社等の下請事業を営む企業の従業員で組織された労働組合であり、請負3社は、X労働組合との間で団体交渉を行い、労働協約を締結していた。

Y社は、テレビ放送会社であり、請負3社から請負契約により派遣された従業員を番組制作の業務に従事させていた。

請負3社から派遣される従業員は、Y社のディレクターの指揮監督のもと、Y社の従業員と共に番組制作業務に従事していた。

あるとき、X労働組合は、Y社に対して労働条件の改善等を求め団体交渉を申し入れた。

しかし、Y社は、使用者でないことを理由として拒否したため、X労働組合はこれが不当労働行為に当たると主張して訴えた。

争点・結論

争点	労働契約上の雇用主以外の請負先の事業主が労働組合法7条にいう「使用者」に当たるか。
結論	当たる。

POINT 雇用主以外の事業主であっても、雇用主から労働者の派遣を受けて自己の業務に従事させ、その労働者の基本的な労働条件等について、雇用主と部分的とはいえ同視できる程度に現実的かつ具体的に支配、決定することができる地位にある場合には、その限りにおいて、労働組合法7条にいう「使用者」に当たるものと解するのが相当である。

判旨

労働組合法7条にいう「使用者」の意義について検討するに、一般に使用者とは労働契約上の雇用主をいうものであるが、同条が団結権の侵害に当たる一定の行為を**不当労働行為**として排除、是正として正常な**労使関係を回復**することを目的としていることにかんがみると、雇用主以外の事業主であっても、雇用主から労働者の派遣を受けて**自己の業務に従事**させ、その**労働者の基本的な労働条件等**について、雇用主と部分的とはいえ**同視できる程度に現実的かつ具**

体的に支配、決定することができる地位にある場合には、その限りにおいて、右事業主は同条の「使用者」に当たるものと解するのが相当である。

これを本件についてみるに、請負3社は、Y社とは別個独立の事業主体として、テレビの番組制作の業務につきY社との間の請負契約に基づき、その雇用する従業員をY社の下に派遣してその業務に従事させていたものであり、もとより、Y社は右従業員に対する関係で労働契約上の雇用主に当たるものではない。

しかしながら、前記の事実関係によれば、Y社は、請負3社から派遣される従業員が従事すべき業務の全般につき、編成日程表、台本および制作進行表の作成を通じて、**作業日時、作業時間、作業場所、作業内容**等その細部に至るまで**自ら決定**していたこと、請負3社は、単に、ほぼ固定している一定の従業員のうちのだれをどの番組制作業務に従事させるかを決定していたにすぎないものであること、Y社の下に派遣される請負3社の従業員は、このようにして決定されたことに従い、Y社から支給ないし貸与される器材等を使用し、Y社の作業秩序に組み込まれてY社の従業員と共に番組制作業務に従事していたこと、請負3社の従業員の作業の進行は、**作業時間帯の変更、作業時間の延長、休憩**等の点についても、すべてY社の従業員であるディレクターの**指揮監督下**に置かれていたことが明らかである。

これらの事実を総合すれば、Y社は、実質的にみて、請負3社から派遣される従業員の**勤務時間の割り振り、労務提供の態様、作業環境**等を決定していたのであり、右従業員の**基本的な労働条件等**について、雇用主である請負3社と部分的とはいえ**同視できる程度**に現実的かつ具体的に支配、決定することができる地位にあったものというべきであるから、その限りにおいて、労働組合法7条にいう「**使用者**」に当たるものと解するのが相当である。

解　説

労働組合法7条では、「使用者が雇用する労働者の代表者と団体交渉をすることを正当な理由がなくて拒むこと」が禁止されています。

この判例では、請負3社から派遣される従業員にとってY社は、労働組合法上の「使用者」に当たるため、Y社は、X労働組合との団体交渉を拒むことはできないこととされています。

確認問題

Q 労働組合法7条にいう「使用者」の意義について検討するに、一般に使用者とは労働契約上の雇用主をいうものであるが、同条が団結権の侵害に当たる一定の行為を　A　として排除、是正として正常な労使関係を回復することを目的としていることにかんがみると、雇用主以外の事業主であっても、雇用主から労働者の派遣を受けて自己の業務に従事させ、その労働者の基本的な労働条件等について、雇用主と部分的とはいえ　B　に現実的かつ具体的に支配、決定することができる地位にある場合には、その限りにおいて、右事業主は同条の「使用者」に当たるものと解するのが相当である、とするのが最高裁判所の判例である。

A A. 不当労働行為　B. 同視できる程度

労働組合法関係

79 三井倉庫港運事件 (最判第1小平1.12.14)

ユニオン・ショップ協定の効力

過去問 H24-一般2A

事案

Y社は、A労働組合との間に「Y社に所属する海上コンテナトレーラー運転手は、双方が協議して認めた者を除き、全て労働組合の組合員でなければならない。Y社は、所属する海上コンテナトレーラー運転手で、A労働組合に加入しない者およびA労働組合を除名された者を解雇する。」とのユニオン・ショップ協定を締結していた。

Xたちは、Y社に勤務する海上コンテナトレーラー運転手であったが、A労働組合に脱

退届を提出してA労働組合を脱退し、すぐに別の労働組合に加入し、その旨をY社に通告した。

このため、A労働組合は、ユニオン・ショップ協定に基づくXたちの解雇をY社に要求し、Y社は、ユニオン・ショップ協定に基づきXたちを解雇した。

そこで、Xたちは、この解雇の処分は無効であると主張して訴えた。

争点・結論

争点	ユニオン・ショップ協定を締結している労働組合から脱退し、他の労働組合に加入した者について使用者の解雇義務を定める部分は有効か。
結論	無効である。

ユニオン・ショップ協定のうち、締結組合以外の他の労働組合に加入している者および締結組合から脱退しまたは除名されたが、他の労働組合に加入しまたは新たな労働組合を結成した者について使用者の解雇義務を定める部分は、民法90条（公序良俗）の規定により、これを無効と解すべきである。

使用者が、ユニオン・ショップ協定に基づき、このような労働者に対してした解雇は、同協定に基づく解雇義務が生じていないのにされたものであるから、客観的に合理的な理由を欠き、社会通念上相当なものとして是認することはできず、他に解雇の合理性を裏付ける特段の事由がない限り、解雇権の濫用として無効である。

判　旨

　ユニオン・ショップ協定は、労働者が労働組合の組合員たる資格を取得せずまたはこれを失った場合に、使用者をして当該労働者との雇用関係を終了させることにより間接的に労働組合の組織の拡大強化を図ろうとするものであるが、他方、労働者には、自らの**団結権を行使**するため**労働組合を選択する自由**があり、また、ユニオン・ショップ協定を締結している労働組合（以下「締結組合」という。）の団結権と同様、同協定を締結していない他の労働組合の団結権も等しく尊重されるべきであるから、ユニオン・ショップ協定によって、労働者に対し、**解雇の威嚇**の下に特定の労働組合への加入を強制することは、それが労働者の**組合選択の自由**および他の労働組合の**団結権を侵害**する場合には許されないものというべきである。

　したがって、ユニオン・ショップ協定のうち、締結組合以外の他の労働組合に加入している者および締結組合から脱退しまたは除名されたが、他の労働組合に加入しまたは新たな労働組合を結成した者について使用者の解雇義務を定める部分は、右の観点からして、民法90条の規定により、これを**無効**と解すべきである。

　そうすると、使用者が、ユニオン・ショップ協定に基づき、このような労働者に対してした解雇は、同協定に基づく解雇義務が生じていないのにされたものであるから、**客観的に合理的な理由**を欠き、**社会通念上相当**なものとして是認することはできず、他に解雇の合理性を裏付ける特段の事由がない限り、**解雇権の濫用**として無効であるといわざるを得ない。

　［……中略……］

　そうすると、Y社が、本件ユニオン・ショップ協定に基づき、Xらに対してした本件各解雇は、右協定によるY社の解雇義務が生じていないときにされたものであり、本件において他にその合理性を裏付ける特段の事由を認めることはできないから、結局、本件各解雇は、**客観的に合理的な理由**を欠き、**社会通念上相当**なものとして是認することはできず、**解雇権の濫用**として無効であるといわなければならない。

解　説

　なお、解雇権濫用法理については、労働契約法16条において、「解雇は、客観的に合理的な理由を欠き、社会通念上相当であると認められない場合は、その権利を濫用したものとして、無効とする。」と定められています。

確認問題

Q いわゆるユニオン・ショップ協定のうち、締結組合以外の他の労働組合に加入している者および締結組合から脱退しまたは除名されたが他の労働組合に加入しまたは新たな労働組合を結成した者について使用者の解雇義務を定める部分は、民法第90条の規定により、これを無効と解すべきであるとするのが、最高裁判所の判例である。（H24-2A）

A ○

80 差し違え条件 日本メール・オーダー事件 （最判第3小昭59.5.29）

事 案

Y社には、A労働組合とB労働組合があり、年末一時金について、それぞれ団体交渉が行われることとなった。

第1回目の団体交渉で、Y社は、支給額等を示したところ、共に不満の意を示し、妥結されなかった。

そこで、第2回目の団体交渉では、Y社は、上積み分を乗せた支給額等を示し、その上積みの条件として、「生産性向上に協力すること」という差し違え条件を提示した。

すると、多数派のB労働組合は、これを受託して労働協約を締結したため、B労働組合の組合員および非組合員に対して年末一時金が支給された。

一方、少数派のA労働組合は、支給額等には同意したが、「生産性向上に協力すること」は、従業員にとって不利益になると考え、Y社に説明を求めたが、具体的な説明が得られなかったため、妥結はされなかった。そして、Y社とA労働組合の間では、その後も団体交渉が行われ、「生産性向上に協力すること」の趣旨が説明されたが、妥結されず、A労働組合の組合員に対しては、年末一時金が支給されなかった。このため、A労働組合は、年末一時金について組合間で差別扱いをしたことが、不当労働行為に当たると主張して訴えた。

争点・結論

争 点	同一企業内に併存する労働組合の一つが労働協約の締結を拒否し、その組合員のみが年末一時金の支給を受けられなかった場合、それは不当労働行為に当たるか。
結 論	当たる。

 労働協約を締結していない労働組合に所属している組合員を、そのことの故に差別し、これによって当該組合内部に動揺を生じさせ、ひいて当該組合組織を弱体化させようとの意図の下に行われたものとして、労働組合法7条1号および3号の不当労働行為を構成するものというべきである。

判 旨

本件前提条件が提示されるに至った経緯、状況および右前提条件の内容等に関して上述した

ところを総合すると、Ａ組合において本件前提条件の**受諾を拒絶**して**団体交渉を決裂**させるのやむなきに至り、その結果、Ａ組合所属の組合員が一時金の支給を受けることができなくなったことについては、Ｙ社において、前記のように**合理性を肯認しえず**、したがってＡ組合の受け入れることのできないような前提条件を、Ａ組合が**受諾しない**であろうことを**予測しえた**にもかかわらずあえて提案し、これに**固執**したことに原因があるといわなければならず、しかも、Ａ組合の右前提条件**受諾拒否**の態度は、理由のないものではないというべきである。

　そして、一方において、労組が本件前提条件を受諾して**団体交渉を妥結**させ、一時金につき**労働協約を成立**させたのに、他方において、Ａ組合は、本件前提条件の**受諾を拒絶**して**団体交渉を決裂**させ、一時金につき**労働協約を成立**させることができないこととなれば、右二つの労働組合所属の組合員の間に一時金の支給につき**差異が生ずる**ことは当然の成り行きというべきであり、しかも、Ａ組合が少数派組合であることからすると、Ａ組合所属の組合員が一時金の支給を受けられないことになれば、同組合員らの間に動揺を来たし、そのことがＡ組合の組織力に少なからぬ影響を及ぼし、ひいてはその**弱体化**を来たすであろうことは、容易に予測しうることであったということができる。

　したがって、Ｙ社が右のような状況の下において本件前提条件にあえて**固執**したということは、かかる状況を利してＡ組合およびその所属組合員をして右のような結果を**甘受**するのやむなきに至らしめようとの意図を有していたとの評価を受けてもやむをえないものといわなければならない。

　そうすると、Ｙ社の右行為は、これを全体としてみた場合には、Ａ組合に所属している組合員を、そのことの故に**差別**し、これによってＡ組合の内部に**動揺**を生じさせ、ひいてＡ組合の組織を**弱体化**させようとの意図の下に行われたものとして、労働組合法７条１号および３号の**不当労働行為**を構成するものというべきである。

解　説

　Ｙ社が示した「生産性向上に協力すること」は、抽象的で具体性を欠くものでした。

　また、「生産性向上」とは、労働者側から見れば、人員削減、労働強化、労働条件の切下げ等を意味し、当時は、生産性向上運動が、深刻な労使紛争にまで発展した事例が広く知られて間もない時期であったこともあり、この前提条件はＡ労働組合にとって受諾し難いものでした。

確認問題

Q　同一企業内に併存する労働組合の団体交渉において前提条件を付け、その一つの労働組合が前提条件の受諾を拒絶したことにより、労働協約が締結できず、その組合員のみ年末一時金の支給が受けられないとするのは、その組合員を、その労働組合に所属していることの故に差別し、これによって労働組合の内部に動揺を生じさせ、労働組合の組織を弱体化させようとの意図の下に行われた場合であっても、労働組合法第７条第１号および第３号の不当労働行為に当たらないとするのが、最高裁判所の判例である。

A 　×　労働組合の組織を弱体化させようとの意図の下に行われた場合は、労働組合法第７条第１号および第３号の不当労働行為に当たるとするのが、最高裁判所の判例である。

労働組合法関係

81 チェック・オフの中止申入れ
エッソ石油事件 （最判第1小平5.3.25）

過去問 H17-労基1C、H24-一般2B、H25-一般2C

事案

Y社の従業員であるXたちは、A労働組合の組合員であったが、闘争方針の違いから、執行部と対立したため、B労働組合を結成した。

B労働組合は、Y社に対し、Xたちのチェック・オフしたA労働組合の組合費を、A労働組合に交付せず、B労働組合が指定する銀行口座に入金するよう申し入れたところ、Y社はこれに応じなかった。

そこで、B労働組合は、Y社宛てに組合費引去停止依頼書を添付した上で、Xたちの賃金からA労働組合の組合費をチェック・オフしたことに抗議し、組合費を指定する銀行口座に入金するように申し入れた。

しかし、その後も、Y社は、約半年間にわたり、Xたちの賃金からA労働組合の組合費をチェック・オフし、A労働組合に交付し続けた。

このため、Xたちは、Y社の行為が不当労働行為に当たるとして、Y社に対して損害賠償を求めて訴えた。

争点・結論

争点	組合員から、チェック・オフの中止の申入れがされたとき、使用者はチェック・オフを中止する必要があるか。
結論	ある。

POINT 　使用者と労働組合との間に労働協約が締結されている場合であっても、使用者が有効なチェック・オフを行うためには、右協定の外に、使用者が個々の組合員から、賃金から控除した組合費相当分を労働組合に支払うことにつき委任を受けることが必要であり、委任が存しないときには、使用者は当該組合員の賃金からチェック・オフをすることはできない。

判旨

労働基準法（昭和62年法律第99号による改正前のもの）24条1項ただし書の要件を具備するチェック・オフ協定の締結は、これにより、右協定に基づく使用者のチェック・オフが同項本

文所定の**賃金全額払の原則**の例外とされ、同法120条１号所定の**罰則の適用**を受けないという効力を有するにすぎないものであって、それが**労働協約**の形式により締結された場合であっても、当然に使用者がチェック・オフをする権限を取得するものでないことはもとより、組合員がチェック・オフを**受忍すべき義務**を負うものではないと解すべきである。

　したがって、使用者と労働組合との間に右協定（**労働協約**）が締結されている場合であっても、使用者が有効なチェック・オフを行うためには、右協定の外に、使用者が個々の組合員から、賃金から控除した組合費相当分を労働組合に支払うことにつき**委任を受ける**ことが必要であって、右委任が存しないときには、使用者は当該組合員の賃金からチェック・オフをすることはできないものと解するのが相当である。

　そうすると、チェック・オフ開始後においても、組合員は使用者に対し、いつでもチェック・オフの**中止を申し入れる**ことができ、右**中止の申入れ**がされたときには、使用者は当該組合員に対するチェック・オフを中止すべきものである。

解　説

　チェック・オフとは、本来は労働組合が組合員から徴収する組合費を、使用者が代わって賃金から控除して労働組合に支払うことをいいます。

　チェック・オフ協定が有効になるためには、個々の組合員からの委任が必要となり、賃金から控除した組合費を労働組合に交付することについて、個々の組合員の委任を受けていない場合は、使用者と労働組合との間に、チェック・オフ協定が締結されていても、労働組合に組合費を交付することはできません。

　そして、労働者は、いつでもチェック・オフの中止を申し入れることができ、使用者は、この申入れを受け、チェック・オフを中止しなければなりません。

確認問題

Q 1　使用者が組合員の賃金から組合費を控除しそれを労働組合に引き渡す旨の、労働組合と使用者との間の協定（いわゆるチェック・オフ協定）は、それに反対する組合員にチェック・オフを受忍する義務を負わせるものではなく、組合員はいつでも使用者にチェック・オフの中止を申し入れることができるとするのが、最高裁判所の判例である。（H25-2C）

Q 2　労働基準法（昭和62年法律第99号による改正前のもの）24条１項ただし書の要件を具備するチェック・オフ協定の締結は、これにより、右協定に基づく使用者のチェック・オフが同項本文所定の則の　　A　　の例外とされ、同法120条１号所定の　　B　　を受けないという効力を有するにすぎないものであって、それが労働協約の形式により締結された場合であっても、当然に使用者がチェック・オフをする権限を取得するものでないことはもとより、組合員がチェック・オフを受忍すべき義務を負うものではないと解すべきである。

A　1　○
　　　2　A．賃金全額払の原則　B．罰則の適用

労働組合法関係

169

82 救済命令の適法性
ネスレ日本（東京・島田）事件 （最判第1小平7.2.23）

事案

Y社には、もともとA労働組合が存在していたが、内部抗争の結果、B労働組合とC労働組合が独立して併存していた。

少数派のB労働組合の組合員は、Y社とA労働組合との間に締結されたチェック・オフ協定に基づき、組合費のチェック・オフを受けていたが、B労働組合は、独立した労働組合としてその存在が認められる直前から、Y社にチェック・オフの中止や控除された組合費相当額の返還を要求していた。

しかし、Y社は、B労働組合の組合員のチェック・オフを継続した上、独立した労働組合と認められていないB労働組合はまだ存在せず、多数派のC労働組合しか存在しないとの認識の下、控除した組合費相当額をC労働組合に交付した。

このため、B労働組合は、これは不当労働行為に当たると主張して労働委員会に救済を申し立てたところ、労働委員会は、Y社の行為は不当労働行為に当たるとして組合費相当額をB労働組合に支払うよう命じたが、Y社は不服として、労働委員会の命令の取消しを求めて訴えた。

争点・結論

争点	労使協定が締結されていない労働組合への組合費相当額の支払いを命じる労働委員会の救済命令を、裁判所が違法と判断することはあるか。
結論	ある。

POINT　救済命令の内容の適法性が争われる場合、裁判所は、労働委員会の裁量権を尊重すべきではあるが、その行使が是認される範囲を超え、または著しく不合理であって濫用にわたると認められるときには、当該命令を違法と判断せざるを得ない。

判旨

労働委員会は、救済命令を発するに当たり、その内容の決定について広い**裁量権**を有するものであることはいうまでもないが、**不当労働行為**によって発生した**侵害状態**を**除去**、**是正**し、正常な**集団的労使関係**秩序の**迅速な回復**、**確保**を図るという救済命令制度の本来の趣旨、目的に由来する**限界を逸脱**することが許されないことも当然である。救済命令の内容の適法性が争

われる場合、**裁判所**は、労働委員会の右**裁量権を尊重**すべきではあるが、その行使が右**是認される範囲**を超え、または**著しく不合理**であって濫用にわたると認められるときには、当該命令を違法と判断せざるを得ない。

　本件命令部分は、チェック・オフの継続と控除額のＣ組合への交付という**不当労働行為**に対する救済措置として、Ｙ社に対し、控除した組合費相当額等を組合員個人に対してではなく、Ｂ組合へ支払うことを命じたものである。

　しかし、右チェック・オフにより控除された組合費相当額は本来組合員自身がＹ社から受け取るべき**賃金の一部**であり、また、右**不当労働行為**による組合活動に対する**制約的効果**や**支配介入的効果**も、組合員が賃金のうち組合費に相当する金員の支払を受けられなかったことに伴うものであるから、Ｙ社をして、今後のチェック・オフを中止させた上、控除した組合費相当額をＢ労働組合所属の組合員に支払わせるならば、これによって、右**不当労働行為**によって生じた**侵害状態は除去**され、右**不当労働行為**がなかったと同様の事実上の状態が**回復**されるものというべきである。

　これに対し、本件命令部分のような救済命令は、右の範囲を超えて、Ｂ労働組合とＹ社との間にチェック・オフ協定が締結され、Ｂ労働組合所属の個々の組合員がＹ社に対しその賃金から控除した組合費相当額をＢ労働組合両支部に支払うことを委任しているのと同様の事実上の状態を作り出してしまうこととなるが、本件において原審の認定事実によれば右協定の締結および委任の事実は認められないのであるから、本件命令部分により作出される右状態は、**不当労働行為**がなかったのと同様の状態から**著しくかけ離れる**ものであることが明らかである。

　さらに、救済命令によって作出される**事実上の状態**は必ずしも**私法上の法律関係**と一致する必要はなく、また、支払いを命じられた金員の性質は控除された賃金そのものではないことはいうまでもないが、本件命令部分によって作出される右のような**事実上の状態**は、**私法的法律関係**から著しくかけ離れるものであるのみならず、その実質において労働基準法24条１項の趣旨にも**抵触する**と評価され得る状態であるといわなければならない。

　したがって、本件命令部分は、労働委員会の**裁量権**の**合理的行使**の**限界を超える違法なもの**といわざるを得ない。

解　説

　チェック・オフを実施することができるのは、労使間で、賃金控除に関する協定によって合意がなされた場合に限られます。この判例では、この協定が存在していないＢ労働組合に組合費相当額を支払えとした労働委員会の命令は違反するものであるとされています。

確認問題

Q 労働委員会は、救済命令を発するに当たり、その内容の決定について広い　A　を有するものであることはいうまでもないが、不当労働行為によって発生した　B　を除去、是正し、正常な集団的労使関係秩序の　C　を図るという救済命令制度の本来の趣旨、目的に由来する限界を逸脱することが許されないことも当然である。

A　A. 裁量権　B. 侵害状態　C. 迅速な回復、確保

労働組合法関係

83 プリマハム事件 （最判第2小昭57.9.10）

使用者の言論と支配介入

過去問 H24-一般2E

事 案

A労働組合は、Y社に対し賃金の引上げを要求し、団体交渉を行ったものの、Y社の提示金額に納得がいかず、団交決裂を宣言した。

Y社は、「ストライキを決行するらしい組合幹部の姿が私はどうもストのためのストを行なわんとする姿にしか写って来ないのは甚だ遺憾であります。会社も現在以上の回答を出すことは絶対不可能でありますので、重大な決意をせざるを得ません。お互いに節度ある行動をとられんことを念願いたします。」

旨の社長声明文を全事業所に掲示したため、その直後から、組合内部にストライキ反対運動が活発化した。

X労働組合は、ストライキ通告に基づいて第一波の部分ストライキを実施したところ、ストライキに参加しなかった者や、ストライキから脱落した者が多数出たため、ストライキを中止し、賃上げ問題について会社と妥結するに至った。

このため、X労働組合は、Y社が組合幹部を誹謗する社長声明文を掲示したことが不法労働行為に当たると主張して訴えた。

争点・結論

争点	組合幹部を誹謗し、ストライキ不参加の呼びかけを内容とする社長声明文を掲示することは、労働組合への支配介入行為に当たるか。
結論	当たる。

 POINT

労働組合に対する使用者の言論が不当労働行為に該当するかどうかは、言論の内容、発表の手段、方法、発表の時期、発表者の地位、身分、言論発表の与える影響などを総合して判断し、当該言論が組合員に対し威嚇的効果を与え、組合の組織、運営に影響を及ぼすような場合は支配介入となるというべきである。

判 旨

およそ使用者だからといって憲法21条に掲げる**言論の自由**が否定されるいわれがないことはもちろんであるが、憲法28条の**団結権を侵害**してはならないという制約をうけることを免れず、

使用者の言論が組合の結成、運営に対する**支配介入**にわたる場合は**不当労働行為**として**禁止の対象**となると解すべきである。

これを具体的にいえば、組合に対する**使用者の言論**が**不当労働行為**に該当するかどうかは、言論の**内容**、発表の**手段**、**方法**、発表の**時期**、発表者の**地位**、**身分**、言論発表の与える**影響**などを総合して判断し、当該言論が組合員に対し**威嚇的効果**を与え、組合の組識、運営に影響を及ぼすような場合は**支配介入**となるというべきである。

第1に、本件社長声明文は、その対象者を「従業員の皆さん」としているが、成立に争いのない証拠関係の証によれば、会社は当時組合といわゆるユニオン・ショップ制を協定していたことが認められるから、「従業員の皆さん」はとりもなおさず**組合員全員を対象**にしているとみるのほかない。

第2に、声明文の内容によれば、[……中略……]

第3に、本件声明文は、前記認定のとおり、同時頃全事業所に**一斉に掲示**して発表された。

第4に、本件声明文の発表の**時期**についてみると、4月15日の団交決裂宣言が直ちにストライキに突入することを意味しておらず、なお団体交渉によって話し合いを継続する余地のある段階であったことは前記「ストのためのスト」の項で認定した諸事実から明らかである。

第5に、本件声明文は、会社の最高責任者としての**社長名義で発表**されている。

第6に、本件声明文の影響として、これが発表後、ストライキに反対する組合内部での動きが各支部において急に現われてきたところからみて、組合内部における執行部の方針に批判的な勢力に力を与えて勇気づけ、初めて193名に及ぶ脱落者が出たといえよう。

以上を総合して考えると、本件社長声明文は、ストライキをいつどのような方法で行うか等という、組合が**自主的に判断**して**行動**すべきいわゆる組合の**内部運営**に対する**支配介入行為**にあたると認めるのが相当である。（地裁判決文より一部引用）

解　説

この判例では、使用者の言論の自由（憲法21条）と労働者の団結権の侵害（憲法28条）との比較をしていますが、このY社のケースの場合は、団結権の侵害による労働組合への支配介入に当たるとされています。

確認問題

Q1 労働組合に対する使用者の言論が不当労働行為に該当するかどうかは、言論の内容、発表の手段、方法、発表の時期、発表者の地位、身分、言論発表の与える影響などを総合して判断し、当該言論が組合員に対し威嚇的効果を与え、組合の組織、運営に影響を及ぼすような場合は支配介入となるとするのが、最高裁判所の判例である。（H24-2E）

Q2 およそ使用者だからといって憲法21条に掲げる ［　A　］ が否定されるいわれがないことはもちろんであるが、憲法28条の ［　B　］ を侵害してはならないという制約をうけることを免れず、使用者の言論が組合の結成、運営に対する ［　C　］ にわたる場合は不当労働行為として禁止の対象となると解すべきである。

A 1　○
2　A. 言論の自由　B. 団結権　C. 支配介入

労働組合法関係

84 労働組合の企業施設利用
国鉄札幌運転区事件 (最判第3小昭54.10.30)

過去問　H24-一般2D

事　案

労働組合は、Y社と賃金引上げと合理化反対を目的とする春闘に臨むにあたり、全国各地方本部に、ビラ貼付の行動を指令した。

これを受けて、組合員であるXたちは、操連詰所や検修詰所のロッカーにビラを貼付した。

Xたちは、上司から再三にわたり、ビラ貼りの中止を命じられたが、これを無視した。

Y社は、管理する施設に許可なく文書等を掲示することを禁じており、労働組合に対し

ても掲示板の設置は認めるが、掲示板以外の場所に労働組合の文書を掲示することは禁止していたため、Y社は、Xたちの行為は、就業規則に規定される上司の命令に従わず、著しく不都合な行いとして、規定に基づいてXたちをいずれも戒告処分とした。

このため、Xたちは、戒告処分は無効であると主張して訴えた。

争点・結論

争　点	労働組合の組合員が組合活動に際し、要求事項等を記入したビラを施設内の備品に貼付する行為は、正当な組合活動に当たるか。
結　論	当たらない。

POINT

労働組合またはその組合員が使用者の所有し管理する**物的施設**を使用者の許諾を得ることなく組合活動のために利用することは許されない。労働組合またはその組合員が使用者の許諾を得ないで企業の施設を利用して組合活動を行うことは、使用者が有する権利の濫用であると認められるような特段の事情がある場合を除いては、施設を管理利用する使用者の権限を侵し、企業秩序を乱すものであって、正当な組合活動として許容されるところであるということはできない。

判　旨

企業は、その存立を維持し目的たる事業の円滑な運営を図るため、それを構成する**人的要素**およびその所有し管理する**物的施設**の両者を総合し合理的・合目的的に配備組織して**企業秩序を定立**し、この企業秩序のもとにその活動を行うものであって、企業は、その構成員に対して

これに服することを求めうべく、その一環として、職場環境を適正良好に保持し規律のある業務の運営態勢を確保するため、その**物的施設**を**許諾**された目的以外に利用してはならない旨を、一般的に規則をもって定め、または具体的に**指示**、**命令**することができ、これに違反する行為をする者がある場合には、**企業秩序を乱す**ものとして、当該行為者に対し、その行為の中止、原状回復等必要な指示、命令を発し、または規則に定めるところに従い**制裁**として**懲戒処分**を行うことができるもの、と解するのが相当である。

［……中略……］労働組合またはその組合員であるからといって、使用者の**許諾**なしに右**物的施設**を利用する権限をもっているということはできない。

もっとも、当該企業に雇用される労働者のみをもって組織される労働組合（いわゆる企業内組合）の場合にあっては、当該企業の**物的施設**内をその活動の主要な場とせざるを得ないのが実情であるから、その活動につき右**物的施設**を利用する必要性の大きいことは否定することができないところではあるが、労働組合による企業の**物的施設**の利用は、本来、使用者との**団体交渉**等による**合意**に基づいて行われるべきものであることは既に述べたところから明らかであって、利用の必要性が大きいことのゆえに、労働組合またはその組合員において企業の**物的施設**を組合活動のために利用しうる権限を取得し、また、使用者において労働組合またはその組合員の組合活動のためにする企業の**物的施設**の利用を**受忍**しなければならない**義務**を負うとすべき理由はない、というべきである。

労働組合またはその組合員が使用者の所有し管理する**物的施設**であって定立された企業秩序のもとに事業の運営の用に供されているものを**使用者の許諾**を得ることなく組合活動のために利用することは許されないものというべきであるから、労働組合またはその組合員が使用者の**許諾**を得ないで叙上のような企業の**物的施設**を利用して組合活動を行うことは、これらの者に対しその利用を許さないことが当該**物的施設**につき使用者が有する**権利の濫用**であると認められるような特段の事情がある場合を除いては、職場環境を適正良好に保持し規律のある業務の運営態勢を確保しうるように当該**物的施設**を管理利用する使用者の権限を侵し、**企業秩序を乱す**ものであって、正当な組合活動として許容されるところであるということはできない。

解 説

なお、この判例では、Ｙ社は、Ｘたちを戒告処分としましたが、戒告処分は懲戒処分の中で最も軽い処分であるため、その処分は、社会通念に照らし合理性を欠き懲戒権の濫用にあたるものとまでいうことはできないとされています。

確認問題

Ｑ 労働組合による企業施設の利用は、とりわけ我が国の企業別労働組合にとっては必要性が大きいものであり、使用者は、労使関係における互譲の精神に基づき、労働組合またはその組合員の組合活動のためにする企業の物的施設の利用を、特段の事情がない限り、受忍する義務を負うとするのが、最高裁判所の判例である。（H24-2D）

A × 使用者において労働組合またはその組合員の組合活動のためにする企業の物的施設の利用を受忍しなければならない義務を負うとすべき理由はない、とするのが最高裁判所の判例である。

労働組合法関係

85 池上通信機事件 （最判第3小昭63.7.19）

企業施設の使用拒否

事案

Y社の従業員で組織されるX労働組合は、組合の成立直後に、Y社の承諾を得ることなく、従業員食堂で集会を開いた。

翌年、Y社とX労働組合との間で食堂の使用について話合いが行われることとなった。

X労働組合は、組合活動のために食堂を自由に利用できると主張し、Y社はこの主張を否定したものの、年4回の定期大会や、臨時大会については食堂を利用することを許諾し、使用料を負担して外部の会場を借りるなど一定の譲歩も示した。

その後、X労働組合は、Y社との間で、食堂の利用に関する合意を形成する努力を全くせず、食堂を多数回にわたって無許可で使用し続けた。あるとき、X労働組合の役員が、組合の集会に参加するため、就業時間外にY社の工場内に立ち入り、食堂で行われていた組合による無許可集会に参加したことに対し、Y社は、その役員に警告書を交付した。

このため、X労働組合は、Y社の食堂の利用拒否や警告書の交付等が不当労働行為に当たると主張して訴えた。

争点・結論

争点	使用者が労働組合からの従業員食堂の使用申入れを許諾しないことは、不当労働行為に当たるか。
結論	当たらない。

  使用者は、企業目的に適合するように従業員の企業施設の利用を職場規律として確立する一方、企業目的の達成に支障を生じさせ秩序を乱す従業員の企業施設の使用行為を禁止または制限しあるいは違反者を就業規則等違反を理由として懲戒処分に付するなどにより、企業目的にそわない施設使用を企業秩序違背として規制し排除することができる。

判旨

本来企業施設は企業がその**企業目的を達成**するためのものであって、労働組合または組合員

であるからといって、**使用者の許諾**なしに当然に企業施設を利用する権限を有するものではないし、使用者において労働組合または組合員が組合活動のために企業施設を使用するのを**受忍すべき義務**を負うというものではないことはいうまでもなく、このことは、当該組合がいわゆる企業内組合であって、労働組合または組合員において企業施設を組合活動のために使用する必要性がいかに大であってもいささかも変わるところがない。

このように解すべきことは、労働組合法が使用者の労働組合に対する**経費援助**等を**不当労働行為**として禁止し、ただ最小限の広さの事務所の供与等を例外的に許容しているに過ぎない（同法7条3号）ところの法の趣旨に適合する当然のことである。

労働組合または組合員による企業施設の利用関係は、この点において、企業が労働安全衛生法70条の規定に基づいて労働者の体育活動、レクリエーションその他の活動のために企業施設の使用を認める場合とは、基本的に**性格を異にする**ものといわなければならない。

そして、使用者は、企業目的に適合するように従業員の企業施設の利用を**職場規律**として確立する一方、企業目的の達成に支障を生じさせ秩序を乱す従業員の企業施設の使用行為を禁止または制限しあるいは違反者を就業規則等違反を理由として**懲戒処分**に付するなどにより、企業目的にそわない施設使用を**企業秩序違背**として**規制**し**排除**することができるのはいうまでもないところである。（高裁判決文より一部引用）

解説

一般的には、労働組合やその組合員が使用者の所有し、管理する施設を利用して行う組合活動が正当なものとされるためには、使用者の許諾を得ることや、使用者が施設の利用を許さないことが権利の濫用と認められるような特段の事情があることが必要とされています。

この判例では、特段の事情の有無について検討され、その事情があるとまではいえないと判断され、会社の採った一連の行動が組合に対する不当労働行為に該当しないとされています。

確認問題

Q 本来企業施設は企業がその企業目的を達成するためのものであって、労働組合または組合員であるからといって、使用者の許諾なしに当然に企業施設を利用する権限を有するものではないし、使用者において労働組合または組合員が組合活動のために企業施設を使用するのを____A____を負うというものではないことはいうまでもなく、このことは、当該組合がいわゆる企業内組合であって、労働組合または組合員において企業施設を組合活動のために使用する必要性がいかに大であってもいささかも変わるところがない。

そして、使用者は、企業目的に適合するように従業員の企業施設の利用を職場規律として確立する一方、企業目的の達成に支障を生じさせ秩序を乱す従業員の企業施設の使用行為を禁止または制限しあるいは違反者を就業規則等違反を理由として____B____に付するなどにより、企業目的にそわない施設使用を____C____として規制し排除することができるのはいうまでもないところである。

A A. 受忍すべき義務　B. 懲戒処分　C. 企業秩序違背

労働組合法関係

86 都南自動車教習所事件 (最判第3小平13.3.13)

労働協約の効力発生要件

事　案

　教習所を経営するY社は、ベースアップについて、毎年、Xたちが所属する労働組合と労使交渉を行い、労働協約を締結して従業員に賃金を支給していた。

　あるとき、Y社は、新賃金体系を導入するため、就業規則の改訂を労働組合に提示したところ、Xたちが所属する労働組合は就業規則の改訂には反対した。

　しかし、就業規則は改訂され、その後、Y社は新賃金体系に基づいて、労働組合との間

でベースアップについて、毎年、労使交渉を行い、労働組合に協定書の作成を求めた。

　Xたちが所属する労働組合は、Y社が示すベースアップの金額については合意したが、協定書の作成については、新賃金体系の導入に賛成したことになるとしてこれを拒否した。

　このため、Y社は、労働協約が書面で作成されないことを理由に、Xたちが所属する労働組合の組合員に対してはベースアップ分の賃金を支給せず、新賃金体系の導入に同意したほかの労働組合の組合員や非組合員に対しては、ベースアップ分の賃金を支給した。

　そこで、Xらは、Y社に対し、ベースアップ分の賃金の支払いを求めるなどして訴えた。

争点・結論

争点	労働組合と使用者との間の労働条件その他に関する合意で書面の作成がないものは、労働協約としての規範的効力が認められるか。
結論	認められない。

　労働協約は、書面に作成され、かつ、両当事者がこれに署名または記名押印しない限り、仮に、労働組合と使用者との間に労働条件その他に関する合意が成立したとしても、これに労働協約としての規範的効力を付与することはできない。

判　旨

　労働協約は、利害が複雑に絡み合い対立する労使関係の中で、関連性を持つ様々な**交渉事項**につき**団体交渉**が展開され、**最終的に妥結**した事項につき締結されるものであり、それに包含される**労働条件**その他の労働者の待遇に関する基準は労使関係に一定期間安定をもたらす機能

を果たすものである。労働組合法は、労働協約にこのような機能があることにかんがみ、16条において労働協約に定める上記の基準が労働契約の内容を**規律**する効力を有することを規定しているほか、17条において**一般的拘束力**を規定しているのであり、また、労働基準法92条は、就業規則が当該事業場について適用される労働協約に反してはならないこと等を規定しているのである。労働組合法14条が、労働協約は、**書面に作成**し、両当事者が**署名**し、または**記名押印**することによってその**効力を生ずる**こととしているゆえんは、労働協約に上記のような**法的効力**を付与することとしている以上、その存在および内容は**明確なもの**でなければならないからである。

換言すれば、労働協約は複雑な**交渉過程**を経て**団体交渉**が**最終的に妥結**した事項につき締結されるものであることから、口頭による合意または必要な様式を備えない書面による合意のままでは後日合意の有無およびその内容につき紛争が生じやすいので、その履行をめぐる不必要な紛争を防止するために、**団体交渉**が**最終的に妥結**し労働協約として結実したものであることをその**存在形式自体**において明示する必要がある。

そこで、同条は、**書面に作成**することを要することとするほか、その**様式**をも定め、これらを備えることによって労働協約が成立し、かつ、その効力が生ずることとしたのである。したがって、**書面に作成**され、かつ、両当事者がこれに**署名**しまたは**記名押印**しない限り、仮に、労働組合と使用者との間に**労働条件**その他に関する**合意が成立**したとしても、これに労働協約としての**規範的効力**を付与することはできないと解すべきである。

解　説

労働組合法16条では、労働契約の内容を規律する効力、同法17条では一般的拘束力、労働基準法92条では、就業規則が当該事業場について適用される労働協約に反してはならないこと等が規定されています。労働協約には、これら法的な効力が付与されており、その存在や内容については明確なものでなければならないとされています。このため、労働組合法14条において、労働協約の効力の発生要件が規定されています。

関連条文

（労働協約の効力の発生）労働組合法第14条
　労働組合と使用者またはその団体との間の労働条件その他に関する労働協約は、書面に作成し、両当事者が署名し、または記名押印することによってその効力を生ずる。

確認問題

Q 労働協約については、[　A　]に作成され、かつ、両当事者がこれに署名しまたは記名押印しない限り、仮に、労働組合と使用者との間に労働条件その他に関する合意が成立したとしても、[　B　]を付与することはできないとするのが、最高裁判所の判例である。

A A. 書面　B. 規範的効力

労働組合法関係

87 朝日火災海上保険(高田)事件 （最判第3小平8.3.26）

労働協約の一般的拘束力

事案

Xは、もともとA社で雇用されていたが、A社の業務がY社に引き継がれたため、Y社に雇用された。

その後、Y社と労働組合との間でA社出身の労働者と、それ以外のY社出身の労働者の労働条件の統一に関する交渉が続けられ、定年年齢が57歳に統一されたことにより、定年年齢と退職金の支給率が引き下げられることとなる労働協約が締結され、就業規則も同じ内容に改訂された。

この労働協約の効力が適用されるとき、Xは、Y社の支店で調査役として勤務していたところ、その支店では、従業員の4分の3が労働組合の組合員であったが、Y社と労働組合との間で締結された労働協約では、調査役は非組合員と定められていたため、Xは非組合員であった。

しかし、Y社は、就業規則に加えて労働協約の効力が及ぶものとして、既に57歳に達していたXに対し、それらに基づいてさかのぼって労働条件を変更し、退職金を減額して支給した。

このため、Xは、労働協約と改訂後の就業規則は自らには効力が及ばないとして、改定前の規定に基づく退職金との差額の支払いを主張し訴えた。

争点・結論

争点	労働条件の不利益変更について、組合員以外の者に対して労働協約の拡張適用が及ぶか。
結論	及ばない。

POINT 労働協約によって特定の未組織労働者にもたらされる不利益の程度・内容、労働協約が締結されるに至った経緯、当該労働者が労働組合の組合員資格を認められているかどうか等に照らし、当該労働協約を特定の未組織労働者に適用することが著しく不合理であると認められる特段の事情があるときは、労働協約の規範的効力を当該労働者に及ぼすことはできない。

判旨

労働協約には、労働組合法17条により、一の工場事業場の**4分の3以上**の数の労働者が一の

労働協約の適用を受けるに至ったときは、当該工場事業場に使用されている他の同種労働者に対しても右労働協約の**規範的効力**が及ぶ旨の**一般的拘束力**が認められている。

ところで、同条の適用に当たっては、右労働協約上の基準が一部の点において未組織の同種労働者の労働条件よりも**不利益**とみられる場合であっても、そのことだけで右の**不利益**部分についてはその効力を未組織の同種労働者に対して及ぼし得ないものと解するのは相当でない。

けだし、同条は、その文言上、同条に基づき労働協約の**規範的効力**が同種労働者にも及ぶ範囲について何らの限定もしていない上、労働協約の締結に当たっては、その時々の**社会的経済的条件**を考慮して、**総合的**に労働条件を定めていくのが通常であるから、その一部をとらえて有利、不利をいうことは適当でないからである。

また、右規定の趣旨は、主として一の事業場の**4分の3以上**の同種労働者に適用される労働協約上の労働条件によって当該事業場の**労働条件を統一**し、労働組合の団結権の維持強化と当該事業場における**公正妥当な労働条件**の実現を図ることにあると解されるから、その趣旨からしても、未組織の同種労働者の労働条件が一部有利なものであることの故に、労働協約の**規範的効力**がこれに及ばないとするのは相当でない。

しかしながら他面、未組織労働者は、労働組合の**意思決定**に関与する立場になく、また逆に、労働組合は、未組織労働者の労働条件を改善し、その他の**利益を擁護**するために活動する立場にないことからすると、労働協約によって特定の未組織労働者にもたらされる**不利益の程度・内容**、労働協約が締結されるに至った**経緯**、当該労働者が労働組合の組合員資格を認められているかどうか等に照らし、当該労働協約を特定の未組織労働者に適用することが**著しく不合理**であると認められる**特段の事情**があるときは、労働協約の**規範的効力**を当該労働者に及ぼすことはできないと解するのが相当である。

解 説

なお、Xは、定年年齢の引下げにより、労働協約の効力発生日に、既に定年退職したこととなるだけでなく、退職金も減額されるという大きな不利益だけを被る立場にありました。しかも、Xは労働組合の非組合員です。この判例では、Y社が従来の規程により退職金を支給することによって、経営が著しく悪化しても、その不利益をXに受けさせるのは著しく不合理であるとされました。

確認問題

Q 労働協約によって特定の未組織労働者にもたらされる不利益の程度・内容、労働協約が締結されるに至った経緯、当該労働者が労働組合の組合員資格を認められているかどうか等に照らし、当該労働協約を特定の未組織労働者に適用することが著しく不合理であると認められる特段の事情があるときであっても、労働協約の規範的効力を当該労働者に及ぼすことができるとするのが、最高裁判所の判例である。

A ×　当該労働協約を特定の未組織労働者に適用することが著しく不合理であると認められる特段の事情があるときは、労働協約の規範的効力を当該労働者に及ぼすことはできないとするのが、最高裁判所の判例である。

労働組合法関係

88 賃金削減の範囲
三菱重工長崎造船所事件 (最判第2小昭56.9.18)

過去問 H30-労基6D

事案

Y社では、従来から社員賃金規則に、ストライキ期間中は家族手当を含む賃金を減額する旨の規定を置き、これに基づいてストライキ期間に応じて家族手当を減額してきた。

その後、Y社は、賃金規則からストライキ期間中の家族手当を減額する旨の規定を削除し、その代わりに、社員賃金規則細部取扱に同様の規定を設けた。なお、その際にY社の従業員の過半数で組織された労働組合の意見を聴取していた。

あるとき、Y社の造船所に勤務するXたちが所属する労働組合は、Y社を相手に2カ月にわたりストライキを行ったため、Y社は、ストライキ期間中Xたちの家族手当を減額した。

そこで、労働組合は、Y社に対し、家族手当を減額した分について支払うよう申し入れたが、Y社がこれに応じなかったため、Xたちは、ストライキ期間中の家族手当の支払いを求めて訴えた。

争点・結論

争点	ストライキの期間中の、家族手当の削減が労働慣行として成立している場合、その削減が許されるか。
結論	許される。

 POINT ストライキ期間中の賃金削減の対象となる部分の存否およびその部分と賃金削減の対象とならない部分の区別は、当該労働協約等の定めまたは労働慣行の趣旨に照らし個別的に判断するのが相当である。

判旨

Y社の造船所においては、ストライキの場合における家族手当の削減が昭和23年頃から昭和44年10月までは就業規則（賃金規則）の規定に基づいて実施されており、その取扱いは、同年11月賃金規則から右規定が削除されてからも、細部取扱のうちに定められ、Y社従業員の過半数で組織された労働組合の意見を徴しており、その後も同様の取扱いが引続き異議なく行われてきたというのであるから、ストライキの場合における家族手当の削減は、Y社とXらの所属

する労組との間の**労働慣行**となっていたものと推認することができるというべきである。

　［……中略……］

　ストライキ期間中の賃金削減の対象となる部分の存否およびその部分と賃金削減の対象とならない部分の区別は、当該**労働協約**等の定めまたは**労働慣行**の趣旨に照らし**個別的に判断する**のを相当とし、Ｙ社の造船所においては、昭和44年11月以降も本件家族手当の削減が**労働慣行として成立**していると判断できることは前述したとおりであるから、いわゆる**抽象的一般的賃金二分論**を前提とするＸらの主張は、その前提を欠き、失当である。

　［……中略……］

　労働基準法37条２項（現在は５項）が家族手当を**割増賃金算定の基礎**から除外すべきものと定めたのは、家族手当が労働者の**個人的事情**に基づいて支給される性格の賃金であって、これを**割増賃金の基礎**となる賃金に算入させることを原則とすることがかえって不適切な結果を生ずるおそれのあることを配慮したものであり、労働との**直接の結びつきが薄い**からといって、その故にストライキの場合における家族手当の削減を直ちに違法とする趣旨までを含むものではなく、また、同法24条所定の**賃金全額払の原則**は、ストライキに伴う賃金削減の当否の判断とは何ら関係がないから、Ｘらの右主張も採用できない。

解　説

　この判例では、Ｙ社では、昭和23年頃から昭和44年10月頃までの長期間にわたり、就業規則（賃金規則）にストライキ期間中の家族手当の減額について規定し、これを実施していました。

　その取扱いは、同年11月に賃金規則から削除されてからも、細部取扱いに定められ、その後も家族手当の減額が異議なく行われてきました。Ｙ社は、この細部取扱いを定める際に、労働組合からも意見を聴取しています。これらのことから、ストライキ期間中の家族手当の減額は、Ｙ社と労働組合の労働慣行となっていたものと推認することができるとされています。

確認問題

Q1　ストライキの場合における家族手当の削減が就業規則（賃金規則）や社員賃金規則細部取扱の規定に定められ異議なく行われてきている場合に、「ストライキ期間中の賃金削減の対象となる部分の存否およびその部分と賃金削減の対象とならない部分の区別は、当該労働協約等の定めまたは労働慣行の趣旨に照らし個別的に判断するのを相当」とし、家族手当の削減が労働慣行として成立していると判断できる以上、当該家族手当の削減は違法ではないとするのが、最高裁判所の判例である。（H30-6D）

Q2　最高裁判所の判例によると、労働基準法第37条第５項が家族手当を割増賃金算定の基礎から除外すべきものと定めたのは、家族手当が労働者の　　Ａ　　に基づいて支給される性格の賃金であって、これを割増賃金の基礎となる賃金に算入させることを原則とすることがかえって不適切な結果を生ずるおそれのあることを配慮したものであり、労働との　　Ｂ　　からといって、その故にストライキの場合における家族手当の削減を直ちに違法とする趣旨までを含むものではないとしている。

A　1　○
　　　2　A. 個人的事情　B. 直接の結びつきが薄い

労働組合法関係

183

89 争議行為の正当性
御國ハイヤー事件 (最判第2小平4.10.2)

事案

Xたちが所属する労働組合は、タクシー会社を経営するY社と、春闘において労働条件等について数回にわたり団体交渉を行ったが、交渉は上手くいかなかった。

このため、Xたちは、労働組合の決定に従い、Y社がタクシーを使用することができないように、車庫に格納されたタクシーのすぐ近くに座り込んだり、寝転んだりする等して48時間にわたりストライキを行った。

これらの行為に対し、Y社は、Xたちに車庫から退去するよう要求したものの、Xたちがこれに応じなかったため、車庫からタクシーを搬出することができなかった。

そこで、Y社は、2日にわたりタクシーを使用できず、違法に営業を妨害されたとして、Xたちに不法行為による損害賠償を求めて訴えた。

争点・結論

争点	タクシー会社におけるストライキに際し、労働組合員が行った営業用自動車の運行阻止の行為は、正当な争議行為に当たるか。
結論	当たらない。

POINT 労働者側が、ストライキの期間中、非組合員等による営業用自動車の運行を阻止するために、説得活動の範囲を超えて、当該自動車等を労働者側の排他的占有下に置いてしまうなどの行為をすることは許されず、そのような自動車運行阻止の行為を正当な争議行為とすることはできない。

判旨

ストライキは必然的に企業の業務の**正常な運営を阻害**するものではあるが、その本質は労働者が労働契約上負担する**労務供給義務の不履行**にあり、その手段方法は労働者が**団結**してその持つ労働力を使用者に利用させないことにあるのであって、不法に使用者側の**自由意思を抑圧**しあるいはその**財産に対する支配**を阻止するような行為をすることは許されず、これをもって**正当な争議行為**と解することはできないこと、また、使用者は、ストライキの期間中であって

も、業務の遂行を停止しなければならないものではなく、操業を継続するために必要とする**対抗措置**を採ることができることは、当裁判所の判例の趣旨とするところである。

そして、右の理は、非組合員等により操業を継続してストライキの実効性を失わせるのが容易であると考えられるタクシー等の運行を業とする企業の場合にあっても基本的には異なるものではなく、労働者側が、ストライキの期間中、非組合員等による営業用自動車の運行を阻止するために、説得活動の範囲を超えて、当該自動車等を労働者側の**排他的占有下**に置いてしまうなどの行為をすることは許されず、右のような**自動車運行阻止**の行為を**正当な争議行為**とすることはできないといわなければならない。

　[……中略……]

Ｘらは、互いに意思を通じて、Ｙ社の管理に係る本件タクシーを労働組合の**排他的占有下**に置き、Ｙ社がこれを搬出して稼働させるのを**実力で阻止**したものといわなければならない。もっとも、原審の認定した事実によれば、労働組合は、**労働条件の改善**の要求を貫徹するために本件ストライキを行ったものであり、その目的において問題とすべき点はない。

　[……中略……]

労働組合において無用の混乱を回避するよう配慮した面がうかがわれ、また、Ｙ社においても本件タクシーを搬出させてほしい旨を申し入れるにとどめており、そのため、Ｘらがその搬出を**暴力等の実力行使**をもって妨害するといった事態には至らなかったことは、原判示のとおりである。しかしながら、これらの事情を考慮に入れても、Ｘらの右**自動車運行阻止**の行為は、前記説示に照らし、**争議行為**として正当な範囲にとどまるものということはできず、違法の評価を免れないというべきである。

解　説

労働組合法８条では、「使用者は、同盟罷業その他の争議行為であって正当なものによって損害を受けたことの故をもって、労働組合またはその組合員に対し賠償を請求することができない。」と規定されています。しかし、この判例では、Ｘたちが行った自動車運行阻止の行為は、正当な争議行為には該当せず、同条の解釈は適用できないとされています。

確認問題

Ｑ ストライキは必然的に企業の業務の正常な運営を阻害するものではあるが、その本質は労働者が労働契約上負担する　 Ａ 　にあり、その手段方法は労働者が団結してその持つ労働力を使用者に利用させないことにあるのであって、不法に使用者側の　 Ｂ 　しあるいはその財産に対する支配を阻止するような行為をすることは許されず、これをもって正当な争議行為と解することはできないこと、また、使用者は、ストライキの期間中であっても、業務の遂行を停止しなければならないものではなく、操業を継続するために必要とする　 Ｃ 　を採ることができるとするのが、最高裁判所の判例である。

Ａ Ａ. 労務供給義務の不履行　Ｂ. 自由意思を抑圧　Ｃ. 対抗措置

90 日産自動車事件（最判第3小昭60.4.23）

労働組合間での残業差別

過去問　H25-一般2A、H28-一般2C

事案

A社を吸収合併したY社には、B労働組合とC労働組合の2つの労働組合が併存していた。

合併後、Y社は、A社の工場にもY社で採用していた昼夜二交代制の勤務体制と計画残業方式を導入することとした。

Y社は、これら勤務体制を導入することについて、B労働組合とのみ協議し、その導入を決定したが、C労働組合とは協議を行うことなく、一方的にC労働組合の組合員を昼間勤務のみとし、一切の残業もさせなかった。

このため、C労働組合は、Y社に対し、C労働組合の組合員に対し残業を命じないことは、その組合員であるというだけの理由でB労働組合の組合員と差別し、C労働組合の組合員に経済的不利益を与えようとする不当労働行為であると主張し訴えた。

争点・結論

争点	企業内に2つの労働組合が併存する場合、一方の労働組合と協議せず、その組合員にのみ残業をさせないことは、不当労働行為に当たるか。
結論	当たる。

POINT　使用者は、いずれの組合との関係においても誠実に団体交渉を行うべきことが義務づけられているものといわなければならず、また、単に団体交渉の場面に限らず、すべての場面で使用者は各組合に対し、中立的態度を保持し、その団結権を平等に承認、尊重すべきものであり、各組合の性格、傾向や従来の運動路線のいかんによって差別的な取扱いをすることは許されないものといわなければならない。

判旨

複数組合併存下にあっては、各組合はそれぞれ独自の存在意義を認められ、固有の**団体交渉権**および**労働協約締結権**を**保障**されているものであるから、その当然の帰結として、使用者は、いずれの組合との関係においても**誠実**に**団体交渉**を行うべきことが**義務**づけられているものといわなければならず、また、単に**団体交渉**の場面に限らず、すべての場面で使用者は各組合に

対し、**中立的態度**を保持し、その**団結権を平等に承認、尊重**すべきものであり、各組合の性格、傾向や従来の運動路線のいかんによって差別的な取扱いをすることは許されないものといわなければならない。

［……中略……］使用者において複数の併存組合に対し、ほぼ同一時期に同一内容の労働条件についての提示を行い、それぞれに**団体交渉**を行った結果、従業員の圧倒的多数を擁する組合との間に一定の条件で合意が成立するに至ったが、少数派組合との間では意見の対立点がなお大きいという場合に、使用者が、右多数派組合との間で合意に達した労働条件で少数派組合とも妥結しようとするのは自然の成り行きというべきであって、少数派組合に対し右条件を受諾するよう求め、これをもって譲歩の限度とする強い態度を示したとしても、そのことから直ちに使用者の**交渉態度**に非難すべきものがあるとすることはできない。

［……中略……］

このような場合に、使用者において、先に多数派組合と妥結した線以上の譲歩をしないことが、少数派組合の主張や従来の運動路線からみて妥結拒否の回答をもたらし、協約不締結の状態が続くことにより、その所属組合員に**経済的な打撃**を与え、ひいては当該組合内部の動揺や組合員の退職、脱退による組織の弱体化が生ずるに至るであろうことを予測することは極めて容易なことであるとしても、そうであるからといって、使用者が少数派組合に対し譲歩をしないことが、同組合の弱体化の計算ないし企図に基づくものであると**短絡的な推断**をすることの許されないものであることはいうまでもない。

［……中略……］

したがって、以上の諸点を十分考慮に入れたうえで**不当労働行為**の成否を判定しなければならないものであるが、**団体交渉**の場面においてみるならば、**合理的、合目的的な取引活動**とみられうべき使用者の態度であっても、当該交渉事項については既に当該組合に対する**団結権の否認**ないし同組合に対する**嫌悪の意図**が**決定的動機**となって行われた行為があり、当該**団体交渉**がそのような既成事実を維持するために**形式的**に行われているものと認められる特段の事情がある場合には、**団体交渉**の結果としてとられている使用者の行為についても労組法７条３号の**不当労働行為**が成立するものと解するのが相当である。

解　説

労働組合法では、同一企業内に複数の労働組合が併存する場合には、各組合は、その組織の人員の多少にかかわらず、それぞれ使用者との間で労働条件等について団体交渉を行い、自由な意思決定に基づいて労働協約を締結し、またはその締結を拒否することを権利として認めています。

確認問題

Q 同一企業内に複数の労働組合が併存する場合には、使用者は団体交渉の場面に限らず、すべての場面で各組合に対し中立的態度を保持しなければならないとするのが、最高裁判所の判例である。（H28-2C）

A ○

労働組合法関係

187

91 ロックアウト
丸島水門事件 (最判第3小昭50.4.25)

事案

Xたちが所属する労働組合は、水門の制作や請負工事を業とするY社に対し、数回にわたり賃金の引上げを要求したが、Y社がこれを拒否したため、実力行使をする旨の闘争宣言を通告した。

この宣言により、労働組合は、Y社を誹謗するビラを貼付したり、事務所内でデモ行進をしたり、拡声器を使用しY社を誹謗する放送を流したりした。

また、組合員の怠業状態も次第に深刻化し、出張拒否や一斉休暇という部分ストにも発展したため、労働組合の一連の争議行為によりY社の作業能率は著しく低下し、正常な業務の遂行も困難となった。

このため、Y社は、このままの状態では会社の経営にも支障が出ると考え、ロックアウトを通告し、Xたちの就労を拒否し、ロックアウト期間中の賃金を支払わなかった。

そこで、XらはY社に対してロックアウト期間中に支払われなかった賃金の支払いを求めて訴えた。

争点・結論

争点	ロックアウト（作業所閉鎖）の期間中に、使用者は賃金の支払義務を免れることができるか。
結論	できる。

POINT ロックアウト（作業所閉鎖）による労務の受領拒否をすることができるかどうかは、衡平の見地から見て労働者側の争議行為に対する対抗防衛手段として相当と認められるかどうかによってこれを決すべく、このような相当性を認めうる場合には、使用者は、正当な争議行為をしたものとして、ロックアウト期間中における対象労働者に対する個別的労働契約上の賃金支払義務を免れるものといわなければならない。

判旨

争議権を認めた法の趣旨が争議行為の**一般市民法**による制約からの解放にあり、労働者の争議権について特に明文化した理由が専らこれによる**労使対等の促進と確保**の必要に出たもので、

窮極的には**公平の原則**に立脚するものであるとすれば、力関係において優位に立つ使用者に対して、一般的に労働者に対すると同様な意味において争議権を認めるべき理由はなく、また、その必要もないけれども、そうであるからといって、使用者に対し一切争議権を否定し、使用者は労働争議に際し**一般市民法**による制約の下においてすることのできる**対抗措置**をとりうるにすぎないとすることは相当でなく、個々の具体的な労働争議の場において、労働者側の争議行為によりかえって**労使間の勢力の均衡**が破れ、使用者側が著しく**不利な圧力**を受けることになるような場合には、衡平の原則に照らし、使用者側においてこのような**圧力を阻止**し、労使間の**勢力の均衡**を回復するための**対抗防衛手段**として**相当性**を認められるかぎりにおいては、**使用者の争議行為**も正当なものとして是認されると解すべきである。

　労働者の提供する**労務の受領を集団的に拒否**するいわゆる**ロックアウト（作業所閉鎖）**は、**使用者の争議行為**の一態様として行われるものであるから、それが**正当な争議行為**として是認されるかどうか、換言すれば、使用者が**一般市民法**による制約から離れて右のような**労務の受領拒否**をすることができるかどうかも、右に述べたところに従い、個々の具体的な労働争議における労使間の**交渉態度**、**経過**、組合側の争議行為の**態様**、それによって使用者側の受ける**打撃の程度**等に関する具体的諸事情に照らし、**衡平の見地**から見て労働者側の争議行為に対する**対抗防衛手段**として相当と認められるかどうかによってこれを決すべく、このような**相当性**を認めうる場合には、使用者は、**正当な争議行為**をしたものとして、右**ロックアウト**期間中における対象労働者に対する個別的労働契約上の**賃金支払義務**をまぬかれるものといわなければならない。

解　説

　一般的には、労働者に対し、憲法28条や労働組合法その労働法令によって、争議権を保証していますが、使用者の争議権については規定するものがありません。

　しかし、この判例では、使用者に対し、一切争議権を否定するのではなく、労働者の争議行為によって使用者が著しく不利な圧力を受ける場合は、衡平の原則に照らし、その圧力を阻止し、労使間の勢力の均衡を回復するための対抗防衛手段として相当性を認められるかぎり、使用者の争議行為は正当なものとして是認されるとしています。

確認問題

Q いわゆるロックアウト（作業所閉鎖）は個々の具体的な労働争議における労使間の交渉態度、経過、組合側の争議行為の態様、それによって使用者側の受ける打撃の程度等に関する具体的諸事情に照らし、　A　から見て労働者側の争議行為に対する　B　として相当と認められるかどうかによってこれを決すべく、このような相当性を認めうる場合には、使用者は、正当な争議行為をしたものとして、ロックアウト期間中における対象労働者に対する個別的労働契約上の　C　をまぬかれるとするのが、最高裁判所の判例である。

A A. 衡平の見地　B. 対抗防衛手段　C. 賃金支払義務

労働組合法関係

92 平尾事件（最判第1小平31.4.25）

労働組合との賃金債権放棄の合意

事案

Xは、Y社の生コンクリート運送業務を行う営業所で、生コンクリートを運送する自動車運転手として勤務しており、A労働組合の組合員であった。

XとY社との間の労働契約では、賃金は毎月20日締めの末日払いとされ、毎年7月と12月に賞与を支払うとされていた。

Y社は、経営状態が悪化していたことから、平成25年8月28日にA労働組合との間で、同年8月支給分の賃金から12カ月分の賃金を20％カットすることにより、その支払いを猶

予し、カット（猶予）された賃金のすべてを労働債権として確認する旨の第1協約（労働協約）を締結した。

しかし、Y社の経営状態は改善しなかったことから、平成26年9月3日に、A労働組合との間で、第2協約（労働協約）が書面により締結され、同年8月支給分から同様に12カ月分の賃金カットが行われることとなった。

その後、Y社の経営状態が改善することはなく、平成27年8月10日に、A労働組合との間で、第3協約（労働協約）が書面により締結され、同月支給分の賃金から同様に12カ月分の賃金カットが行われることとなった。

そして、Y社の生コンクリート運送業務を行う部門は、平成28年12月に閉鎖され、Y社とA労働組合は、第1協約および第2協約によって賃金カットの対象とされた賃金債権の取扱いについて協議し、これを放棄する旨の合意をした（本件合意）。

Xは、平成27年3月に定年退職したが、第1協定で減額された賃金（本件未払賃金1）および第2協定で減額された賃金（本件未払賃金2、本件未払賃金1と併せて本件各未払賃金という）等の支払を求めて訴えた。

争点・結論

争点	使用者と労働組合との間で、未払賃金に係る債権が放棄されるとの合意がされている場合、労働組合に所属する労働者の未払賃金に係る債権は放棄できるか。
結論	できない。

本件合意はY社とA労働組合との間でされたものであるから、本件合意によりXの賃金債権が放棄されたというためには、本件合意の効果がXに帰属することを基礎付ける事情を要する。

判 旨

本件合意はY社とA労働組合との間でされたものであるから、本件合意によりXの**賃金債権が放棄**されたというためには、本件**合意の効果**がXに**帰属する**ことを基礎付ける事情を要するところ、本件においては、この点について何ら主張立証はなく、A労働組合がXを代理して具体的に発生した**賃金債権を放棄**する旨の本件合意をしたなど、本件合意の効果がXに**帰属する**ことを基礎付ける事情はうかがわれない。

そうすると、本件合意によってXの本件各**未払賃金**に係る**債権が放棄**されたものということはできない。

　［……中略……］

具体的に発生した賃金請求権を事後に締結された**労働協約の遡及適用**により**処分**または**変更**することは**許されない**ところ、Xの本件未払賃金1に係る賃金請求権のうち第1協約の締結前および本件未払賃金2に係る賃金請求権のうち第2協約の締結前にそれぞれ具体的に発生していたものについては、Xによる**特別の授権**がない限り、労働協約により支払を**猶予**することはできない。

　［……中略……］

そして、本件各未払賃金のうち、第1協約により支払が**猶予**されたものについては第2協約および第3協約が締結されたことにより、第2協約により支払が**猶予**されたものについては第3協約が締結されたことにより、その後も**弁済期が到来**しなかったものであり、これらについては、第3協約の対象とされた最後の支給分（平成28年7月支給分）の月例賃金の**弁済期**であった同月末日の経過後、支払が**猶予**された賃金のその後の取扱いについて、協議をするのに通常必要な期間を超えて協議が行われなかったとき、またはその期間内に協議が開始されても合理的期間内に合意に至らなかったときには、**弁済期が到来**するものと解される。

解 説

この判例での賃金カットとは、カットした部分の賃金の支払いを猶予することを意味しています。経営状況悪化により賃金の一部の支払いを労働協約で猶予されていた部分の支払いについては、労働協約（第3協約）の対象とされた最後の支給分の月例賃金の支払時期であった同月末日の経過後、協議等が行われなかったり合意に至らなかったりしたときは、猶予されていた部分の支払時期が到来するとされています。

確認問題

Q　具体的に発生した賃金請求権を事後に締結された労働協約の遡及適用により処分または変更することは　A　とするのが、最高裁判所の判例である。

A　A. 許されない

労働組合法関係

93 ハマキョウレックス事件 （最判第2小平30.6.1）

正社員と契約社員の賃金格差

事案

Y社は、一般貨物自動車運送事業等を営む会社であり、Xは、Y社との間での有期労働契約を締結し、契約社員のトラック運転手として配送業務に従事しており、労働契約は順次更新されていた。

Y社の就業規則等では、無期雇用の正社員とXのような有期雇用の契約社員との間に、正社員は月給制、契約社員は時給制といった違いがあったほか、契約社員には、賞与と退職金の支給がなく、無事故手当、作業手当、給食手当、皆勤手当、通勤手当などの支給がないといった違いがあった。

Xが従事していたトラック運転手の業務の内容には、正社員と契約社員との間に相違はなく、業務に伴う責任の程度にも相違がなかったことから、Xは、正社員と契約社員との間で各種手当等の支給に相違があるのはおかしいとして訴えた。

争点・結論

争点	正社員と期間契約社員の職務の内容に違いがない場合に、職務の内容によって両者の間に差異が生じない皆勤手当などの支給に差を設けることはできるか。
結論	できない。

労働契約法20条（当時）が有期契約労働者と無期契約労働者との労働条件の相違は「不合理と認められるものであってはならない」と規定していることや、その趣旨が有期契約労働者の公正な処遇を図ることにあること等に照らせば、同条の規定は私法上の効力を有するものと解するのが相当であり、有期労働契約のうち同条に違反する労働条件の相違を設ける部分は無効となる。

判旨

労働契約法20条（当時）は、有期労働契約を締結している労働者（以下「有期契約労働者」という。）の労働条件が、期間の定めがあることにより同一の使用者と無期労働契約を締結している労働者の**労働条件と相違**する場合においては、当該**労働条件の相違**は、労働者の**業務の内容**および当該**業務に伴う責任の程度**（以下「**職務の内容**」という。）、当該**職務の内容**および

配置の変更の範囲その他の事情を考慮して、**不合理**と認められるものであってはならない旨を定めている。

同条は、有期契約労働者については、無期労働契約を締結している労働者（以下「無期契約労働者」という。）と比較して**合理的な労働条件の決定**が行われにくく、両者の**労働条件の格差**が問題となっていたこと等を踏まえ、有期契約労働者の**公正な処遇**を図るため、その労働条件につき、期間の定めがあることにより**不合理**なものとすることを禁止したものである。

そして、同条は、有期契約労働者と無期契約労働者との間で**労働条件に相違**があり得ることを前提に、**職務の内容**、当該**職務の内容**および**配置の変更の範囲**その他の事情（以下「**職務の内容等**」という。）を考慮して、その相違が**不合理**と認められるものであってはならないとするものであり、職務の内容等の違いに応じた**均衡のとれた処遇**を求める規定であると解される。

[……中略……]

労働契約法20条（当時）が有期契約労働者と無期契約労働者との**労働条件の相違**は「**不合理と認められるものであってはならない**」と規定していることや、その趣旨が有期契約労働者の**公正な処遇**を図ることにあること等に照らせば、同条の規定は**私法上の効力を有する**ものと解するのが相当であり、有期労働契約のうち同条に違反する**労働条件の相違**を設ける部分は**無効となる**ものと解される。

もっとも、同条は、有期契約労働者について無期契約労働者との**職務の内容等**の違いに応じた**均衡のとれた処遇**を求める規定であり、文言上も、両者の**労働条件の相違**が同条に違反する場合に、当該有期契約労働者の労働条件が比較の対象である無期契約労働者の**労働条件と同一**のものとなる旨を定めていない。

そうすると、有期契約労働者と無期契約労働者との**労働条件の相違**が同条に違反する場合であっても、同条の効力により当該有期契約労働者の労働条件が比較の対象である無期契約労働者の**労働条件と同一**のものとなるものではないと解するのが相当である。

解説

労働契約法旧20条については、法律改正により削除され、パートタイム・有期雇用労働法8条に統合されています。待遇の相違が不合理と認められるか否かの解釈については、幅が大きく、労使の当事者にとって予見可能性が高いとは言えない状況にあったことから、パートタイム・有期雇用労働法8条において、待遇差が不合理と認められるか否かの判断は、個々の待遇ごとに、当該待遇の性質および当該待遇を行う目的に照らして適切と認められる考慮要素で判断されるべき旨を明確化しています。

なお、この判例のケースでは、無事故手当、作業手当、給食手当、皆勤手当、通勤手当についての相違は不合理であると評価されています。

確認問題

Q 有期契約労働者と無期契約労働者との労働条件は、不合理と認められる相違があってはならないが、当該違反する待遇の相違を設ける部分は無効となる。

A ○

94 長澤運輸事件（最判第2小平30.6.1）

正社員と定年後嘱託社員との賃金格差

事案

Y社は、セメント等を輸送する会社であったが、Xたちは、Y社と無期労働契約を締結して、バラセメントタンク車の乗務員として勤務していた。

その後、Xたちは、Y社を定年退職した後、嘱託社員の有期労働契約を締結して乗務員として勤務し、正社員との間において業務の内容や業務に伴う責任の程度に違いはなかった。

また、この有期労働契約においては、正社員と同様に業務の都合により勤務場所や担当業務を変更することがある旨が定められていた。

Y社の嘱託社員の就業規則では、基本給は正社員とは異なり昇給はなく固定され、精勤手当や超勤手当なども支給されなくなり、嘱託社員の年間賃金は、定年退職前の79％程度となることが想定される内容となっていた。

このため、Xたちは、正社員との労働条件の相違は不合理な格差であるとして訴えた。

争点・結論

争点	無期雇用の正社員と有期雇用の定年後嘱託社員との賃金の相違について不合理か否か判断する際は、両者の賃金の総額を比較考慮すれば足りるか。
結論	足りない。

　労働者の賃金が複数の賃金項目から構成されている場合、個々の賃金項目に係る賃金は、通常、賃金項目ごとに、その趣旨を異にするものであるということができる。有期契約労働者と無期契約労働者との個々の賃金項目に係る労働条件の相違が不合理と認められるものであるか否かを判断するに当たっては、両者の賃金の総額を比較することのみによるのではなく、当該賃金項目の趣旨を個別に考慮すべきものと解するのが相当である。

判旨

労働者の**賃金**に関する労働条件は、労働者の職務内容および変更範囲により**一義的**に定まるものではなく、使用者は、雇用および人事に関する**経営判断**の観点から、労働者の職務内容お

および変更範囲にとどまらない様々な事情を考慮して、労働者の**賃金**に関する労働条件を検討するものということができる。

　また、労働者の**賃金**に関する労働条件の在り方については、基本的には、**団体交渉等による労使自治**に委ねられるべき部分が大きいということもできる。そして、労働契約法20条（当時）は、有期契約労働者と無期契約労働者との**労働条件の相違**が不合理と認められるものであるか否かを判断する際に考慮する事情として、「その他の事情」を挙げているところ、その内容を職務内容および変更範囲に関連する事情に限定すべき理由は見当たらない。

　したがって、有期契約労働者と無期契約労働者との**労働条件の相違**が不合理と認められるものであるか否かを判断する際に考慮されることとなる事情は、労働者の職務内容および変更範囲ならびにこれらに関連する事情に限定されるものではないというべきである。

　[……中略……]　そうすると、有期契約労働者が定年退職後に再雇用された者であることは、当該有期契約労働者と無期契約労働者との**労働条件の相違**が不合理と認められるものであるか否かの判断において、労働契約法20条（当時）にいう「その他の事情」として考慮されることとなる事情に当たると解するのが相当である。

　[……中略……]　労働者の賃金が複数の賃金項目から構成されている場合、個々の賃金項目に係る賃金は、通常、賃金項目ごとに、その**趣旨を異にする**ものであるということができる。そして、有期契約労働者と無期契約労働者との賃金項目に係る**労働条件の相違**が不合理と認められるものであるか否かを判断するに当たっては、当該賃金項目の趣旨により、その考慮すべき事情や考慮の仕方も異なり得るというべきである。

　そうすると、有期契約労働者と無期契約労働者との個々の賃金項目に係る**労働条件の相違**が不合理と認められるものであるか否かを判断するに当たっては、両者の賃金の総額を比較することのみによるのではなく、当該賃金項目の**趣旨を個別に考慮**すべきものと解するのが相当である。

解　説

　なお、この判例では、定年制の下における無期契約労働者の賃金体系は、長期間雇用することを前提に定められているのに対し、定年退職者を有期労働契約により再雇用する場合は、長期間雇用することは通常予定されていないなどの事情は、定年退職後に再雇用される有期契約労働者の賃金体系の在り方を検討するに当たって、その基礎となるとされています。

　なお、この判例のケースでは、精勤手当、超勤手当以外についての相違は、不合理とはいえないと評価されています。

確認問題

Q 労働者の賃金に関する労働条件は、労働者の職務内容および変更範囲により　A　に定まるものではなく、使用者は、雇用および人事に関する　B　の観点から、労働者の職務内容および変更範囲にとどまらない様々な事情を考慮して、労働者の賃金に関する労働条件を検討するものということができるとするのが最高裁判所の判例である。

A A.　一義的　B.　経営判断

95 大阪医科薬科大学事件 （最判第3小令2.10.13）

同一労働同一賞与

事案

Xは、Y大学と有期労働契約を締結し、時給制のアルバイト職員としてフルタイムの所定労働時間で勤務していたが、契約を3度にわたって更新し、約3年2カ月間勤務（このうち最後の約1年1カ月は年次有給休暇と欠勤により出勤無し）をしていた。

Y大学では、月給制の正職員には通年で基本給の4.6カ月分程度の賞与が支給されていたが、アルバイト職員には支給されていなかった。

このため、Xは、アルバイト職員に賞与が支給されないのは、不合理な労働条件の相違であるとして賞与の支払いなどを求めて訴えた。

争点・結論

争点	正職員とアルバイト職員の両者の職務の内容に一定の相違がある場合に、正職員のみに賞与を支給し、アルバイト職員には支給しないことはできるか。
結論	できる。

POINT　労働契約法20条（当時）は、労働条件につき、期間の定めがあることにより不合理なものとすることを禁止したものであり、その判断に当たっては、他の労働条件の相違と同様に、当該使用者における賞与の性質やこれを支給することとされた目的を踏まえて同条所定の諸事情を考慮することにより、当該労働条件の相違が不合理と評価することができるものであるか否かを検討すべきものである。

判旨

労働契約法20条（当時）は、有期労働契約を締結した労働者と無期労働契約を締結した労働者の**労働条件の格差**が問題となっていたこと等を踏まえ、有期労働契約を締結した労働者の**公正な処遇**を図るため、その**労働条件**につき、期間の定めがあることにより**不合理**なものとする**ことを禁止**したものであり、両者の間の**労働条件の相違**が**賞与**の支給に係るものであったとしても、それが同条にいう**不合理**と認められるものに当たる場合はあり得るものと考えられる。

もっとも、その判断に当たっては、他の**労働条件の相違**と同様に、当該使用者における**賞与の性質**やこれを支給することとされた**目的**を踏まえて同条所定の諸事情を考慮することにより、当該**労働条件の相違**が**不合理**と評価することができるものであるか否かを検討すべきものである。

Ｙ大学の正職員に対する**賞与**は、正職員給与規則において必要と認めたときに支給すると定められているのみであり、基本給とは別に支給される一時金として、その算定期間における**財務状況等**を踏まえつつ、その都度、Ｙ大学により支給の有無や支給基準が決定されるものである。

また、上記**賞与**は、通年で基本給の4.6カ月分が一応の支給基準となっており、その支給実績に照らすと、Ｙ大学の**業績に連動**するものではなく、算定期間における**労務の対価の後払い**や一律の**功労報償**、将来の**労働意欲の向上等**の趣旨を含むものと認められる。

そして、正職員の基本給については、勤務成績を踏まえ勤務年数に応じて昇給するものとされており、勤続年数に伴う**職務遂行能力**の向上に応じた**職能給**の性格を有するものといえる上、おおむね、**業務の内容**の難度や**責任の程度**が高く、人材の育成や活用を目的とした**人事異動**が行われていたものである。

このような正職員の**賃金体系**や求められる**職務遂行能力**および**責任の程度等**に照らせば、Ｙ大学は、正職員としての職務を遂行し得る人材の確保やその定着を図るなどの目的から、正職員に対して**賞与**を支給することとしたものといえる。

そして、Ｘにより比較の対象とされた教室事務員である正職員とアルバイト職員であるＸの労働契約法20条（当時）所定の「**業務の内容**及び当該業務に伴う**責任の程度**」（以下「**職務の内容**」という。）をみると、両者の**業務の内容**は共通する部分はあるものの、Ｘの業務は、その具体的な内容や、Ｘが欠勤した後の人員の配置に関する事情からすると、**相当に軽易である**ことがうかがわれるのに対し、教室事務員である正職員は、これに加えて、学内の英文学術誌の編集事務等、病理解剖に関する遺族等への対応や部門間の連携を要する業務または毒劇物等の試薬の管理業務等にも従事する必要があったのであり、両者の**職務の内容**に**一定の相違があった**ことは否定できない。

解　説

この判例のケースでは、正職員とＸとの間に賞与に係る労働条件の相違があることは、不合理であるとまで評価することができるものではないため、正職員に対して賞与を支給する一方で、アルバイト職員であるＸに対してこれを支給しないという労働条件の相違は、不合理と認められるものに当たらないと解するのが相当であるとされています。

確認問題

Q 労働契約法20条（当時）は、有期労働契約を締結した労働者と無期労働契約を締結した労働者の労働条件の格差が問題となっていたこと等を踏まえ、有期労働契約を締結した労働者の公正な処遇を図るため、その労働条件につき、期間の定めがあることにより不合理なものとすることを禁止したものであるが、両者の間の労働条件の相違が賞与の支給に係るものである場合は、その対象とはならず、適用されないとするのが、最高裁判所の判例である。

A ×　労働条件の相違が賞与の支給に係るものであったとしても、不合理と認められるものに当たる場合はあり得るものと考えられるとするのが、最高裁判所の判例である。

その他の法律関係

96 イビデン事件 （最判第1小平30.2.15）

親会社のセクハラ防止措置

事 案

親会社であるＹ社は、グループ会社等の法令遵守の相談窓口を設けていた。

Ｘは、Ｙ社の子会社（勤務先会社）の契約社員であったが、交際関係のもつれから、別の子会社（発注会社）の従業員Ａにストーカー行為を受けた。（本件行為①）

その後、Ｘは退職したが、ＡはＸの自宅付近に自動車を停車させるなどの行為に及んだ（本件行為②）ため、Ｘの元同僚がＸのためにＹ社の相談窓口に申出をした。

そして、Ｙ社は、発注会社と勤務先会社

への調査を行ったが、Ｘに対しては事実確認を行わなかったため、Ｘは、男女雇用機会均等法11条のセクシュアルハラスメント防止措置の義務違反であるとして訴えた。

争点・結論

争点	親会社内に子会社で就労する者からの法令等の遵守に関する相談を受ける相談窓口を設けている場合に、親会社は子会社の従業員に対して相談内容等に応じて適切に対応すべき信義則上の義務を負うか。
結論	負う場合もある。

POINT　グループ会社の事業場内で就労した際に、法令等違反行為によって被害を受けた従業員等が、相談窓口に対しその旨の相談の申出をすれば、申出の具体的状況いかんによっては、申出をした者に対し、申出を受け、体制として整備された仕組みの内容、申出に係る相談の内容等に応じて適切に対応すべき信義則上の義務を負う場合があると解される。

判 旨

事実関係等によれば、Ｙ社は、本件当時、**法令遵守体制**の一環として、本件グループ会社の事業場内で就労する者から法令等の遵守に関する相談を受ける**相談窓口制度**を設け、上記の者に対し、**相談窓口制度**を周知してその利用を促し、現に本件**相談窓口**における相談への対応を行っていたものである。その趣旨は、本件グループ会社から成る企業集団の**業務の適正の確保**

等を目的として、本件**相談窓口**における相談への対応を通じて、本件グループ会社の業務に関して生じる可能性がある法令等に違反する行為（以下「**法令等違反行為**」という。）を予防し、または現に生じた**法令等違反行為**に対処することにあると解される。

これらのことに照らすと、本件グループ会社の事業場内で就労した際に、**法令等違反行為**によって被害を受けた従業員等が、本件**相談窓口**に対しその旨の相談の申出をすれば、Y社は、相応の対応をするよう努めることが想定されていたものといえ、上記申出の具体的状況いかんによっては、当該申出をした者に対し、当該申出を受け、体制として整備された仕組みの内容、当該申出に係る相談の内容等に応じて適切に対応すべき**信義則上の義務**を負う場合があると解される。

これを本件についてみると、Xが本件行為①について本件**相談窓口**に対する相談の申出をしたなどの事情がうかがわれないこと〔……中略……〕。Y社は、本件**相談窓口**において、Xの元同僚からXのためとして本件行為②に関する相談の申出（本件申出）を受け、発注会社および勤務先会社に依頼して従業員Aその他の関係者の聞き取り調査を行わせるなどした。〔……中略……〕しかも、本件申出の当時、Xは、既に従業員Aと同じ職場では就労しておらず、本件行為②が行われてから8カ月以上経過していた。

したがって、Y社において本件申出の際に求められたXに対する事実確認等の対応をしなかったことをもって、Y社のXに対する**損害賠償責任**を生じさせることとなる相談の内容等に応じて適切に対応すべき**信義則上の義務違反**があったものとすることはできない。

解 説

男女雇用機会均等法11条では、セクシュアルハラスメントにより労働者の就業環境が害されることのないよう、労働者からの相談に応じ、適切に対応するために必要な体制の整備や雇用管理上必要な措置を事業主が講じなければならないこととされています。なお、この判例では、最終的には、Y社は信義則上の義務までは負わないとの判断に至っています。

関連条文

（セクシュアルハラスメント防止措置）男女雇用機会均等法第11条
事業主は、職場において行われる性的な言動に対するその雇用する労働者の対応により当該労働者がその労働条件につき不利益を受け、または当該性的な言動により当該労働者の就業環境が害されることのないよう、当該労働者からの相談に応じ、適切に対応するために必要な体制の整備その他の雇用管理上必要な措置を講じなければならない。

確認問題

Q 事業主は、職場において行われる性的な言動により労働者の就業環境が害されることのないよう、当該労働者からの相談に応じ、適切に対応するために必要な体制の整備その他の雇用管理上必要な措置を講じなければならない。

 ○

その他の法律関係

97 日産自動車事件 （最判第3小昭56.3.24）

男女別定年制の合理性

事案

自動車の製造・販売業を営むY社の従業員である女性Xは、満50歳に達した。

Y社の就業規則においては、「男子は満55歳、女子は満50歳を定年とし、同年齢に達した月の末日に退職させる。」と定年年齢が定められていた。

そこで、Y社は、Xにその月の末日限りでの退職を命じた。

このため、Xは、男性と女性とで定年年齢の取扱いに違いがあるのはおかしいと主張し、Y社の従業員としての地位の確認等を求めて訴えた。

争点・結論

争点	就業規則において、合理的な理由もなく女子の定年年齢を男子より低く定めた部分は有効か。
結論	無効である。

会社の企業経営上定年年齢において女子を差別しなければならない合理的理由が認められないときは、就業規則中女子の定年年齢を男子より低く定めた部分は、性別のみによる不合理な差別を定めたものとして民法90条（公序良俗）の規定により無効である。

判旨

Y社の就業規則は男子の定年年齢を60歳、女子の定年年齢を55歳と規定しているところ、右の男女別定年制に**合理性**があるか否かにつき、原審は、女子従業員の**担当職種**、男女従業員の**勤続年数**、高齢女子労働者の**労働能力**、定年制の**一般的現状**等諸般の事情を検討したうえ、Y社においては、女子従業員の担当職務は相当広範囲にわたっていて、従業員の努力とY社の活用策いかんによっては貢献度を上げうる職種が数多く含まれており、女子従業員各個人の能力等の評価を離れて、その全体をY社に対する貢献度の上がらない従業員と断定する根拠はないこと、しかも、女子従業員について労働の質量が向上しないのに実質賃金が上昇するという不均衡が生じていると認めるべき根拠はないこと、少なくとも60歳前後までは、男女とも通常の

職務であれば企業経営上要求される**職務遂行能力**に欠けるところはなく、各個人の労働能力の差異に応じた取扱がされるのは格別、一律に従業員として不適格とみて企業外へ排除するまでの理由はないことなど、Y社の企業経営上の観点から定年年齢において女子を差別しなければならない**合理的理由**は認められない旨認定判断したものである。右認定判断は、原判決挙示の証拠関係およびその説示に照らし、正当として是認することができる。

　そうすると、原審の確定した事実関係のもとにおいて、Y社の就業規則中女子の定年年齢を男子より低く定めた部分は、専ら女子であることのみを理由として差別したことに帰着するものであり、**性別のみ**による**不合理な差別**を定めたものとして民法90条（**公序良俗**）の規定により無効であると解するのが相当である。

解　説

　この判例は、男女雇用機会均等法が成立（昭和60年）する前の判例であり、女子の定年年齢を男子より低く定めた規定の有効性については、民法90条（公序良俗）の規定により無効と判断されました。判断理由としては、企業経営上の観点から定年年齢において女子を差別しなければならない合理的理由は認められないこと、従業員が女子であるという性別のみによる不合理な差別を定めたものであることが挙げられます。

　なお、男女雇用機会均等法6条では、退職、定年、解雇については、労働者の性別を理由として差別的な取扱いが禁止されています。

確認問題

Q　最高裁判所は、会社の就業規則において、合理的な理由もなく女子の定年年齢を男子より低く定めた部分の有効性について、次のように判示した。

　「女子従業員の担当職種、男女従業員の勤続年数、高齢女子労働者の労働能力、定年制の一般的現状等諸般の事情を検討したうえ、会社においては、女子従業員の担当職務は相当広範囲にわたっていて、従業員の努力と会社の活用策いかんによっては貢献度を上げうる職種が数多く含まれており、女子従業員各個人の能力等の評価を離れて、その全体を会社に対する貢献度の上がらない従業員と断定する根拠はないこと、しかも、女子従業員について労働の質量が向上しないのに実質賃金が上昇するという不均衡が生じていると認めるべき根拠はないこと、少なくとも60歳前後までは、男女とも通常の職務であれば企業経営上要求される職務遂行能力に欠けるところはなく、各個人の労働能力の差異に応じた取扱がされるのは格別、一律に従業員として不適格とみて企業外へ排除するまでの理由はないことなど、会社の企業経営上の観点から定年年齢において女子を差別しなければならない合理的理由は認められない。そうすると、会社の就業規則中女子の定年年齢を男子より低く定めた部分は、専ら女子であることのみを理由として差別したことに帰着するものであり、性別のみによる　　A　　を定めたものとして　　B　　の規定により無効であると解するのが相当である。

A　A．不合理な差別　B．公序良俗

その他の法律関係

98 マタニティハラスメント
広島中央保健生活共同組合事件 (最判第１小平26.10.23)

過去問　H27-一般２A

事　案

Y協同組合が経営する病院等に理学療法士として勤務するXは、副主任として業務の取りまとめをしていた。

Xは、第２子を妊娠したことを契機に、軽易な業務への転換を請求し、その業務に異動したところ、副主任を免ぜられることとなった。

また、Xは、産前産後休業、育児休業を終えて職場に復帰したが、その職場には、別の副主任がいたことから、Xが再び副主任に任ぜられることはなかった。

そこで、Xは、Y協同組合に対し、副主任を免じた措置は男女雇用機会均等法９条３項に違反する無効なものであると主張して、管理職（副主任）手当の支払などを求めて訴えた。

争点・結論

争　点	妊娠した女性労働者の請求で軽易な業務へ転換させたことによる降格は、男女雇用機会均等法９条３項の禁止する不利益な取扱いに当たるか。
結　論	当たる。

POINT　女性労働者につき妊娠中の軽易業務への転換を契機として降格させる事業主の措置は、原則として男女雇用機会均等法９条３項の禁止する取扱いに当たるものと解される。

判　旨

男女雇用機会均等法の規定の文言や趣旨等に鑑みると、同法９条３項の規定は、その目的および基本的理念を実現するためにこれに反する事業主による措置を禁止する**強行規定**として設けられたものと解するのが相当であり、女性労働者につき、妊娠、出産、産前休業の請求、産前産後の休業または軽易業務への転換等を理由として**解雇その他不利益な取扱い**をすることは、同項に違反するものとして違法であり、無効であるというべきである。

［……中略……］

女性労働者につき妊娠中の軽易業務への転換を契機として**降格**させる事業主の措置は、原則

として男女雇用機会均等法9条3項の禁止する取扱いに当たるものと解されるが、当該労働者が軽易業務への転換および上記措置により受ける**有利な影響**ならびに上記措置により受ける**不利な影響**の内容や程度、上記措置に係る事業主による説明の内容その他の経緯や当該労働者の意向等に照らして、当該労働者につき**自由な意思**に基づいて**降格を承諾**したものと認めるに足りる**合理的な理由**が**客観的に存在**するとき、または事業主において当該労働者につき**降格**の措置を執ることなく軽易業務への転換をさせることに円滑な業務運営や人員の適正配置の確保などの**業務上の必要性**から支障がある場合であって、その**業務上の必要性**の内容や程度および上記の**有利または不利な影響**の内容や程度に照らして、上記措置につき同項の趣旨および目的に実質的に反しないものと認められる特段の事情が存在するときは、同項の禁止する取扱いに当たらないものと解するのが相当である。

解説

なお、「労働者に対する性別を理由とする差別の禁止等に関する規定に定める事項に関し、事業主が適切に対処するための指針」（平成18年厚生労働省告示614号）においても、男女雇用機会均等法9条3項で禁止されている「解雇その他不利益な取扱い」に当たり得るものの例示として、降格させることなどが定められています。

関連条文

（婚姻、妊娠、出産等を理由とする不利益取扱いの禁止等）男女雇用機会均等法第9条
1 事業主は、女性労働者が婚姻し、妊娠し、または出産したことを退職理由として予定する定めをしてはならない。
2 事業主は、女性労働者が婚姻したことを理由として、解雇してはならない。
3 事業主は、その雇用する女性労働者が妊娠したこと、出産したこと、労働基準法の規定による産前休業を請求し、または産前産後休業をしたことその他の妊娠または出産に関する事由であって厚生労働省令で定めるもの（育児時間の請求・取得・妊娠中の軽易な業務への転換の請求など）を理由として、当該女性労働者に対して解雇その他不利益な取扱いをしてはならない。
4 ［省略］

確認問題

Q 男女雇用機会均等法第9条第3項の規定は、同法の目的および基本的理念を実現するためにこれに反する事業主による措置を禁止する強行規定として設けられたものと解するのが相当であり、女性労働者につき、妊娠、出産、産前休業の請求、産前産後の休業または軽易業務への転換等を理由として解雇その他不利益な取扱いをすることは、同項に違反するものとして違法であり、無効であるというべきであるとするのが、最高裁判所の判例である。（H27-2A）

A ○

99 セクシュアルハラスメント
海遊館事件（最判第1小平27.2.26）

事案

水族館を経営するY社で管理職として勤務していたXたちは、同じ部署で勤務する女性の従業員Aたちに対し、約1年間にわたり、セクハラ行為を行った。

このため、女性の従業員Aたちは、Y社にXたちからセクハラ行為を受けたと申告し、Y社は、その申告を受け、Xたちから事情聴取等を行った。

Y社は、Xたちの行為が、セクハラ禁止文書の禁止行為に該当し、就業規則の「会社の秩序または職場規律を乱すこと」に当たるとして、就業規則の規定により、セクハラ行為を懲戒事由として、Xたちを出勤停止処分とした。

その後、Y社は審査会を開き、Xたちの出勤停止処分を理由に、降格処分を行い、さらに、出勤停止処分、降格処分による給与・賞与の減額も行った。

このため、Xたちは、出勤停止処分は無効であること、降格前の等級を有する地位にあることを主張して訴えた。

争点・結論

争 点	職場における性的な内容の発言等によるセクシュアルハラスメントを理由とした出勤停止処分は、懲戒権の濫用に当たるか。
結 論	当たらない。

 セクハラ行為を懲戒事由とする出勤停止処分は、客観的に合理的な理由を欠き社会通念上相当であると認められない場合に当たるとはいえないことから、懲戒権を濫用したものとはいえず、有効なものというべきである。

判旨

従業員Aらに対し、Xたちが職場において1年余にわたり繰り返した発言等の内容は、いずれも女性従業員に対して**強い不快感や嫌悪感**ないし**屈辱感**等を与えるもので、職場における女性従業員に対する言動として**極めて不適切**なものであって、その**執務環境を著しく害する**ものであったというべきであり、当該従業員らの**就業意欲の低下**や**能力発揮の阻害**を招来するもの

といえる。

しかも、Y社においては、職場におけるセクハラの防止を重要課題と位置付け、セクハラ禁止文書を作成してこれを従業員らに周知させるとともに、セクハラに関する研修への毎年の参加を全従業員に義務付けるなど、セクハラの防止のために種々の取組を行っていたのであり、Xらは、上記の研修を受けていただけでなく、Y社の管理職として上記のようなY社の方針や取組を十分に理解し、セクハラの防止のために部下職員を指導すべき立場にあったにもかかわらず、派遣労働者等の立場にある女性従業員らに対し、職場内において1年余にわたり多数回のセクハラ行為等を繰り返したものであって、その職責や立場に照らしても**著しく不適切**なものといわなければならない。

そして、従業員Aは、Xらのこのような本件各行為が一因となって、本件Y社での勤務を辞めることを余儀なくされているのであり、管理職であるXらが女性従業員らに対して**反復継続的**に行った上記のような極めて不適切なセクハラ行為等がY社の**企業秩序**や**職場規律**に及ぼした**有害な影響は看過し難い**ものというべきである。

［……中略……］

以上によれば、Xらが過去に懲戒処分を受けたことがなく、Xらが受けた各出勤停止処分がその結果として相応の給与上の不利益を伴うものであったことなどを考慮したとしても、Xたちを出勤停止とした各出勤停止処分が本件各行為を懲戒事由とする懲戒処分として重きに失し、**社会通念上相当性**を欠くということはできない。

したがって、Y社がXらに対してした本件各行為を懲戒事由とする各出勤停止処分は、<u>**客観的に合理的な理由を欠き社会通念上相当**であると認められない場合に当たるとはいえないから、Y社において懲戒権を濫用したものとはいえず、有効なものというべきである。</u>

解　説

なお、Y社は、出勤停止処分を受けたことを理由に、資格等級制度規程に基づきXたちを降格させています。

この判例では、Y社は、資格等級制度規程において、社員が懲戒処分を受けたことを独立の降格事由として定めており、セクハラが存在し、懲戒処分が有効である限り、人事権を濫用したものとはいえないとして、Xたちの降格についても有効であるとされました。

確認問題

Q 管理職が女性従業員に対して反復継続的に行った極めて不適切なセクハラ行為等は、会社の企業秩序や職場規律に及ぼした有害な影響は看過し難いとして、管理職らに対してしたセクハラ行為を懲戒事由とする出勤停止処分は、　　A　　な理由を欠き　　B　　であると認められない場合に当たるとはいえないことから、懲戒権を濫用したものとはいえず、有効なものというべきであるとするのが、最高裁判所の判例である。

A 　A. 客観的に合理的　B. 社会通念上相当

100 偽装請負
パナソニックプラズマディスプレイ（パスコ）事件 (最判第2小平21.12.18)

事案

Xは、Y社と業務委託契約をしていた請負会社のA社と雇用契約を結び、Y社に派遣されていたが、あるとき、自身の就業実態が労働者派遣法に違反しているとして、Y社に直接雇用の申入れをしたところ、その回答がなかった。

その後、Xは、自分の就業状態を労働局に申告をしたため、労働局は、適法な労働者派遣契約に切り替えるようY社を是正指導した。これを受けて、Y社は、Xの従事していた部門の契約をXが雇われていたA社以外の他社との間の労働者派遣契約に改め、業務を続けることとなった。

そして、Xは、請負会社を退職してY社に直接雇用を求めたところ、Y社との間で期間の定めのある雇用契約を締結するに至ったが、Y社は当初に定めた契約期間をもってXの雇用契約を終了させた。Xは、請負会社を退職する前からY社と黙示の雇用契約が成立していたなどと主張し、これは解雇であるとして訴えた。

争点・結論

争点	作業現場である会社が請負会社による請負労働者の採用や請負会社から支給を受けていた給与等の額の決定に関与していないような場合、会社と請負労働者との間において雇用契約関係が黙示的に成立していたものと評価することができるか。
結論	できない。

POINT　Y社は請負会社によるXの採用に関与していたとは認められないというのであり、Xが請負会社から支給を受けていた給与等の額をY社が事実上決定していたといえるような事情もうかがわれず、その他の事情を総合しても、Y社とXとの間において雇用契約関係が黙示的に成立していたものと評価することはできない。

判旨

請負契約においては、請負人は注文者に対して**仕事完成義務**を負うが、請負人に雇用されている労働者に対する具体的な作業の**指揮命令**は専ら請負人にゆだねられている。

よって、請負人による労働者に対する**指揮命令**がなく、注文者がその場屋内において労働者

に直接具体的な**指揮命令**をして作業を行わせているような場合には、たとい請負人と注文者との間において請負契約という法形式が採られていたとしても、これを請負契約と評価することはできない。

［……中略……］

しかしながら、労働者派遣法の趣旨およびその**取締法規**としての性質、さらには**派遣労働者を保護**する必要性等にかんがみれば、仮に労働者派遣法に違反する労働者派遣が行われた場合においても、**特段の事情**のない限り、そのことだけによっては**派遣労働者**と**派遣元**との間の**雇用契約が無効**になることはないと解すべきである。

［……中略……］

事実関係等によれば、Y社は請負会社によるXの採用に関与していたとは認められないというのであり、Xが請負会社から支給を受けていた給与等の額をY社が事実上決定していたといえるような事情もうかがわれず、かえって、請負会社は、Xに本件工場のデバイス部門から他の部門に移るよう打診するなど、配置を含むXの具体的な就業態様を一定の限度で決定し得る地位にあったものと認められるのであって、その他の事情を総合しても、Y社とXとの間において雇用契約関係が**黙示的に成立**していたものと評価することはできない。

［……中略……］

事実関係等によれば、Y社とXとの間の雇用契約は一度も更新されていない上、上記契約の更新を拒絶する旨のY社の意図はその締結前からXおよび本件労働組合に対しても**客観的に明らか**にされていたということができる。

そうすると、上記契約はあたかも**期間の定めのない契約**と**実質的に異ならない状態**で存在していたとはいえないことはもとより、Xにおいてその期間満了後も雇用関係が継続されるものと**期待することに合理性**が認められる場合にも当たらないものというべきである。

したがって、Y社による雇止めが許されないと解することはできず、Y社とXとの間の雇用契約は、当初に定めた契約期間をもって終了したものといわざるを得ない。

解　説

なお、この判例の後に制定された労働者派遣法40条の6（平成27年10月施行）においては、派遣禁止業務に従事させたり、いわゆる偽装請負等により労働者派遣の役務の提供を受けたりした場合には、当該行為を行った時点において、善意無過失の場合を除き、労働者派遣の役務の提供を受ける者が派遣労働者に対して、労働契約の申込をしたものとみなすこととされ、民事的な制裁を科すことにより、労働者派遣法の規制の実効性を確保するようにされています。

確認問題

Q　労働者派遣法の趣旨およびその取締法規としての性質、さらには派遣労働者を　　A　　する必要性等にかんがみれば、仮に労働者派遣法に違反する労働者派遣が行われた場合においても、特段の事情のない限り、そのことだけによっては派遣労働者と派遣元との間の　　B　　になることはないと解すべきであるとするのが、最高裁判所の判例である。

A　A．保護　B．雇用契約が無効

その他の法律関係

著者略歴

小川 泰弘

社会保険労務士

大手自動車ディーラーの総務人事部勤務中に社会保険労務士資格を取得。愛知大学オープンカレッジでは、社会保険労務士講座（入門コース、総合コース、実践コース、演習コース）を担当するほか、年金アドバイザー試験対策講座、衛生管理者試験対策講座、ファイナンシャル・プランニング技能検定講座など、幅広い資格試験の講座を担当。また、ワイ＆ワイ カレッジにて社会保険労務士講座を担当し、アカデミックな受験指導をしている。

社労士V

イラストでわかる労働判例100

令和2年11月25日　初版発行
令和6年1月20日　初版5刷

検印省略

著　者	社労士V受験指導班
イラスト	小島サエキチ
発行者	青木　鉱太
編集者	岩倉　春光
印刷・製本	日本ハイコム

〒101-0032
東京都千代田区岩本町1丁目2番19号
https://www.horei.co.jp/

（営　業）　TEL 03-6858-6967　Eメール　syuppan@horei.co.jp
（通　販）　TEL 03-6858-6966　Eメール　book.order@horei.co.jp
（編　集）　FAX 03-6858-6957　Eメール　tankoubon@horei.co.jp

（オンラインショップ）　https://www.horei.co.jp/iec/
（お詫びと訂正）　https://www.horei.co.jp/book/shakaisei.shtml

※万一、本書の内容に誤記等が判明した場合には、上記「お詫びと訂正」に最新情報を掲載しております。ホームページに掲載されていない内容につきましては、FAX または Eメールで編集までお問合せください。

・乱丁、落丁本は直接弊社出版部へお送りくだされば、お取替えいたします。
・〈出版者著作権管理機構 委託出版物〉
　本書の無断複製は著作権法上での例外を除き禁じられています。複製される場合は、そのつど事前に、出版者著作権管理機構（電話 03-5244-5088、FAX 03-5244-5089、e-mail: info@jcopy.or.jp）の許諾を得てください。また、本書を代行業者等の第三者に依頼してスキャンやデジタル化することは、たとえ個人や家庭内での利用であっても一切認められておりません。

© Sharoushi V jukenshidouhan 2020. Printed in JAPAN
ISBN 978-4-539-72792-8